民国元勋程德全

高钟 高鹏 等著

苏州大学出版社

图书在版编目(CIP)数据

民国元勋程德全/高钟等著.—苏州：苏州大学出版社,2016.6
 ISBN 978-7-5672-1578-8

Ⅰ.①民… Ⅱ.①高… Ⅲ.①程德全(1860~1930)－人物研究 Ⅳ.①K825.2

中国版本图书馆 CIP 数据核字(2016)第 002443 号

书　　　名	：	民国元勋程德全
著　　　者	：	高　钟　高　鹏　等
策　　　划	：	刘　海
责任编辑	：	刘　海
装帧设计	：	吴　钰
出版发行	：	苏州大学出版社(Soochow University Press)
出 品 人	：	张建初
社　　　址	：	苏州市十梓街 1 号　邮编:215006
印　　　刷	：	苏州工业园区美柯乐制版印务有限责任公司
网　　　址	：	www.sudapress.com
E-mail	：	Liuwang@suda.edu.cn　QQ:64826224
邮购热线	：	0512-67480030
销售热线	：	0512-65225020
开　　　本	：	700 mm×1 000 mm　1/16　印张:16.25　字数:280 千
版　　　次	：	2016 年 6 月第 1 版
印　　　次	：	2016 年 6 月第 1 次印刷
书　　　号	：	ISBN 978-7-5672-1578-8
定　　　价	：	58.00 元

凡购本社图书发现印装错误,请与本社联系调换。服务热线:0512-65225020

序 一

重庆市云阳县山雄水奇钟灵毓秀,是民国元勋一代人杰程德全将军的家乡,也是其程氏家族繁衍生息而至今仍枝繁叶茂的根系所在。

纵观程将军的成长及其彪炳史册的一生建树,除了风云际会时势使然,更与云阳故土的地域文化对他的滋养与熏陶密不可分。这种千百年来形成和积淀的地域文化是一个地域的灵魂,在潜移默化中,对当地人的性格和价值观养成具有决定性的作用,可以说是生命之根,精神之本,道德之源。

云阳地域的主体文化是"忠义文化"。云阳人崇尚"忠义"有其悠久的历史渊源和代际传承:从以白虎为图腾的土著巴人助周灭商、扶嘉助汉到后来的抗元、抗清、辛亥革命、抗日战争、抗美援朝、保卫边防,无数云阳人"忠义"当前,匡扶正义、勇赴国难、捐躯卫国、宁死不屈,青史留芳。民间见义勇为、舍己救人、仗义疏财、乐善好施、扶贫济困、除暴安良,蔚然成风。云阳人的"忠义"精神代代相传,"忠义文化"根源蒂固。民间崇尚"忠臣、义士、孝子、清官",各种规格的岳王庙、关帝庙、张飞庙、英烈祠以及义桥、义学、义渡、义舍遍布城乡。至今"云阳张飞庙"香火旺盛,已成为云阳的地标建筑、著名旅游景点,忠义的张飞形象已成为云阳人心中的偶像和做人的榜样。"忠"和"义"也已成为云阳人评判是非善恶及择友而交的重要标准。许多在异地他乡甚至远在天涯海角的云阳人心中牵挂的乡愁或归来后首先要瞻仰的就是"张飞庙"。经历"文革"后的拨乱反正之后,我曾陪这样的朋友重游张飞庙,并赋诗以记其事:"年少离乡逍遥游,苍髯归来拜桓侯。忠义无双存师表,桑梓有幸祀春秋。凭栏何须伤逝水,把盏且听歌莫愁。历尽劫波兄弟在,一江春水正风流!"云阳人崇尚的忠义文化无论遭受过多少扭曲至今都长盛不衰。

云阳地域的"忠义文化"铸就了云阳人的性格特征:云阳人民勤劳、勇敢、聪慧、执着、热情、豪爽;民风剽悍、纯朴、直率、善良、讲义气、重亲情;重然诺而轻生死,贵忠义而贱财帛;导之以义,可赴汤蹈火;服之以理,可肝脑涂地;动之以情,可解囊倾赠;而迫之以威,则反抗愈烈;如欺之以诈,则必报复而后已。民间交往特别看重"忠诚、信义",喜言出必践之人、济困扶危之士,说话算话,说一不二。因此,云阳英才辈出,不算古代,仅解放军中就有云阳籍将军7人。

程德全将军的云阳故居与历史上抗元、抗清的英雄古军寨——盘石城隔江相望,与忠义张飞的庙宇一衣带水。故土的"忠义文化",他自小当耳濡目染、浸润于心。他年届而立方才离乡赴京,其人生观、价值观在故土时己基本确立。他从一介布衣成长为民族英雄、边防屏障、封疆大吏再到民国元勋,在每一个重要的人生轨迹点上都展示了忠于国家、忠于民族、舍命保民、为民请命、义薄云天的"忠义精神",都表现出云阳故土的"忠义文化"在他身上留下的深深烙印。

云阳人乡土观念极强。在异地他乡,他们奋斗精神极强,群体意识与乡土观念也极强,总是不忘故土。拳拳游子意,殷殷故园情。

德全将军对家乡也是情有独钟,心系故土,念念不忘。他成名后,在不少地方留下了许多题辞和文章诗赋,其落款均是"云阳程德全"。他于1896年、1908年两次回乡省亲,设义渡、建宗祠、捐资助学、散金济贫。退出政界后,还专门派长子到北京以重金请得《北藏经》送到云阳家乡的寺庙珍藏,以惠及乡亲父老和后人。将军对云阳家乡的感情如此之深,岂能无因?他的传奇事迹处处展现了故土云阳"忠义文化"的灿烂光辉。

程德全将军从来没有忘记云阳故土,家乡人民也从来没有忘记将军。当年程雪楼抗俄的故事,在云阳口口相传、家喻户晓。"文革"期间,家乡人民以各种方式将其修建的"程氏宗祠"等文物和其手迹"浓荫远映"石刻保留了下来。在编修新中国成立后第一部《云阳县志》时,编委会研究确定要为程德全将军专门立传。为搜集立传资料,云阳县人民政府拨出专款,派出一批又一批人员分赴黑龙江、辽宁、北京、江苏等地搜集有关文献。在撰写传记过程中,主编人员面对当时还让人心有余悸的"左"的余威和对程将军"众说不一"的纷繁评论,敢于力排众议据实记述,尽量做到"客观公正",最后毅然定稿。

2012年,其家族后代程立全先生专门到上海、江苏与有关研究程将军的教授、学者联系,并于2013年在苏州第七届"寒山寺文化论坛"上专门举办了"程德全研讨会"。同年12月,在程立全等族人和云阳县文化委以及云阳县老年学学会积极推动下,中共云阳县委、云阳县人民政府邀请重庆、江苏、黑龙江等地的有关学者专家,在云阳隆重召开了"程德全学术研究报告会",随后编印出版了研究文集,还在广场上为将军树立了铜像。程德全将军在百年后终回故里,受到故乡人民和家族后代的景仰、追思及祭祀,而"程氏宗祠"等文物建筑又将由市、县拨专款修复,以慰逝者、以励后人,它们必将成为又一处文化胜景。

今天,在正确评价民国元勋程德全将军应有的历史地位的同时,弘扬他终其一生的"忠义精神",不但是全面正确评价和深入研究他的重要内容,而且还具有积极的现实意义。当前,我们国家外部强敌围堵、群小鼓噪,内部贪腐不绝、诚信迷失,有的人甚至出卖国格、人格,亟需提倡中华民族的忠义精神。"忠"是大忠:忠于祖国,忠于人民利益,忠于职守,爱岗敬业,勇于奉献;"义"是大义:见义勇为,仗义疏财,嫉恶如仇,扶困济贫,义无反顾。不做不忠不义之事,不取不义之财,不损人利己,不损公肥私,发挥正能量,发出好声音。一旦需要,就要像程德全将军及众多先贤英烈那样,为保卫祖国和人民的利益,敢于挺身而出、甘于舍生取义!

德全将军的后代、族人多有作为。其中,程立全上高中时是我的学生,他1979年参军,退伍后创业有成,现返乡建"长安跨越特种车辆厂",开云阳县自己生产制造汽车的先河。其为人以忠义为本,开拓进取,爱国爱乡,仗义疏财,大有德全将军家训遗风,我亦倍感欣慰。

今苏州高钟教授的《民国元勋程德全》一书付梓,程立全主其事,嘱余作序。鉴于现在介绍和研究程将军的文字已浩如烟海,不容赘述,故仅以家乡热土的地域文化对其应有的影响略作说明,聊以塞责。是为序。

巴山苍苍,江水泱泱,将军英风,山高水长!

《云阳县志》(1999年版)主编、高级讲师贾聚星识

2016年仲春

序二

20世纪80年代,我就提出来:"要研究中国的现代化问题、中国的转型问题,苏州是具有典型性的个案。要研究、理解中国的发展,非研究苏州不可。把苏州搞懂了,也就把中国大多数问题搞懂了。"辛亥革命是中国现代化社会转型的历史大事件,在这个大事件中,苏州也有着不同凡响的表现,我曾在删节后发表的硕士论文《辛亥革命时期的苏州绅商》中说过:"过去,有的学者在论及江苏'和平光复'时,往往过多强调程德全等旧官僚玩弄欺骗手段、投机革命的个人因素,其实,'和平光复'之所以成为辛亥革命中地方政权变革的一种较为普遍的模式,有着远比种种个人因素更为深刻的历史和社会阶级结构方面的原因。"此文也写于20世纪80年代初,当时我虽然已经认识到苏州的和平光复不仅是程德全的个人因素,而是有着"更为深亥的历史和社会阶级结构方面的原因",但我也对片面的"过多强调程德全等旧官僚玩弄欺骗手段、投机革命"的说法心存疑虑,并不赞同。只是限于时代与时间,我未能就这个问题继续研究下去。值得欣慰的是师出同门的高钟教授近10年来利用在苏州工作的天时、地利、人和之便,在承担江苏省社科重点课题《辛亥革命苏州和平光复模式研究》时,对程德全的研究亦有了新的深入与创见,此书即为其创见之一。

辛亥革命首义于武昌,很快受到北洋军优势兵力的进攻,汉口、汉阳相继失守,武昌危在旦夕,在这关键时刻,程德全顺天应人,在东南文化精英、苏州绅商、革命党人的推动下,主动地投向革命,从而不但传檄而定江苏绝大部分省份,而且在六天内带动东南六省和平光复,然后以苏州藩库之财力组织江浙联军攻克南京,为民国奠定国都。清廷在东南财赋与漕粮已断的情况下,无法持久作战,只得逊位。这个历史功绩是值得肯定的。本书提出"辛亥革命首义于武昌,收功在江南,转折点在苏州,程德全是推动这一转折的重要人物"的论点是有说服务力的。从这个意义上讲,民国元勋,对于程德全而言是名至而实归的,孙中山先生任命程德全为南京民国政府首任内政部长,就是一个重要的印证。

马敏

2016年1月2日

目录

第一编　程德全与辛亥革命的研究

民国元勋程德全——程德全在辛亥革命中的贡献新说 / 3
- 一、苏州"和平光复"是辛亥革命胜利的转折点 / 3
- 二、苏州和平光复切断了清王朝的财政命脉 / 6
- 三、几个问题的辨析 / 9
- 四、结语 / 16

程德全研究综述 / 18
- 一、改革开放前的研究 / 19
- 二、20世纪80年代的研究 / 20
- 三、20世纪90年代的研究 / 23
- 四、21世纪以来的研究 / 25
- 五、研究深入开展应做的工作 / 28
- 六、结语 / 29

《云阳程氏家乘》与程德全的文化基因 / 31
- 一、移民文化的基因 / 31
- 二、程朱理学之传承 / 40
- 三、结语 / 47

辛亥革命史中之一人——程德全 /48

- 一、庚子年之程德全 /48
- 二、辛亥年之程德全 /51
- 三、癸丑年以后之程德全 /56

近代江南督抚与程德全 /61

- 一、东南文化场域中的两江督抚 /61
- 二、江南文化场域与程德全 /67
- 三、程德全与辛亥革命苏州和平光复 /76
- 四、结语 /89

立宪·共和·逃禅——程德全在江苏的思想与政治 /90

- 一、辛亥革命前的江苏 /90
- 二、从立宪到共和的转变 /94
- 三、谋定而后动的和平光复 /97
- 四、统一省政与宪政的求索 /100
- 五、"二次革命"中的程德全 /107
- 六、匡时无术合禅逃 /112
- 七、结语 /117

程德全与民初政潮 /118

- 一、江苏政局的统一 /118
- 二、处理"宋案"与消弭革命 /126

江苏都督程德全安抚会党政策的失败 /133

- 一、应桂馨创立共进会 /133
- 二、共进会滋事问题的提出 /134
- 三、程德全的安抚政策 /137
- 四、江浙两省的政策分歧 /138

- 五、袁世凯政府收买应桂馨 / 140
- 六、"宋案"发生后安抚政策的失败 / 142

百年善缘结善果——程德全与寒山寺百年善缘 / 143

- 一、程德全重修寒山寺 / 143
- 二、程德全对寒山寺文化内涵的开发 / 145
- 三、程德全晚年皈佛 / 147
- 四、善缘再续 / 149
- 五、结语 / 150

第二编 程德全的师友朋辈群体

程德全任官前的师友 / 154

- 一、程德全与叶尔恺的交往 / 154
- 二、程德全与依克唐阿的交往 / 160
- 三、程德全与寿山的交往 / 165
- 四、结语 / 176

主政黑龙江时期的师友关系 / 177

- 一、程德全与宋小濂的交往 / 177
- 二、程德全与徐鼐霖的交往 / 185
- 三、程德全与成多禄的交往 / 190
- 四、结语 / 197

程德全在江苏地区交往述论 / 198

- 一、程德全与张謇的交往 / 198
- 二、程德全与黄炎培的交往 / 205
- 三、程德全与应德闳的交往 / 209

● 四、结语 /213

第三编 雪消楼在 浓荫远映

敬人及物——略记曾祖父程德全之雪泥鸿爪 /217
● 一、引言 /217
● 二、云阳老家 /218
● 三、戍边黑龙江 /222
● 四、抚吴苏州 /226
● 五、皈依佛门 /230
● 六、结语："浓荫远映" /233

雪楼冰洁 德润后人——缅怀德全公 /235
● 一、家道贫寒 外出发展 /236
● 二、民族危机 戍守边关 /237
● 三、辛亥风云 反正第一人 /239
● 四、雪消楼在 德全不朽 /240
● 五、续缘 /242

编后语 /245

第一编

程德全与辛亥革命的研究

民国元勋程德全
——程德全在辛亥革命中的贡献新说

程德全,重庆云阳人。庚子之役中,他以身屏挡俄军炮口,保全了齐齐哈尔全城10余万军民的性命,并投水明志,拒绝任职俄傀儡将军之职,因而被清廷重用为黑龙江将军、巡抚;1910年调任江苏巡抚。任职第二年即逢辛亥革命爆发。他在四次上书要求清廷彻底改革而不得答复之后,毅然转向革命,主导了苏州"和平光复",并传檄江苏全省"和平光复",此举带动东南六省五天之内宣布光复。同时,他还以苏州之财力,组建江浙联军,督师攻克南京,从而在辛亥革命首义之地——武昌岌岌可危之际,在南京确立了革命的新基地。清廷失去东南半壁的漕粮与财经支持,无法持久,只得宣布逊位予袁世凯。所以说:辛亥革命首义于武昌,收功则在江南,转折点在苏州。程德全就是推动这一历史转折的民国元勋。孙中山任命程为南京临时政府首任内政部长,正是对其民国元勋历史地位的肯定。但近百年以来,由于意识形态史学的影响,史学界对程德全的历史评价是很不公正的,"和平光复"是"投机革命"之说甚行。近十几年以来,史学界对程德全的历史功绩有了比较客观的评价,但对于苏州"和平光复"于民国创立的重大历史贡献,依然认识不足,应予辨析,以恢复历史之本来面目。

一、苏州"和平光复"是辛亥革命胜利的转折点

辛亥革命首义于武昌,起义之时,革命的领导人无一人在现场指挥,所幸,清政府官吏瑞澂等人惊慌失措,革命军亦明智地请出立宪派领袖汤化龙,并从其之谋,请出清军高级将领黎元洪担任湖北军政府都督,从而在事实上建立了革命党、立宪派、反正的汉族官僚三结合的统一战线。这

个统一战线在扩大首义的胜利成果、争取外国列强中立、争取清廷海军由同情而转向革命方面起了重大的作用。最为关键的是它为这次突发的革命争取到了宝贵的时间,湖南、陕西、云南、江西等省得以相继起义,解决了湖北首义的后顾之忧。但在清政府解决了内部纷歧,将军政大权交给袁世凯后,袁即以北洋军之精锐全力进攻武汉三镇,汉口于11月2日失守,汉阳亦岌岌可危(后于11月27日失守)。辛亥革命的成亡胜败,悬于一丝。

就在此时,陈其美于11月4日在上海发动起义,第二天,身任江苏巡抚的程德全宣布"和平光复",出任江苏省军政府都督,并以都督之身份传令江苏省全省易帜光复。程德全成为辛亥革命中第一个主动投身革命的清政府高级官员。他的转向,不仅使江苏省绝大部分府、县传檄而定,同时也为在革命大势之下犹疑不定的东南督抚提供了样板,"自武昌起义后至上海光复前,其间二十五天,全国只有湖北、湖南、陕西、江西、云南、贵州六省光复,自上海光复至福建光复,其间六天,新增加光复的省分达六省之多,由此可见,清朝土崩瓦解之势已成"①。苏州光复后五天,全国六省响应,而且,绝大部分是苏州"和平光复"的模式,即由清政府之地方大员在立宪派的推动和革命派的压力下宣布"和平光复"、"和平独立"。如广西巡抚沈秉堃、藩司王芝祥在咨议局劝说下,于11月6日宣布独立,沈秉堃任都督,市民称之为"由官发起独立"②;安徽11月8日由咨议局宣布"独立",巡抚朱家宝任都督;同日,广东咨议局召开有清两广总督张鸣岐和满汉八旗代表参加的会议,会上做出了"宣布独立"的决定,推张鸣岐为都督,广州于是"和平光复"。浙江与福建在光复过程中虽然有小规模的战斗,但在立宪派的斡旋之下,也很快结束战斗而宣布独立。所以,东南六省基本上都是苏州"和平光复"模式的再版。

苏州"和平光复"的模式,几天内带动六省独立,使"清朝土崩瓦解之势已成",辛亥革命由此转危为安,其中起主导作用的是程德全。"上海与苏州的光复,程德全与张謇的影响最大"、"江苏士绅与程德全是苏州光复的关键人物"、"苏州的光复代表江苏省的光复,南京方面虽然仍作顽强的抵抗,但已陷于孤立"③。程德全苏州"和平光复"的模式,使由反

---

① 王树槐.中国现代化的区域研究·江苏省(1860—1916)[M].中国台湾"中央研究院"近代史研究所编印,1984:156.

② 郭孝成.广西光复记.丛刊本《辛亥革命》(七)[M].北京:中华书局,1981:221.

③ 王树槐.中国现代化的区域研究·江苏省(1860—1916)[M].中国台湾"中央研究院"近代史研究所编印,1984:155.

正的旧官僚、立宪派、革命派组成的统一战线扩大至清廷督抚大员一级，最终促使袁世凯接受共和，迫使清廷逊位，辛亥革命得以完成。从这个意义上说，程德全无愧于民国元勋之称。也正是基于程德全在苏州光复中的重大贡献，孙中山才任命他为中华民国第一任内政部长。

程德全不仅以其苏州"和平光复"的模式带动了江苏及东南沿海六省的"独立"，更重要的是他以苏州藩库预存的数十万两白银做军费，将以苏州新军刘之洁为统领的"苏军"与浙江新军合组成"江浙联军"，由苏、杭出兵到镇江与从南京败退出来的第九镇新军会合，"举行'联合军事会议'。议决苏军攻尧化门，镇军攻仪凤门，沪军往来策应，浙军从狮子山进攻天保城"，"张勋藐视联军，安居城内，布置防务，城墙上密布四十五英寸口径的德国出品开花炮，火力非常猛烈。镇苏两军攻打仪凤、尧化两门，都不能接近城垣。浙军虽然占有天保城居高临下的良好据点，却也不易挺进。相持了十余日，形势甚是危急。——这时上海制造局日夜开工，赶造步枪子弹"，"镇军的驻沪联络员陶逊（宾南）得悉前线情势，谒见制造局李钟珏局长，谈及'南京城上有德制排炮厉害，无法攻进南京城。记得从前吴淞炮台拆下一尊德制（要塞炮），口径达十二英寸，最合攻城需要。此炮交局修理后，试验结果，威力极大。最好运到前线，攻打南京城，定能得手'。江南制造局在德国工程师的指导下，日夜加班，两天内将此炮运到南京江浙联军手中，"炮抵尧化门，就对准城墙一炮，毁去城墙一部，张勋军队顿时喧哗大乱。第二炮又打毁不少城墙，城内守军，狼奔豕突。续开两炮，城上已无敌军片影。苏军便冲锋到城墙下，架起云梯，扒（爬）上城头，进城开门，全军就此进了尧化门。那大炮开过后，立刻送到镇军手中，向着仪凤门开炮，两炮实心弹，就把城墙打开两个大窟窿，两炮榴霰弹打进城内，轰毁北极阁屋顶，击毙辫子军很多，镇军也就冲进了仪凤门。——张勋急得走投无路，终于不顾一切，于12月1日和张人骏、铁良、提学使李瑞清（梅庵，即清道人）一起出南门，渡江到浦口，上津浦铁路车北遁"①。南京即此光复。就在汉阳失守四天后，南京光复。岌岌可危的辛亥革命由此转危为安，这个由败转胜的转折点则是程德全主持的苏州和平光复。

---

① 吴和士.辛亥革命苏州光复小记.苏州政协文史委编《苏州文史资料》（第1—5合辑）[M].苏州:1990:70.

二、苏州和平光复切断了清王朝的财政命脉

东南财赋,唐宋以来即为天下所重,清王朝更以东南为立命之根本。康熙、乾隆两帝的数次南巡,其实质都是为了震慑与稳定东南,因为清代财政收入的田赋(含漕粮)、盐税、关税三大类,主要来自东南。到了近代,特别是庚子之后,华北经济遭到严重的破坏,东南经济即成为清王朝须臾不可离的支撑。正如庚子年间慈禧太后逃奔到西安后张謇劝刘坤一"东南互保"时所言:"虽西北不足以存东南,为其名不足存也;虽东南无以存西北,为其实不足存也。"①庚子时东南尚需"西北"清王朝中央之"名"而存,但辛亥革命后南京政府建立,东南各省政体有主,清王朝之名,东南各省可以弃如敝屣了。可是,清王朝失去了东南各省之财赋支持,则真是陷于"其实不足存"的崩溃边缘。这个崩溃之滥觞正起于程德全主导的苏州"和平光复"。

程德全以江苏省巡抚之身份主导苏州"和平光复",长期任省级主政官员的身份,使之在全省具有不可替代的政治权威与影响。他利用这一影响,将苏州的"和平光复"扩大到全省乃至东南邻省。"苏城底定,立即传檄江苏所属府厅州县,苏松常镇太首先响应,其他亦陆续反正,风行草偃,顺流而下。"②江苏全省除南京外,旬日之间,"和平光复"。在得到全省绝大多数府县的响应之后,程德全便集中全省之人力财力与邻省会合,共谋清王朝在东南的重要据点——南京。攻克南京,不但挽回了汉阳失守的败局险象,而且使辛亥革命有了新的、比武昌更形重要、能够号令全国的革命基地。更重要的是,南京的克复使清王朝长期倚重的江南漕粮与财赋供应皆成画饼。失去江南之漕粮与财赋的支持,袁世凯之北洋军再骁勇善战也无法持久,因为任何战争归根结底是以财赋做支撑的。"皇帝不差饿兵",皇帝也差不动饿兵。没有粮饷,军队的哗变是中国历史上的常事。唐德宗时,江南漕粮晚到数日,"禁军或自脱巾呼于道曰:'拘吾于军而不给粮,吾罪人也!'上忧之甚,会韩滉运米三万斛至陕,李泌即奏之。上喜,遽至东宫,谓太子曰:'米已至陕,吾父子得生矣。'"③辛亥革

---

① 张謇.张謇全集(第六卷)[M].南京:江苏古籍出版社,1994:861.
② 吴和士.辛亥革命苏州光复小记.苏州政协文史委编《苏州文史资料》(第1-5合辑)[M].苏州:1990:76.
③ 司马光.资治通鉴·唐纪四十八(四)[M].长沙:岳麓书社,1990:199.

命之际,革命党人以满汉矛盾入手,大张民族主义之帜,清王朝军心已经不稳,加上漕粮与财政来源被切断,清王朝是无法持久的,因为其对江南漕粮与财赋的依赖远在唐宋元明诸朝之上。

江苏巡抚衙门旧址

清承明制,以江南漕粮作为北京官员与军队的日常食用之需。"顺治二年,户部奏定每岁额征漕粮四百万石,——原额三百三十万石,江南百五十万石,浙江六十万石,江西四十万石,湖广二十五万石,山东二十万石,河南二十七万石。其运通漕者为改兑米,原额七十万石,江南二十九万四千四百,浙江三万,江西十七万,山东九万五千六百,河南十一万"①,"漕粮之外,江苏苏、松、常三府,太仓一州,浙江嘉、湖二府,岁输糯米于内务府,以供上用度百官廪禄之需,谓之白粮。原额二十一万七千四百七十二石有奇"②。清政府赖以生存的漕粮的90%以上以及白米的100%,全部为程德全的苏州"和平光复"所切断。而且,清政府原有的存粮亦不多。庚子之役后,清政府在京津修复了200余座粮仓,以储备江南漕粮,额定存粮200万石。但1906年,这些粮仓只存粮110万石,1911年辛亥革命爆发之际,"约计仓存米数不过六十万石"③,如此存粮,如何能持久?

存粮不足,现银更为稀少。1910年,清政府试办宣统三年的财政预算"赤字高达四千万两",1911年辛亥革命前,清政府编制的宣统四年财

① 清史稿.食货三(志九十七)[M].北京:中华书局,2006:3566.
② 清史稿.食货三(志九十七)[M].北京:中华书局,2006:3574.
③ 周育民.晚清财政与社会变迁[M].上海:上海人民出版社,2000:430.

政预算"赤字为1 399 848两"①。原本就已赤字的财政在以江苏为主的东南六省独立之后军饷更是无着。"苏州光复"后的第六天，即11月11日，熊希龄从北京密致赵凤昌函："弟昨至北京，探询度支部存款，只余三四十万。革军稍稍相持一二月，不待交战，亦必亡矣。"②如此财政库存，如何能支持庞大的军费需求！1912年1月3日，隆裕太后不得不俯从袁世凯指使的姜桂题等军事将领的要求，命宗人府传知各王公等，将存放的私有资产尽力购买国债，以做军饷。但王公贵族无动于衷，隆裕太后只得动用皇室内帑，购买其中的90%约1016万元。但此举只是杯水车薪，无济于事。清王朝陆军部1911年对新建成的14个镇、20个混成协的"新军军费预算支出高达4629万余两。此外，京外八旗、绿营及防军的开支也不断增加，根据陆军部的预算，宣统三年的支出达5000万两以上"③，两项合计，约为1亿两。而此时，除了南方新军起义外，北方还有以北洋六镇为主体的半数以上的新军与超过半数的八旗、绿营及防军，如毅军姜桂题、江防营张勋等，所以，清王朝所需军费至少在5000万两以上。如此庞大的军费开支，不仅隆裕太后内帑千余万所购国债难以救急，即使集整个华北与东北清政府控制区域内的财力也难以为继。"北洋军费的78.3%都是由后来在辛亥革命中独立的省份提供的，仅这个数字在很大程度上可以说明袁世凯在辛亥革命中一手推倒清王朝，一手压迫南方革命党屈服的原因"④，此说可谓一语中的。

程德全的苏州"和平光复"切断了清政府及其军队的漕粮与盐税等财赋供应，实际上也掘断了清王朝的命根子。当时"鄂难作，缘江戒严，载穆缮城郭，犒军士，设练兵处，定营防城守章程，书夜徼循"，清王朝宗室、镇江八旗驻军副都统载穆准备与革命军决一死战，但"江苏巡抚程德全号独立，传檄镇江，防营乃潜通苏军，全城益怖惧"⑤，载穆于无奈之际只好选择自杀，其在遗书中说："旗营饷械出自苏垣，今程抚既已反对，幸而战胜，无以为继，万一不胜，百姓罹灾"⑥。2000多人的镇江八旗驻防军就因为饷械来自于苏垣，"幸而战胜，无以为继"，所以，载穆只好放弃抵抗。

---

① 周育民.晚清财政与社会变迁[M].上海：上海人民出版社，2000：419.
② 熊希龄.有虑时局致赵凤昌函.熊希龄集(上册).长沙：湖南人民出版社，1985：234.
③ 周育民.晚清财政与社会变迁[M].上海：上海人民出版社，2000：396.
④ 周育民.晚清财政与社会变迁[M].上海：上海人民出版社，2000：394.
⑤ 清史稿.食货三(志九十七)[M].北京：中华书局，2006：128000.
⑥ 转引自吴忉.浅论有关江苏都督程德全的几个问题[J].南京师范大学学报，1989(2).

镇江一城如此,华北、东北、西北等地数十万北洋新军、清廷旧军,加上清王朝政府数十万官员,其饷械、食粮在东南独立之后更是"无以为继"。清王朝既已根本无法与南方革命政权长期对抗,只好"逊位"下台。

而且,程德全作为原清廷大员,在"和平光复"后出任江苏省军政都督,这也给袁世凯以取清室而代的信心。在孙中山、黄兴等南方革命党人多次向袁做出让位的保证之后,袁世凯顺水推舟,逼清室逊位,从孙中山手上接任民国大总统。老谋深算的袁世凯其实是在权衡了利弊得失之后而做出的明智之选择。程德全可以说是从硬、软(切断粮饷,做出示范)两个方面推动袁世凯反正的关键人物。

三、几个问题的辨析

既然程德全在辛亥革命中起了关键作用,那为什么长期以来程德全的民国元勋历史地位得不到承认呢?原因就在于程德全是从旧营垒中分化出来的,他与革命党没有历史渊源,而且,在后来的革命发展中又是离革命党而去的"异己",革命党人的暴力革命话语体系对之无法相容,千方百计地要对其历史功绩予以否认,以维护暴力革命之正统与正确的话语权威。下述几个问题,正是暴力革命话语体系与程德全历史功绩冲突之处。

(一)"投机革命"与"立宪"思想发展

受暴力革命话语影响,改革开放前,程德全辛亥革命之役的"和平光复"长期被视为"投机革命"。如扬州师范学院历史系1961年编的《辛亥革命江苏地区史料》说:"在革命的洪流冲击下,清政府土崩瓦解,程德全又使用反革命两面手法,伪装响应革命,在苏州扮演了'和平光复'的骗局,摇身一变而为中华民国的江苏都督。等到革命转向低潮时,程德全便公开暴露出他的本来面目,积极配合袁世凯篡夺革命的果实。"①受此影响的1981年版《辛亥革命史》亦认为:"上海反正,苏州震动,原先还幻想在'君主立宪'的招牌下保存清朝统治的江苏巡抚程德全,看出'军国之事,已无可为',不得不另作盘算。——江苏巡抚程德全,则是清末一个著名的投机官僚,一向善观风色,号称'开明'"②等等。

---

① 扬州师范学院历史系.辛亥革命江苏地区史料[M].南京:江苏人民出版社,1961.
② 章开沅,林增平主编.辛亥革命史(下)[M].北京:人民出版社,1981:123.

改革开放后,特别是20世纪90年代以来,史学界开始以实事求是的科学精神重新评议程德全在辛亥革命中的作为。1989年,南京师范大学吴切在《南师大学报》上发表《浅论有关江苏都督程德全的几个问题》;1991年,中国社会科学院朱宗震先生在《历史研究》上发表论文《程德全与民初政潮》;李茂高、廖志豪提交《辛亥革命八十周年纪念会》论文《江苏光复与程德全》;苏贵庆在《苏州大学学报》上发表论文《程德全在辛亥革命时期的历史地位》;1993年陈志勇在《学术月刊》上发表论文《辛亥前后的程德全评价问题》;2011年苏州大学王玉贵教授出版《挑瓦革命的末代江苏巡抚程德全》。这些论文或著作,对于程德全在辛亥革命中促成苏州和平光复均给予了高度肯定,认为:"程德全适时宣布苏州和平光复、江苏独立,其在辛亥革命中的作用和历史地位是不可低估的","他在晚年完成了从一个清王朝的忠臣到中华民国的开国功臣的最巨大转变"①;"和平光复与武力光复一样,都是辛亥时期重要的革命形式,不应该将他说成'骗局'","程德全举义反正,接受独立,宣布共和,顺应时代的历史潮流,不能不说是一个进步"②;等等。由此可知,对于程德全的历史功绩,史学界基本上已拨乱反正,给予了实事求是的评价。但这些评价主要是从客观上予以认定,而对于程德全思想上的转折则着墨不多,其实,要辨清程德全是"投机革命"还是思想上"与时俱进"发生了根本性转折,分析一下当时的客观形势与程德全的思想发展历程,就可以得出清晰的结论。

首先,从客观形势分析,所谓"投机"说,是说程德全是在"革命的洪流冲击下,清政府土崩瓦解"之际才投机革命的。但当时的客观形势却不是这样。武昌起义在其发生后的20余天间虽然得到了六省响应,但在清政府起用袁世凯后,在北洋军的攻击之下,汉口11月2日失守,汉阳岌岌可危(后于11月27日失守),辛亥革命处于极度危险之中,宋教仁于10月31日急函上海陈其美等人:"此间战事吃紧,亟望各处响应。"③由此可见,苏州的和平光复并不是在"革命的洪流冲击下,清政府土崩瓦解"之际投机发动的,恰恰相反,是在辛亥革命处于危急之中,急需"各处响应"支援之际发动的。正是程德全以清王朝巡抚大员的身份,与立宪派全国

---

① 苏贵庆.程德全在辛亥革命时期的历史地位[J].苏州大学学报,1991(3).
② 中国社科院近代史研究所编.纪念辛亥革命七十周年学术讨论会论文集(中)[M].北京:中华书局,1981:187.
③ 宋教仁致陈英士等函.辛亥革命在上海史料选辑[M].上海:上海人民出版社,2011:22.

领袖张謇、革命党人陈其美等人合作,建立了革命的统一战线,成功地完成了苏州乃至江苏的和平光复。这一统一战线、和平光复的模式,5天之内得到东南六省仿效,而先后独立,从而切断了清政府的东南财赋供应,清政府由之而陷于"土崩瓦解"。可见,清政府的土崩瓦解是发生在程德全苏州和平光复之后,而不是在此之前。历史的真相是:当程德全于11月5日主导苏州和平光复之际,清政府在军事上还占据上风,此时有"何机"可投?程德全实是冒着杀头、诛族的危险参与了革命。程德全在汉口失守之际主导苏州和平光复、在汉阳失守之际督师攻下南京,可以说是挽狂澜于既倒,救革命于危急之中,民国元勋,当之无愧。

"投机"说不仅罔顾当时之客观史实,而且也忽视了程德全思想发展的历程,而以意识形态史学静态、不变的观点看待历史事件与人物。因为程德全曾经是清王朝的忠臣和方面大员,所以就论定程德全参加革命是"伪装响应革命",而未能看到历史是发展的,人也是随着历史的发展而前进的,人的思想是可变的,没有一成不变的静止的历史与个人。程德全作为一个明达而有为的官吏,其思想是随着历史的潮流而不断地演变的。出川之前,他只是一个遵循宋儒"经世致用"之学的秀才,在北京学习期间,受师友叶伯高之启发,他转向洋务派之"师夷长技"之说,开始关心东北时务与各类洋务事宜,从而得到满族将军依克唐阿、寿山等人的器重,进入其幕府。庚子之役,程德全以身屏挡俄军炮口,全活齐齐哈尔数十万军民之命,中外交誉而获慈禧太后破格之任命,在黑龙江力行新政。此时其思想上已由"师夷长技"转向"中体西用",即认识到学习西方不仅是学习其器物文化,更应当学习西方的制度文化,即西方的宪政制度。此时的程德全与清末所有宪政派一样,其宪政思想还是"君主立宪"的思想。正是这种思想上的共识,使程德全一到江苏就与江苏立宪派张謇、雷奋、杨廷栋、应德闳等结成盟友,并在江苏全力推行以"君主立宪"为主要政纲的各项新政,如咨议局、教育总会、商会、农会等,最后又与这些立宪派政治盟友一道由"君主立宪"转向"共和立宪",主动参加辛亥革命,为辛亥革命之转危为安做出了重大的贡献。

"君主立宪"与"共和立宪",既是一个政体问题,也是一个国体问题,但二者有一个根本的共同点,即都主张"宪政",要求在以宪法为根本大法的法律框架内进行各项政治运作。二者的区别只是在于"君主立宪"是在中央政府之上有一个虚有其位、享有尊荣但并不从事实际政治运作的君主皇室,如当时的英国、德国、日本等国之政体;"共和立宪"则没有

永世不替的君主皇室,只有民选的且有任期限制的总统。而无论是君主或是总统,都必须在宪法的框架内行使政治权力,否则就是违法。辛亥革命之初,立宪派领袖张謇与程德全还是寄希望于清政府能尽快召开国会,早日落实"君主立宪"的承诺,"改组内阁,宣布立宪",但疏四上皆"中格不报"。程德全"知军国之事,已无可为,乃以地方民命为重,循苏五属士绅之请,宣布独立"①。君主立宪必须有一个明敏世界潮流的君主顺应民心实行宪政,但当时的清王朝"天大军国事,飘瓦供儿戏"②,"君主立宪"之梦就这样因清王朝的昏庸而破碎。与此同时,"共和立宪"却已成燎原之势。在这种情况下,程德全、张謇等立宪派集体转向"共和立宪"就成为一个必然的选择,而且他们在做出这个选择之后基本上没有再动摇,共和、宪政成为他们始终坚持的政治底线。这也就是立宪派能够拥护袁世凯当连选连任的终生大总统,但不能拥护他称帝的原因所在。因为前者还是在宪法的框架之内,而后者则完全抛弃了法制。所以,民国以来始终支撑袁世凯统治的立宪派领袖梁启超在致袁世凯的公开信(又名"国体问题")中强调:"立国于今世,自有今世所以生存之道。逆世界潮流以自封,其究必归于淘汰,愿大总统稍捐复古之念,力为作新之谋。法者,上下所共信,而后能相维于不敝者也。法令一失效力,则民无所措手足,而政府之威信亦堕。愿大总统常以法自绳,毋导吏民以舞文之路。参政权与爱国心至密切,国民不能容喙于政治,而欲其与国家同体休戚,其道无由!愿大总统建设真实之民意机关,涵养自由发抒之舆论,毋或矫诬遏抑,使民志不伸,翻成怨毒。"③以法治国,"愿大总统常以法自绳",即在宪法的范围内从事政治运作,这是不可违逆的世界潮流。辛亥革命中,程德全、张謇、梁启超、蔡锷等立宪派都是因为认识到这一历史潮流而放弃了原来的"君主立宪"主张,转向"共和立宪"。这是他们思想上与时俱进、顺应时势的发展,而不能说是"投机"。

(二)"洗程会"是破坏革命政权的反动

"'洗城会'本来叫'洗程会'。这两个名称,虽只易一字而读音相同,却有一个复杂的过程,而且是辛亥革命后苏州的一件大事。也是当时沪

---

① 扬州师范学院历史系.辛亥革命江苏地区史料[M].南京:江苏人民出版社,1961:60.
② 黄炎培.辛亥革命史中之一人——程德全[J].人文月刊,1930.
③ 梁启超.饮冰室合集(第四册)[M].北京:中华书局,2008:2008.

军都督陈其美和江苏都督程德全为了地盘和政权而引起斗争的前因后果。'洗程会'是陈其美系统苏州反程集团的秘密组织,'洗城会'则是程德全在把对方一网打尽之后给扣上的一顶帽子。"①对于这桩公案,因为陈其美是同盟会、革命党"洗程会"的主要成员,柳成烈、蒯际唐、蒯佐同等也都曾是同盟会会员,"洗程会"据说也是得到陈其美暗中支持的,所以,即使20世纪90年代以来,在对程德全的历史功绩重新评价时,对于这桩公案,学界往往回避,不加评论,如朱宗震先生在《程德全与民初政潮》一文中描述:"程德全于31日晚率先行动,逮捕了蒯氏兄弟和朱葆存等骨干,迫令先锋营缴械遣散,并自任审判长,枪决了蒯氏兄弟,仅柳成烈逃脱。事变平定后,程德全不事张扬,避免株连。搜获文件、名册,阅后即行焚毁,以安定人心。当陈其美明电询问柳的下落时,程平和地答复说:'敝处本不知柳成烈踪迹,蒯案亦未闻及。特闻。'这样程德全的都督地位就十分稳固,难以动摇了。"②而即使是全面肯定程德全辛亥革命和平光复历史功绩的李茂高、廖志豪对于此案也依然这样认定:"程德全在光复前后确实镇压过工农群众,更为严重的是在苏州光复中,又镇压过企图推翻他的革命党人柳成烈和资产阶级激进分子蒯际唐、蒯佐同等人发动组织的'洗程会',结果,蒯氏两兄弟皆遭惨杀,先进的革命组织北伐先锋团也遭解散。这些,无疑是程德全的罪过,属反动的行为。"③显然,这种说法还是未能跳出意识形态史学以人划线的传统,而忽略了评价一个历史事件、一个历史人物的行为的关键是看它(他)是否有利于社会与经济的进步。因此评价辛亥革命中的苏州"洗程会"公案,不能简单地以陈其美、柳成烈是革命党而程德全曾是旧官僚这样简单的二分法,而应当从其是否有利于革命后政权的稳固、社会的稳定与发展来做出判断,这也关系到辛亥革命成果和大局的评价。

程德全带动江苏全省和平光复,并亲自督师攻下南京,他对于革命的贡献是革命党人都予以承认的。这也是孙中山任命其为南京临时政府内务部长的原因。他所领导的江苏,也成为当时革命党人最主要的革命基

---

① 吴和士.辛亥革命苏州光复小记.苏州政协文史委编《苏州文史资料》(第1-5合辑)[M].苏州,1990:108.
② 中国社科院近代史研究所编.纪念辛亥革命七十周年学术讨论会论文集(中)[M].北京:中华书局,1981:181.
③ 中国社科院近代史研究所编.纪念辛亥革命七十周年学术讨论会论文集(中)[M].北京:中华书局,1981:181.

地。而且,由于程德全为政老练、平和,故而得到了江苏各界的支持与拥护。他以和平的方式光复江苏并极力维持社会稳定与发展的思路,也符合江苏各界人民的利益,故在众望所归之下,他被推举为江苏都督。对此,陈其美也是无话可说的。所以,要"洗程",实在是师出无名,陈其美也不敢直接承认其责。柳成烈与蒯氏兄弟要推翻程德全,势必会在苏州乃至江苏引发社会动乱,这实是逆历史潮流而动,是对辛亥革命南方基地的一个根本性破坏。因此,"洗程会"没有任何进步意义,完全是一个破坏革命政权的反动。程德全对此进行毫不留情的镇压,正有利于保卫革命政权的稳定。他的反"洗程"行为不是"罪过",更不属"反动的行为",而是程德全在辛亥革命过程中的又一历史功绩。

至于柳成烈与蒯氏兄弟,他们只是不明大势、不顾大局、混迹于革命队伍中的会党偏激分子,在任何革命中都有一部分这样的人。他们除了破坏还是破坏,除了"革命"还是"革命"。他们不懂得革命之后就需要稳定革命政权,转向社会秩序恢复与经济建设发展的道理。辛亥革命中,孙中山曾将利用会党作为同盟会发动起义的重要组织手段,陈其美亦因此而成为青帮大佬。在陈的团队之中有不少帮会分子,如后来暗杀宋教仁的应桂馨就曾是陈其美的得力干将,并由陈推荐给孙中山任孙的卫队长。而在辛亥革命胜利之后,这些会党中的相当部分成员,受其流民文化喜乱不喜治的影响,在各地制造了不少危害革命政权稳定的事件,从而遭到了南方各省革命政权的镇压,如浙江都督朱瑞及广东都督胡汉民、陈炯明等曾对会党分子进行严厉镇压。相形之下,程德全对于"洗程会"一案的平和处理恰恰体现出程为政之老练。他将"洗程会"易名为"洗城会",其实是抓住了实质性的问题,因为"洗程",势必要破坏苏州的稳定,而造成"洗城"的混乱局面,而这种混乱局面是革命派与立宪派都不愿意看到的。一字之易,就将党派之间的私人恩怨化为无形。同时,在处理过程中也不事株连,而是焚毁名单,解散先锋团;对于陈其美询问柳成烈的来电则一问三不知,从而将柳成烈、陈其美与蒯氏兄弟切割开。这样就维护了革命派与立宪派在江苏的联合执政局面,从而保证了江苏革命政权的稳定。

(三)"二次革命"中的功过是非

程德全在"二次革命"中的表现一向为人诟病。百年之后,平心而论,程德全在二次革命中的表现,其实是他坚持依法治国,以法律来解决

"宋案"与"善后大借款"问题，反对孙中山武力讨袁的激进主张，以此维护社会秩序的稳定，维护南方革命党人来之不易的基地安全。"二次革命"于旬月之间惨败，南方革命党人的政权全部丧失，革命党人再次流亡国外的史实证明：程德全、张謇、黄兴等人依法律解决"宋案"的思路是有其合理性的。孙中山在"二次革命"后将失败的责任推给黄兴是很不公正的。而以孙中山、陈其美、蒋介石为国民党正统论的学者，亦由此而否定黄兴、程德全在"二次革命"中的表现，其实是一党之私见。此一党之私见的影响，至今未能消除。程德全在"二次革命"中的功过是非，百年之后还得重新评说。

在"宋案"发生后，程德全亲自赶到上海主持破案，很快将凶手武士英与指使者应桂馨（夔丞）捉拿到案，并从应家中抄出国务总理赵秉钧的秘书洪述祖与应的来往电报，其中有"毁宋酬勋"字样。但除此之外，并没有直接的证据证明赵秉钧与此案有直接的关系，更没有证据证明袁世凯参与此案。案发后从日本赶回上海的孙中山，则认定袁世凯为幕后，而主张武力讨袁。程德全则认为"宋案"应通过法律程序继续调查，黄兴对此也持同样的态度，反对孙中山即刻起兵讨袁的主张。程德全为此于1913年5月8日专门致电江西都督李烈钧："今之大多数人民不知政治为何物，但两年来尝受痛苦，不愿再有纷扰，此为普通心理。吾辈一言一动，当在法律范围之中，倘过于激切，酿成暴举，转贻反对者口实。夫大多数人民反对，未有不败亡者也。德全在苏言苏，元气未复，商业凋敝，饷不足以赡兵，兵不足以御侮，一有警耗，盗贼蜂起，地方糜烂，鹬蚌相争，强邻干涉，如吾辈者不独身败名裂，直万世之罪人已耳。总之，政治不良，革政治之命可也，若酿成分裂之祸，因以革民国之命则不可。国民党惨淡经营，得有今日，诚非易易，更须稳定脚步，求政治上最后之胜利，切不可激于忿愤，为孤注之一掷。"①平心而论，程德全的这个电文言辞恳切，文情并茂，将对于"二次革命"不赞成的三大理由全盘托出。其一，"宋案"以及后来的"善后大借款案"均"当在法律范围之中"解决，过于"激切"的暴力行为恰是贻人以口实，对革命党人十分不利；其二，辛亥革命刚刚过去不到两年，战争的创伤还未熨平，社会元气尚未恢复，民心厌乱思安，而违背民心，招致"大多数人民反对"则"未有不败亡者"；其三，国民党的实力不足，此时的上策是"更须稳定脚步，求政治上最后之胜利"。程德全的

---

① 朱宗震.程德全与民初政潮[J].历史研究,1991(6).

这三个理由,应当说是合情合理,符合当时中国发展之最大利益,也是符合国民党长期发展利益的。可惜,当时国民党的领袖群体中,过于激切者多,而冷静者少,特别是在从众心理的驱使下,稳健如黄兴、李烈钧等最后也不得不附和孙中山武力讨袁的主张,而发动了"二次革命"。结果不幸为程德全所言中,"革政治之命可也,若酿成分裂之祸,因以革民国之命则不可"。"二次革命"险乎革了民国的命,孙、黄再度流亡日本,且反目分裂。历史的吊诡就在于袁世凯因镇压"二次革命"的迅速胜利而冲昏了头脑,利令智昏地搞出"洪宪帝制"的闹剧,不仅使立宪派之梁启超、蔡锷与革命派再次合流,同时也引起了北洋集团内部的分裂,袁手下大将段祺瑞、冯国璋也站在立宪派一边反袁。在这样的背景下,孙、黄等人才能乘机回国,民国得以延续。但以袁世凯后来的称帝来论证当时不以民国法律为政争之武器,而以暴力革命孤注一掷、授人以柄的鲁莽为先见之明,其实是难以服人的。

"二次革命"之役,程德全苦心导国家政治于法律之轨,实现其以法治国的宪政理想完全破灭。心灰意冷之际,他遁入空门,结束了其多姿多彩的政治生涯。

四、结 语

综观程德全在整个辛亥革命前后的政治作为,其苏州"和平光复"的模式是辛亥革命的一个重要创造,这一创造不仅开启了中国近代史上统一战线的先河,而且直接带动东南六省在5天之内相继起义,并影响到袁世凯决心投向革命,逼清帝退位,从而以最小的代价在百日之内完成了辛亥革命推翻清王朝的政治目标。程德全民国元勋之地位由此而确立。孙中山亲自任命其为中华民国南京临时政府内务部长,即是对其民国元勋历史地位的肯定。

程德全苏州和平光复,是在辛亥革命处于危机之际挽狂澜于欲倒,根本就无"机"可投,投机之说,可谓无稽之谈。其走向革命的根本原因,就是清廷昏

庸,堵死了立宪派"君主立宪"的政治通道,而君主立宪与共和立宪又有着共同的宪政思想,故而,程德全与所有立宪派一样,由"君主立宪"转向"共和立宪",转向革命。这是"立宪"之宪政思想发展的必然,而不是投机。

程德全为稳定革命后的政权而镇压"洗程会",是无可非议的。他在"二次革命"中要求以国家大局为重,以法律解决"宋案"与南北之政争,顺从厌乱思安的人心,保持国民党的既有实力,是非常明智的,惜乎不为时人所用,这是时代的悲剧,程德全只有遁入空门了。

程德全研究综述

程德全,字纯如,号雪楼,清末民初中国著名政治人物。1903 年以军功被破格任命兼为黑龙江齐齐哈尔都统、黑龙江将军——以汉人而任黑龙江将军,程德全是清代第一人。

在黑龙江任上五年间,程德全在推行新政、改旗归流、移民实边等内政改革的同时,还索虎口已投之食,与俄罗斯修订中东路用地条约,挽回了原条约中丧失的权益,维护了国家主权,是名副其实的民族英雄。

1910 年 4 月程改任江苏巡抚。1911 年 10 月,辛亥革命爆发。而辛亥革命首义虽在武昌,收功却在江南,转折点则在苏州的和平光复。程德全正是推动这个转折的重要人物。

从前述可知,程德全的历史功绩十分明显,但一个世纪以来,对之研究却明显不足,其原因就在于他的政治立场是改良派、立宪派,是革命党与北洋政府之间的中间势力。而在中国长期的"革命"与"反革命"的两极思维之中,改良派、立宪派不是被划入"反革命"的营垒,就是被加以"同路人"、"投机革命"的帽子而予以抨击,缺乏实事求是的理性分析。而其实,清末民初的立宪派不但在辛亥革命前以大量的宪政宣传与国会请愿活动为革命的爆发做了客观上的民意动员,而且,他们所主张的"和平光复"的非暴力革命对辛亥革命的迅速胜利也起到了至关重要的作用,清帝的逊位诏书"是另外一种意义上的'光荣革命'"。这个"光荣革命"与苏州的"和平光复"实是一脉相承的。所以,对于程德全的研究,不仅要还其历史公正,更重要的是可以通过研究程德全政治实践的成功与失败,探索他所代表的中间力量当时政治空间的狭隘与社会基础的单薄。

---

① 柯伟林,周言. 辛亥百年:回顾与反思. 北京:社会科学文献出版社,2012.

一、改革开放前的研究

1913年"刺宋案"发生后,程德全与黄兴等人主张通过法律途径解决,孙中山主张武力讨袁,结果如程所料,国民党不旋踵而败,程德全于失望之余遁入空门,黄兴亦与孙分手而远游美国。袁世凯称帝使孙中山、陈其美、蒋介石等国民党主流激进派有了先见之明的口实,曾经主张和平解决"宋案"的程德全、黄兴等从此为国民党主流史学所摒弃,尘封数十年。受暴力革命话语的影响,鲁迅先生就曾以讥讽的口吻谈到程德全苏州"和平光复"的模式:为了表示革命要破坏,就用竹竿挑去巡抚衙门前的几块瓦片。这一论调说明在当时的革命话语笼罩之下,程德全理性、和平的革命方式以及通过法律来调和南北的努力并不为社会所理解。这也就是程德全1930年4月病逝后社会上几乎没有反响的主要原因。

20世纪30年代对程德全研究最准确的还是其挚友、忘年交黄炎培先生在《人文月刊》上发表的文章《辛亥革命史中之一人——程德全》。此文以"庚子年之程德全"、"辛亥年之程德全"、"癸丑年以后之程德全"三个章节对程德全一生的主要政绩进行了简要的评论。黄炎培这篇纪念文章的重点在于其亲身参与的后两章中。第一章主要是根据成多禄《庚子交涉偶录》中的史料,对程德全在庚子年间舍身抗俄卫民的壮举做了如实的叙述。后两章论及辛亥革命时期部分,黄炎培作为亲身参与者,以近距离的观察记载了程德全由"君主立宪"转向"共和立宪"、共和革命的历程。在这个近距离的观察研究中,黄炎培引用了大量第一手史料,如他与张謇等人参与的上清廷第三疏的过程,此疏原件由杨廷栋收藏,1915年杨进行装裱时曾请当事人张謇、程德全、应德闳等题诗文纪念。从这些珍贵的史料记载中我们可以看出,程德全完成了由清廷之忠臣向民国元勋的历史转型。

黄炎培文章的最后一部分,在如实记载了程德全于"二次革命"中的表现之后,还记录了程在退出政界、皈依佛门过程中的一些思想与生活情况。这些研究除了以黄炎培个人的亲见亲闻为依据之外,还引用了当时一些报纸的报道,如《时报》上刊登的程德全在"二次革命"中离开南京的电文,1930年《新闻报》刊登的程德全去世之消息等。黄文以"此生了了,总为大事而来。庚子何心?辛亥何心?即癸丑亦何心?慈悲二字外,更无他念;一切尘尘,尽逐流光以去,永康安在?南通安在?今云阳又安在?

沧桑百变后,遂少人知"①的挽联结束。其上联对程的一生政事与其思想核心的联结做了精辟的总结;下联则对程德全和其思想与政治的友人相继辞世,他们所秉持的理性主义的救国主张与道路知音稀少而感慨悲哀。

20世纪30年代到50年代,除了黄炎培这篇文章之外,内地没有发现有关程德全的研究文章,真可谓"沧桑百变后,遂少人知"了。

1961年为纪念辛亥革命50周年,史学界又启动进行了一些研究,扬州师范学院历史系1961年编的《辛亥革命江苏地区史料》引用了程德全任江苏巡抚与都督时的部分史料。受当时极"左"意识形态的影响,此书不但在史料的选择上带有主观性,在对程的评论上也先入为主地予以贬抑:"在革命的洪流冲击下,清政府土崩瓦解,程德全又使用反革命两面手法,伪装响应革命,在苏州扮演了'和平光复'的骗局,摇身一变而为中华民国的江苏都督。等到革命转向低潮时,程德全便公开暴露出他的本来面目,积极配合袁世凯篡夺革命的果实。"②这个论点是当时"左"倾意识形态史学的代表性观点。随着后来"四清"、"文革"的开始,对程德全的研究更陷入死寂。

二、20世纪80年代的研究

中国进入改革开放新时期以后,史学界也迎来了复苏与繁荣。辛亥革命研究的领军人物章开沅、林曾平先生带领其团队,经过几年的潜心研究,于1981年7月出版了3册120余万字的《辛亥革命史》,作为同年在武汉举行的辛亥革命70周年纪念活动的献礼。其中王天奖、刘望龄主编的第三册有一些章节涉及程德全。由于当时风气初开,极"左"意识形态史学影响未能完全消除,所以,该书有关程德全的评价还是囿于传统观点,认为"江苏巡抚程德全,则是清末一个著名的投机官僚,一向善观风色,号称'开明'。他于1910年到任后,与张謇为首的资产阶级立宪派过从甚密,协同抵制日益高涨的革命风潮。——这种阴持两端的'应变'策略,是程德全乐于接受的"③。这种将程德全由旧官僚投向革命的行为归之于"投机"的评论,在当时的研究中占有主流地位,如李茂高、廖志豪在参加"辛亥革命七十周年学术研讨会"的论文《江苏光复与程德全》中虽

---

① 黄炎培.辛亥革命史中之一人——程德全[J].上海:人文月刊,1930(1):1-25.
② 扬州师范学院历史系.辛亥革命江苏地区史料[M].南京:江苏人民出版社,1961:1.
③ 章开沅,林增平.辛亥革命史(下册)[M].北京:人民出版社,1981:123.

然承认"程德全举义反正,接受独立,宣布共和,顺应时代的历史潮流,不能不说是一个进步",但接下来的评论则仍然是:"他是动摇于反动与革命之间的旧官僚,其政治特点可以概括为'随风倒'三个字。革命力量强大时,倒向革命,反动力量强大时,倒向反动。"最后的结论是:"中国资产阶级民主派对程德全之类的旧官僚所采取的和平争取的策略是正确的,问题在于争取过来以后,对他们过于信任。革命党人对旧官僚的信任,胜过信任人民群众,甚至分不出程德全这类旧官僚与革命党人之间的区别。"①该文依然将程德全归于投机的旧官僚,而认为革命失败的原因则在于革命党人对这类旧官僚的过度信任。

20世纪80年代,大陆共公开发表了8篇程德全的研究文章,即李茂高、廖志豪的《江苏光复与程德全》(《学术月刊》1981年第9期),张超的《程德全纪略》(齐齐哈尔科学社编《地方历史》1985年第3期),凌家民撰《从〈清云阳程公以身御难之碑〉看庚子国难中的程德全与寿山》(《北方文物》1986年第1期),谭彦翘的《书〈从《清云阳程公以身御难之碑》看庚子国难中的程德全与寿山〉后》(《北方文物》1987年第4期),王延华的《"爱国"还是"卖国"?——评"庚子之变"中的程德全》(《齐齐哈尔社联通讯》1987年第4期),刘家磊的《程德全署理黑龙江省政绩撮要》(《社会科学战线·东北人物志》1988年第1期),吴讱的《辛亥光复前后陈其美、程德全和江苏政权》《浅论有关江苏都督程德全的几个问题》(《南京师大学报》1988年第2期、1989年第2期)。

这8篇研究文章中,有3篇是关于程德全在江苏辛亥革命期间的,虽然都肯定了其在苏州的和平光复对于辛亥革命的贡献,但依然存在着以人划线的做法,即将与革命党陈其美有不同执政理念的程德全划入旧势力而予以否定。如吴讱认为"陈其美和程德全争夺江苏都督的斗争,带有反击旧势力,维护民主共和的性质",程德全还是被划入"旧势力"之中。而对于程在黑龙江期间的研究,因为不涉及革命派、立宪派的纠葛,所以不但研究的文章多,而且绝大部分能跳出意识形态史学的桎梏,对程在黑龙江的政务活动基本表示肯定。如王延华认为,"'庚子事变'中的程德全是爱国,而不是卖国";凌家民认为,"程德全在庚子交涉中三次以死抗拒敌人的胁迫,曾表现了一定的民族气节,对战争残局曾做了一定程度的补救";刘家磊则在列举了程在黑龙江省的大量政务实绩后,认为程的机

---

① 李茂高,廖志豪.江苏光复与程德全[J].学术月刊,1981(8).

构整顿"为后来的东三省改制奠定了思想基础和组织基础","程德全抚江的最大贡献,乃是移民实边,开发江省","程德全在反对沙俄侵略,收回各项权益方面,也做出了应有的贡献",程"不愧为江省新兴实业的倡导者","程德全真正是江省创办学校的奠基者"①。

  80年代对程德全的研究除了上述这8篇论文之外,还有一个重要的成果,就是中国社会科学院朱宗震先生撰写的《程德全传》(中华书局1984年出版,《民国人物传》第四卷)。此数千字的小传以简洁的笔法对程的一生做了一个概要的论述,对程德全在黑龙江的抗俄与新政改革做了肯定,对程在江苏的宪政与转向革命以及"二次革命"中与孙中山革命派的分歧也如实述说,认为"程依违于袁世凯与革命党人之间,充当一个调和派的角色"②,应当说这个论断是符合当时的实际与程德全的内心的。

  80年代,在大陆开始出现程德全研究的同时,1984年台湾地区的"中央研究院"近代史研究所出版了王树槐先生的《中国近代化的区域研究,江苏省(1860—1916)》。程德全作为清末最后一任江苏巡抚,主导了江苏清末新政的后期工作与辛亥革命,参与了"二次革命"。所以,王书中有不少程德全的研究,如"光绪三十年起出任江苏巡抚者,亦多赞成立宪,其中尤以程德全最力。他署理黑龙江将军时,曾于光绪三十三年(1907年)奏请'创设国会',宣统二年(1910年)出任苏抚,参加十七省督抚联衔电请速开国会。他的态度与张人骏迥异。他与立宪士绅接近,使江苏人士坚信立宪可成的信心,亦是导致苏州光复的重要人物";"上海与苏州的光复,程德全与张謇的影响最大";"总之,江苏士绅与程德全是苏州光复的关键人物。上海与苏州的光复,对于整个局势,自有其重大的影响。——上海的光复,如果没有江苏广大的腹地支持,形势亦甚危险,而江苏光复不仅消除此种危机,更增强其重要性,此其三。自武昌起义后至上海光复前,其间二十五天,全国只有湖北、湖南、陕西、江西、云南、贵州六省光复。自上海光复至福建光复,其间六天,新增加的光复的省分达六省之多。由此可见,清王朝土崩瓦解之势已成"。③ 王树槐先生的这个研究显然比大陆同时期的研究更客观、公正,也更接近于历史的实际。

---

  ① 刘家磊.程德全署理黑龙江省政绩撮要[J].社会科学战线,1988(1).
  ② 朱信泉、严如平.民国人物传(四)[M].北京:中华书局,1984.
  ③ 王树槐.中国近代化的区域研究:江苏省(1860—1916)[M].中国台湾:"中央研究院"近代史研究所编印,1984:150-156.

三、20世纪90年代的研究

20世纪90年代,程德全研究进一步摆脱"左"倾意识形态史学的影响,论文的数量与质量相对80年代均有显而易见的提高。论文数量由80年代的8篇增加到12篇,即苏贵庆撰写的《程德全在辛亥革命时期的历史地位》(《苏州大学学报》1991年第3期),朱宗震先生的《程德全与民初政潮》(《历史研究》1991年第6期),马传德、徐渊的《考所谓程德全纪念币》(《中国钱币》1993年第3期),林豪、钱杰的《评〈考所谓程德全纪念币〉》(《中国钱币》1994年第2期),吴训的《张謇代程德全所拟奏折剖析——兼论张、程尚未从主张立宪转为倾向共和》(《南京师大学报》1994年第3期)、《"洗程会"质疑》(《民国档案》1993年第3期)、《辛亥江苏和平光复中的武装斗争》(《南京师大学报》1993年第3期),马传德、徐渊的《再考所谓程德全纪念币》(《中国钱币》1995年第3期),吴训的《江苏辛亥光复后的政权剖析》(《近代史研究》1996年第5期),苏辽的《民国首任都督程德全》(《民国春秋》1998年第1期),何绍波的《略论晚清抗俄官吏程德全》(《齐齐哈尔师院学报》1998年第3期)。

以上论文数量的变化表明当时对程德全的研究正在深入,而刊发相关论文的学术期刊的级别则表明这些论文质量也有了大幅提升。如朱宗震、吴训二位先生的论文是发表在《历史研究》与《近代史研究》这两个中国史学研究的顶级刊物之上的,相对80年代8篇论文都是发表于地方性的学术刊物有了极大的提升。从论文的题目也可以看出相关研究的地域变化中反映出的实质性深入,即80年代的研究是从程德全在黑龙江的政绩入手(8篇文章中5篇是论程德全在黑龙江政绩的),如抗俄救民、建设黑龙江、巩固国防等,这些论题除了义和团问题牵涉到革命史学外,主要是民族大义问题,容易拨乱反正。而90年代的12篇文章中仅有1篇是谈程德全在黑龙江政绩的,其余11篇都是对程德全任职江苏的研究。除去其中3篇为钱币考据文章外,有8篇是专门论述程德全辛亥革命功过是非的。这些文章超越了80年代尚受制于"左"倾意识形态史学的桎梏,开始对程德全在辛亥革命前后的历史功绩予以实事求是的评价。如苏贵庆认为,程德全自1911年11月5日江苏宣布独立,到1912年1月1日中华民国临时政府成立,"这风风雨雨的50多天,他基本上能与革命派同舟共济,鼎足江南,为推翻清廷,组建民国,费尽辛劳。这50多天是程德全一生最闪光的时刻,是他在晚年完成了从一个清王朝的忠臣到中华民国开国功臣的最巨大的转变"①；吴䜣先生在对苏贵庆文章中将程德全由立宪转向共和的时间点提前到1911年10月16日上疏清廷予以论证批评后，也实事求是地认为："特别是作为清朝封疆大吏的程德全，以后还是能够顺应形势，归附共和，并且在苏州光复后对辛亥革命做出了各自的贡献，做了一些对民国有利的事情，也是应该肯定，不应予以抹杀的。"②朱宗震先生则从"江苏政局的统一"、"拥护中央与调和党争"、"处理宋案与消弭革命"三个方面对程德全在辛亥革命之后的政治作为进行了深入而平实的探讨。朱认为"程为政有魄力，宽严有度，开诚布公，也是使他获得各方面支持的重要原因"，而程对江苏政局的统一，虽然表面上是立宪派的胜利，实质上对革命派也是有利的。因为他的一系列举措抵御了北洋系势力的南下，江苏实际上成为立宪派与革命派共享政权的地区。对于南京临时政府之后程德全追求统一、"拥护中央与调和党争"之苦心，朱文进行了充分的剖析，认为程与黎元洪都是当时中间派的领袖，"程德全在基本政治倾向上，虽同黎元洪大体一致，但程为政胸襟比较开阔，处事比较公正，当程德全和革命党人都主张和平建设的时候，他能够比较公平地对待原属于革命党的部属"，"他一方面表示拥护中央，也就是反对革命；另一方面，也反对北洋派独揽政权压迫革命党人，激化矛盾的无理行为，同情革命党人的民主要求，保护了革命党人的一些既得利益和合法要求。他希望维持一个和平的政局，渐图国家的进步和改良"。对于革命，史学攻击程德全最多的是"处理宋案与消弭革命"的问题，朱文以充分的论据论证了程德全出于对革命之后人民希望休养生息、国家需要和平建设的理解，在北洋派与革命派之间苦心调和，力图通过法律程序解决宋案以消弭革命之苦心。由于南北猜忌过深，袁世凯专制自用，革命派躁急无谋，置程德全的竭诚劝告于脑后，仓促发动"二次革命"，结果惨败，程德全也黯然离开政坛。朱最后总结说："作为中间派，在政治平衡的天平上，有时具有举足轻重的力量，然而他们缺少必要的实力独行其是，不得不在两股强大的政治势力中间寻求生存之道。平衡不免打破之时，他们不能不有所选择，但一旦与他们结盟的一方取得全面的胜利，兔死狗烹，中间派的地位也就岌岌可危了。他们期望国家安定的善良愿望，也就

---

① 苏贵庆.程德全在辛亥革命时期的历史地位[J].苏州大学学报,1991(3).
② 吴䜣.张謇代程德全所拟奏折剖析——兼论张、程尚未从主张立宪转为倾向共和[J].南京师大学报,1994(3).

变得十分渺茫。"①朱文在推翻了有关程德全投机革命之旧说的同时,对程德全调和南北消弭革命的苦心做了史学家应有的"同情之理解",即在复原历史真相的基础上知人论事,肯定了程德全等中间派"期望国家安定的善良愿望",他们的失败并不是主观思想不正确,而是"缺少必要的实力独行其是"。朱先生的这一真知灼见,无疑是程德全研究的一个重大的突破。

90年代程德全研究还有一个重大的基础性成果,那就是由李兴盛、马秀娟主编的《黑水丛书:程德全守江奏稿(外十九种)》出版。全书上下两册共220万字。上册收录了程德全撰、台湾省出版的《近代中国史料丛刊·程将军守江奏稿》,宣统至民初铅印本的《程中丞全集》中《程中丞奏稿》《庚子交涉偶录》《赐福楼笔记》《赐福楼启事》《抚东政略》等著作。其外的十九种有很多也与程德全在黑龙江的政事有关,如继其任的周树模所著《周中丞抚江奏稿》,由程德全从北京援引到黑龙江任职的四川同乡何煜的《龙江公牍存略》,等等。这项有关程德全黑龙江史料汇集基础性工作的完成,为后来的研究者提供了一个极为便利的平台,很多研究即以此为基础而展开的。

四、21世纪以来的研究

进入21世纪后,程德全研究可以说完全摆脱了"左"倾意识形态史学的影响,特别是2011年辛亥革命100周年纪念,在极大地促进了辛亥革命研究开展的同时,也促进了对于程德全的研究。此时期的研究出现如下特点:其一,研究成果在数量上继续增加,共为14篇,单是2011年一年就发表了3篇,特别是一大批年轻的研究生也加入了研究行列;其二,相关论著与传记出现;其三,除学界之外,政府、社会力量开始参与;其四,召开了多次关于程德全研究的专题会议。

(一)研究论文持续增加

21世纪以来,学术期刊上公开发表论文与进入知网的研究论文有:朱宗震先生的《江苏都督程德全安抚会党政策的失败》(《民国档案》2000年第1期),夏冰的《论辛亥苏州光复在全国的地位》(《档案与建设》2001

---

① 朱宗震.程德全与民初政潮[J].北京:历史研究,1991(6).

年第 9 期),胡长青的《论辛亥革命前后的程德全》(2002 年扬州大学研究生论文),罗云的《程德全在黑龙江的筹蒙改制政策》(2006 年内蒙古大学研究生论文),杨郁松的《程德全与黑龙江地区的移民实边(1904—1908)》(《东北史地》2007 年第 1 期)、《程德全与黑龙江地区的近代化改革(1904—1908)》(《东北师大学报》2007 年第 5 期)、《清末程德全对黑龙江地区的实业开发》(《长春师范学院学报》2008 年第 11 期),徐桂华的《程德全与清末黑龙江新政》(河北师范大学研究生论文),程刚的《程德全与黑龙江》(《边疆经济与文化》2008 年第 12 期)、《程德全抚江论述》(2011 年苏州大学研究生论文),杨凯的《浅论变革年代中的程德全》(《船山学刊》2009 年第 1 期),王敬荣的《黑龙江首任巡抚程德全的爱国义举》(《黑龙江档案·瞩目龙江》2010 年第 3 期),菊林其其格的《程德全与黑龙江地区的蒙旗》(2011 年内蒙古大学研究生论文),柳成栋的《程德全与寒山寺》(《江苏地方志》2011 年第 5 期)。

上述 14 篇论文中有 4 篇是研究生论文,公开发表文章的作者中也有很多是年轻学子,充分说明程德全研究已开始引起年轻学者的注意与投入。老一代学者如朱宗震宝刀未老,他发表在《民国档案》上的论文,无论是刊物的级别还是文章的质量都是一流的。

(二) 相关论著与专著出现

2011 年是辛亥革命 100 周年大庆,朱宗震先生集毕生之功力著成的《辛亥革命百年祭——中国现代化的拓荒运动》,由上海古籍出版社于当年 12 月出版,该书对辛亥革命的历史经验进行了深层次的研究,其中有相当的篇幅是以程德全为中心的。如第三章第二节"程德全管辖江苏"、第三章第三节"安抚会党的失败"、第四章"民国初年共和制转型的探索"中都涉及程德全的研究。

扬州大学周新国教授的论著《江苏辛亥革命史》于 2011 年 10 月由社会科学文献出版社出版。该书有一半以上的篇幅涉及程德全,对程德全的评价也十分客观。如第四章"同床异梦:江苏省新政权的建立与统一"中说"程德全主导的苏州光复和苏军都督府的建立,作为清政府的封疆大吏和省级政权的倒戈,有力地推动了全国独立光复的形势";"江苏与上海作为辛亥革命中全国重要之地,经历了革命党最主要力量与立宪派最核心集团的'合'与'分',分合之间影响决定了这一时期的历史走向,分合之间也深刻影响了江苏政治随后的变化趋势"。①

2011年8月,苏州大学出版社出版了王玉贵教授撰写的《挑瓦革命的末代江苏巡抚程德全》。这是中国第一本有关程德全研究的专著。全书图文并茂,在约25万字的篇幅中插入了67幅照片,对程德全的一生做了全景式的回顾,特别是对程任江苏巡抚及辛亥革命中主导苏州和平光复的活动做了重点论述,认为"程德全最终选择倾向革命一边,主动宣布反正,仍然值得充分肯定"②。

(三) 政府与社会力量开始参与

21世纪程德全研究出现了一个可喜的现象,那就是政府与社会力量开始参与到研究之中。

早在20世纪80年代后期,程德全家乡重庆云阳县政府县志办就派人到黑龙江等地收集程德全的有关史料,并撰写了《程德全传》收入新编《云阳县志》中。三峡工程启动后,云阳旧址淹没,云阳县政府在云阳新城的中心广场上为程德全竖立了塑像。程德全在离乡100余年后,终于回归故里,得到了家乡人民的尊崇。

2011年11月,程氏宗亲世界联谊会在上海召开。联谊会理事、程德全族孙程立全专程到上海看望了103岁高龄的程德全四女程世娴、孙女程绪珂。后又到苏州参拜程德全主持修复完工的寒山寺,并与寒山寺文化研究院联系,共同开展程德全研究。2012年11月5日,寒山寺文化研究院一行5人到云阳县程德全故居考察,并与云阳县政府商讨共同推进程德全研究事宜,决定于2013年9月在苏州召开一次程德全研究的专题学术研讨会。2013年3月,云阳县政府主持了"程德全研究会(筹)"的会议,程德全曾孙程可行专门从北京赶到云阳参会。会议决定联络云阳、江苏、黑龙江等地的研究力量,促进程德全研究的深入开展。

2013年9月21日,在苏州会议中心召开的寒山寺文化研究院第七届寒山寺和合文化论坛上,程德全曾孙程可行先生做了"敬人及物——略记曾祖父程德全之雪泥"的主题发言。当天晚上,又由云阳县宣传部副部长、文广局局长李建军先生主持了程德全研究交流的主题论坛。会上由苏州大学王玉贵教授代表江苏研究者、黑龙江齐齐哈尔市龙沙公园徐杰

---

① 周新国等.江苏辛亥革命史[M].北京:社会科学文献出版社,2011:323.
② 王玉贵.挑瓦革命的末代江苏巡抚程德全[M].苏州:苏州大学出版社,2011:143.

主任代表黑龙江研究者、中国行政大学程萍教授代表程氏宗亲会、云阳县县志办杨主任代表云阳县政府做了发言,从不同角度对程德全研究的进一步发展提出了各自的建议。

除了程可行先生在大会上的主题发言外,第七届寒山寺文化论坛还收到了11篇关于程德全研究的论文,如苏州科技学院高钟教授的《民国元勋程德全》,苏州大学王玉贵教授的《论程德全的历史地位》,徐杰等撰写的《仓西公园的首创者——程德全》,程立全先生的《德润其身、佛缘和合——追思德全公》等文章,这些论文均收入《第七届寒山寺文化论坛论文集》(上海三联书店,2014年)。

2013年12月,重庆云阳县政府主持召开了"程德全研究促进会",重庆市社科院以及黑龙江、江苏等地学者,程德全先生后裔、族人等100余人参会。重庆市委、市政府对此次会议极为重视,于2014年2月决定拨210万元专款用于修复程德全故居,并计划拍一部两集的《程德全》电视剧。

这些专题会议的召开,标志着程德全研究开始由孤寂的书斋走向多元的社会。而在政府与社会多元的参与下,程德全研究一定会更加健康与蓬勃发展。

五、研究深入开展应做的工作

对程德全这一清末民初重要政治人物的研究在近30年来取得了较大的发展,但依然存在着很多不足,具体如下。

(一) 资料的整理汇编

资料的整理与汇编是历史人物研究的基础。在程德全研究方面,这个基础是十分不足的。目前除前述李兴盛、马秀娟主编的《黑水丛书:程德全守江奏稿(外十九种)》外,有关程德全的史料依然散落在各地档案馆中,无人整理,更无人汇编。程德全早年在家乡的活动情况,1896年、1908年两次返乡的情况,在云阳民间有很多口述史料,亦无人收集。而这些口述史料中是有很多历史真相。如家乡民间传说其弟争要程之家产并上诉法庭一事,就可从《申报》《黄炎培日记》等文献资料中得到证实。再如《云阳程氏家乘》中收有大量有关程德全的回忆文章与诗词,这些都是难得的研究史料,而现在都散落在各处,需要专人收集、整理、汇编。

（二）研究论文的汇编

程德全去世80年以来,各类的相关研究论文有数十篇,很多研究黑龙江、江苏的专著中也不可避免地涉及程德全研究。这里面有很多研究成果是富有真知灼见的,对于程德全研究的后行者有很大的启发作用。但目前它们也与其他史料一样,处在一个散落于各种报纸杂志、无人收集、无人整理汇编的自生自灭状态,这对于程德全研究的进一步开展是十分不利的。任何研究的发展都是建立在前人的基础之上的,前人关于程德全研究的成果尚未予以收集与整理,下一步研究的深入又从何谈起呢?

（三）学术会议的交流

学术会议是对相关学术研究进行交流、论辩、宣传的最佳平台,但到目前为止,除了2013年寒山寺第七届和合文化论坛中举行过程德全专题研讨会之外,没有其他地方举行过类似会议。2013年云阳县政府召开了"程德全研究促进会",对程德全研究起到了一定的促进作用。但这个会主要停留在行政层面,对于学术研究方面却十分不足。特别是对于程德全这样一位在辛亥革命中影响了全国的重要人物,县级政府的"促进"其力度是远远不够的。需要在更高层面的政府与学术单位联合召开较大规模的程德全专题研讨会,才能更好地将程德全研究深入下去。

（四）大众史学的宣传

程德全研究的不足,自然影响到其大众史学的宣传。进入21世纪以来,各类新闻媒体、小说、戏剧、电影、电视剧都从历史题材中发掘材料,清末民初各类历史人物的小说、电视剧、电影纷纷展现在世人面前。且不说历史贡献与声望在程德全之上的曾国藩、孙中山,也不论张之洞、张謇这些与程德全历史地位相当者,即使是历史贡献尚不及程德全的如刘铭传、赵凤昌等,现在都有了相关研究专著和电视剧,而程德全则是极少人知。

六、结　语

辛亥革命研究的大家章开沅先生曾多次强调历史研究中的"中观研究",即要在人物研究中重视其集团属性,"集团研究可以作为个案研究与类型研究(或个体研究与阶级、阶层研究)之间的中间层次"①,程德全研究同样如此。

作为一位政治人物,程德全显然是属于清末民初立宪派集团的。这个集团主要以当时的社会精英为主体,希望通过理性、改良的方法在中国实现"君主立宪"的宪政制度,从而既能避免君主专制的腐朽,又能避免革命所带来的流血与破坏。清朝亲贵拒绝了他们和平改良的国会请愿运动,为渊驱鱼地把他们逼到了革命党人的营垒之中。他们只得放弃"君主立宪"而走向"共和立宪"与革命党人一起,策反袁世凯,逼迫清帝下逊位诏书,完成了辛亥革命。可以说,辛亥革命的胜利,其实是革命党、立宪派、北洋系共同作用的结果。孙中山、黄兴、黎元洪、程德全、袁世凯、段祺瑞在创建民国的过程中都有着不同的贡献,但到目前为止,对程德全的研究还是太少,这不仅是对程德全个人历史功绩的不公,也是对其所属的整个立宪派集团、中间势力的不公。其实在中国近代史上,中间势力始终起着重要的作用,他们一些理性的、以秩序求进步、和平光复、非暴力革命的观点,用今天的眼光看,是有其历史合理性的。只是在当时国情限制与"左"、右两派激进的压力之下,他们虽有心平衡双方,但缺乏平衡双方的实力,只有黯然出局。

邓小平同志说,"我们把改革当作一种革命"②。改革是和平的、非暴力的,可见只要在条件许可的情况下,用改革、改良这种非暴力革命的办法推动历史前进也是可行的。程德全"苏州和平光复"的历史意义正在于此。

---

① 章开沅,马敏,朱英.中国近代史上的官绅商学[M].武汉:湖北人民出版社,2000:1.
② 邓小平.邓小平文选(第三卷)[M].北京:人民出版社,1993:81.

《云阳程氏家乘》与程德全的文化基因

程德全一生大起大落,实是清末民初中国政坛中一异数。这个异数的背后其实有着众多的文化基因在左右,但由于资料的所限,长期以来对于程德全思想文化方面的研究十分缺乏。笔者因缘辐辏,从云阳档案馆查到程德全指导其长子程世模于1919年编纂完成的《云阳程氏家乘》四卷,其中不仅有程氏家族五百年的迁移发展记录,更有程德全本人的很多回忆、自述以及与其朋僚的酬应资料,由此索骥而悟得程德全人生之文化基因,具体有下述几个方面。

一、移民文化的基因

中华民族多元一体的发展史中,移民始终是一个民族融合与文化发展的重要因素,对我国的区域文化及中华文化的发展起到了至关重要的作用。而且,移民作为一个特殊的族群,因其组成类别不同,形成了其特有的移民文化,如军事移民文化、世家移民文化、客家宗族移民文化,两湖、四川的小型家族、拟家族移民文化,东北的个体移民文化,等等。这些不同类型的移民文化虽有着不同的文化特点,但又有着移民文化的共性,如慎终追远、开拓进取、因应时变、宽容、亲和、谨慎、勤苦耐劳、勇于任事等。而在程德全的一生中,这种移民文化的特性表现得相当明显,并在其家谱中留下了众多痕迹。

（一）慎终追远，孝忠传家

中国文化在夏代就确定了"孝"的基本理念，并以父配天，确立了男性传承、血缘联结的基本社会结构。"世目吾国为祖先教，其风实始于夏。"①这种孝文化的一个突出的表现，就是通过对祖先的纪念而将本家族、宗族、世族、民族的文化传承光大。这就是中国儒家文化总结的慎终追远之特色。这一特色在移民文化中特别突出。移民们因各种原因移居到一个新的地方后，自觉或不自觉地将原居地的文化移植到新居地之中。而且，在与新居地的文化互动、互融的过程中，为了让后代知道家族的本源以及移民过程中的艰辛，更需要通过各种有形与无形的文化仪式，如族谱记载、祠堂祭祀等形式以慎终追远，继承先辈之传统，慎守而有终。程德全家族作为一个典型的移民家族，其家谱中充分体现了这种思想，而且这一思想也影响到程德全为官执政的心路历程。

程德全在《云阳程氏家乘》开篇《云阳支谱序》中说："儿时诵诗至常武之章，先曾王父语全曰：'吾少修家谱，苦足迹未出里门，不获与吾族各支相见。即入川始祖，略具颠末。而自九世兄弟分迁，或万邑，或本邑堰塘，皆无可考证，心甚歉然。汝他日幸卒此事。'小子识之，不敢忘。"从程德全曾祖父的这段话中可以看出移民文化慎终追远情怀之强烈，家族成员不仅要了解本家族的迁居始末，而且还要了解整个程氏宗族的各分支迁移之来龙去脉。程德全对曾祖父的这一嘱托一直"不敢忘"，在为官行政之中，有暇则极力搜寻之，在任江苏巡抚时"庚戌（1910 年）秋，与祭于阊门外吾宗支祠，索谱未遂"。1913 年程德全退出政界后，"书仁甫、恒甫两弟，属为搜集概略。乙卯（1915 年）仁弟赍稿至时，全初阅内典未暇细绎，己未（1919 年）获读吴谱，确悉吴门支派由旸公迁吴"②。

这一慎终追远之情怀由移民的寻根意识而发，根源甚久。在程德全曾祖父上二代"高祖彩章公，始与黉宫，刻志读书，欲以儒术昌吾门，而又早逝。曾祖维经公亦然"，到程德全曾祖父"载秀公追由前光，勤勤然以敬宗收族为己任。建祠宇，纂谱牒，历三十余年而后成一室，严肃雍和之象，名于遐迩，乡里悉化之"③。由于财力原因，载秀公将宗祠建成后，族

---

① 柳诒徵.中国文化史（上册）[M].北京：中国大百科全书出版社,1988:82.
② 程世模主修.云阳程氏家乘（卷一）.重庆云阳档案馆藏.
③ 程世模主修.云阳程氏家乘（卷一）.重庆云阳档案馆藏.

谱未能完成。程德全父亲程海云虽然也因财力问题无能为力，但常以此为念。程德全堂弟等在《续修云阳程家嘴支谱序》中记载："第上溯入川以来，有祖无妣者，竟十世，知非纂辑之过略，实因考据之无从耳。于以知谱牒失修有不止五世者，先伯父（程德全父）引为隐忧，故雪楼兄贵显，犹谆谆以三代不修为戒。"对于上五代岌岌以族谱为重之情怀，程德全刻骨铭心，一日"不敢忘"之，"礼诵之余，惟以支谱为念"、"雪楼服官江苏，家书往复，尤斤斤以谱牒相督责"。如是，经程德全上下六代人之努力，特别是程德全贵显之后，一方面解决了修谱的财力问题；另一方面，则是利用其显赫的社会地位，将有关程氏源流的湖北、安徽、江苏、云阳等地的谱牒收集齐备，从而将程氏自周代伯符得姓以来的世系源流做了一次系统的整理：四十五世程元谭随东晋渡江而迁安徽，程元谭为南程之始祖；南程三十一世程承泽迁江西饶州，四十一世程震龙迁湖北麻城，四十八世"应良公同弟应海、侄纪纲复自麻邑迁蜀，本有自矣"；"大明洪武二年己酉正月十八日，我祖应良、应海二公，与殷万纲、万相，李玉、明玉，三姓同盟，由楚入川，计共丁口凡三十三人，计其行程凡六十余日。自三月二十六日行至开邑，住居一载，至三年三月中旬，三姓同堂商议，此地有田无山，因迁于万邑龙驹坝住居，又二载，觉地势狭隘，不足以广垦，爰就南原，披荆斩棘，以开阡陌，而资种植，其年则癸丑也。其地则云阳所属也。诗曰相其阴阳，观其流泉。又曰经之营之，乃慰乃止。我祖因与殷李二姓，卜筑于此，刊立标记，耕读传家。同居共炊，瓜瓞绵绵。遂启云阳之派"。程德全则是云阳始迁祖程应良之二十世。

程德全家族集六代人之功，全力搜罗资料，筹措资金，组织人员，修订家谱，就在于"祖功宗德既已开创于前，孝子慈孙敢不继续于后。倘谱系不修，世系莫考，后之人将何传为世守，前之人不亦湮没不彰乎"①。可见慎终追远的实质就是要将祖功宗德继承光大，传为世守，这才是孝子慈孙。正如程德全所说："中国立教，首重家庭，西方人谓之血统，吾儒复有道统，释氏亦分宗派，皆系属之义也。——且佛氏最重孝道，吾儒尤以孝为百行之首。"②程德全而立之年出川，出生入死，博取功名，其中很大一个原因就在于"孝莫大于扬名显亲"。贵显之后，更是全力实现其太高、高、曾、祖、父五代的修谱愿望，在其调任江苏巡抚时，由清王朝皇帝下旨，

---

① 程世模主修.云阳程氏家乘（卷一）.重庆云阳档案馆藏.
② 程世模主修.云阳程氏家乘（卷一）.重庆云阳档案馆藏.

给予其曾祖、母、祖、母、父母三代一品封典,可谓极一时之荣。

孔子在《孝经》中开宗明义地说:"夫孝,始于事亲,中于事君,终于立身。"以孔子的这一理论为依据,历代王朝都极力倡导事君如事父、移孝为忠的理念,这一理念也影响着程德全父子。其父"为绪生教授乡里,训中丞(程德全)以礼法,凡于古人忠义之事迹,再三讲述,不厌详明。中丞之宅心行事,酝酿于庭训者已如是。中丞在庚子之变,左右于前黑龙江寿留守,备极艰危。敌人复迫之以高位,委之以振济,中丞出万死一生,上尊国体,下卫民生,彰彰大节,昭人耳目。时则遍地荆棘,音书梗塞。封翁(程父)曰:士不经盘根错节,而无以别利器,尽一分臣子之道,即民生得一分利益。脱有万一不幸,方庆得所。知子莫若父,封公悉其素久矣","中丞幼年侍读,恪遵庭训,蔚为国华。廷献悉本家修,作忠所以尽孝。语云:求忠臣必于孝子之门,岂不然哉"①。程德全可谓不负父教,集孝子忠臣于一身。难能可贵的是,他的移孝为忠,没有局限于单一的清王朝,而是与时俱进地将国家与民族作为忠诚的对象,从而在辛亥革命时毅然决然地弃暗投明,主导苏州与江苏的和平光复,成为历史功臣,程之人生由此而得以不朽。

(二)开拓进取、因应时变、择善而从

移民,特别是主动性移民,都具有开拓进取、因应时变的精神。正是由于这种开拓进取的精神,他们才敢于抛乡离井,移民到一个陌生的地方去,开辟新的生活空间。而在一个新的生活空间中,他们只有善于学习,根据新的情况因应时变,才能获得生存与发展的条件。这种移民文化的特色,在程德全及其家族身上体现得十分明显。

程德全的远祖"应良、应海二公"与殷、李二姓,六家33人,是主动离开湖北麻城到四川来开拓新的生存空间的。他们拖家带口,行程60余日方到达重庆开县。住了一年后,觉得"此地有田无山",生活条件不太理想,于是三家商议又迁到开县龙驹坝,住了两年后,"觉地势狭隘,不足以广垦",再迁移到云阳,"披荆斩棘,以开阡陌,而资种植……瓜瓞绵绵。遂启云阳之派"。这个移民过程充分显示了程氏家族不断开拓进取、因应时变、择善而从的精神,这种精神在程德全的一生中也有着充分的体现。

"余家自曾王祖父以下,皆同产居。光绪初元(1875年)岁大饥,谋柝

---

① 程世模主修.云阳程氏家乘(卷一).重庆云阳档案馆藏.

灶以自存。余方至夔州应郡试。比归,则吾母挈弟妹已他徙,室徒四壁立,土甑竹箸外,瓮中粮数合而已。——余私念贫无已时,亲无以为养,则殚力于功令之文,思得微禄。吾父方授经于外,余亦负笈从,岁或不一归。以修脯资家,时时苦不给。"①在母亲去世、"弟妹稍稍成立"后,年近三十的程德全毅然别妻离子孤身北上,以廪贡生进北京国子监读书,以实现其"殚力于功令之文,思得微禄"的生活理想。

在北京读书期间,程德全发现"欧力东渐寇已深","功令之文"已成明日黄花,便及时调整了学习方向,"住京三载,时与仁和叶君伯高等纵谈,谓有清发祥东省,今边事之亟亦莫若东省。因与搜罗记载。凡刊行者购阅。刊本难得者,重价购之。钞本如黑鞑事略、高丽秘史、耶律文正、西游录等则手抄之。旋晤黑龙江旗人寿部郎山眉峰咨访东事。寿公讶曰:'君到过几次,何熟习乃尔。'遂与订交,此为出关张本"②。最终程德全在黑龙江寿山幕府中受寿山之遗命,以其过人的胆识以死抗敌,"上尊国体,下卫民生",成为中外赞誉的民族英雄。

程德全走出大山,由"殚力于功令之文",到究习边事,成为当时少有的东北史地、民情之专家,而为寿山等人赏识并重用,不仅实现了其"思得微禄"的生活理想,而且还以其杰出的表现,在中外赞誉声中得到清王朝的重用。后来,程德全因身体原因转任江苏巡抚,在辛亥革命爆发时,投向革命,主导了苏州与江苏的和平光复,成为民国之元勋。其人生的三大转折,都显映着移民文化开拓进取、因应时变、择善而从的精神。

(三) 忠义合众

忠,这个文化概念与"孝"一样,都是起源于夏。《礼记·表记》载:"子曰:夏道尊命,事鬼神而远之,近人而忠焉。"柳诒徵先生在引用了大量的古代典籍后论证:"足见夏时所尚之忠,非专指臣民尽心事上,更非指见危授命。第谓居职任事者,当尽心竭力求利于人而已。"③这个古义并没有完全消失,"忠于职守"、"忠心待人"就是这一古义的延伸。

义,古通"宜",即公正合宜的道理。"见利思义,见得思义,不义而富且贵,于我如浮云,君子喻于义,小人喻于利。"孔子这段话说得很清楚,利

---

① 程世模主修.云阳程氏家乘(卷一).重庆云阳档案馆藏.
② 程世模主修.云阳程氏家乘(卷一).重庆云阳档案馆藏.
③ 柳诒徵.中国文化史(上册)[M].北京:中国大百科全书出版社,1988:79.

益、富贵，都要以公正合宜去衡量，不公正合宜的，就不能去追求。

移民，特别是像程德全远祖应良公这样组织三姓六家33人的移民，其间一个重要的联结就是忠义文化。忠义文化"尽心竭力求利于人"，以公正合宜之义，去得到群体的信服与认同，"三姓同盟"，同心协力，历时60余天，跋涉数千里，其间如果没有这种忠义文化的联结，是很可能各自离散的。而且到了重庆开县后，发现环境不太理想，想再次迁移时，采取"协商民主"的方法——"三姓同堂商议"，获得一臻。如此三次迁移，三姓始终在一起，这是非常难得的，而联结他们的纽带就是共同的文化信仰，忠义则是其中的主线。

到云阳之后，"三姓世传其业，相友相助，凡经两代，复思梁武十里一庵、五里一寺之风。此地庵寺俱无。三姓同修庙宇，捐田亩，以完寺业，以奉香火，更名兴佛寺"①。因了忠义文化加上佛教因缘因果之文化联结，三姓的团结日益巩固，历20余代而不衰。"载秀公、操之公、石生公皆有三姓合建宗祠之意甚详。德全等皆历历在心目也。迨宣统己酉（1909年），德全巡抚黑龙江，奉严命告假归里趋庭时，谆谆以联合三姓，毋忘祖德为戒。适蒲君元以祖遗命田亩至余家求售。德全以职务在身，仅省亲二十天，行李匆匆，未遑规划，遂由弟德泽、德固与蒲君论价，购置程窖岭田若干亩，兹遵遗命作为三姓公产，以立祠，春秋奉祀，香火传绵，三姓子孙，藉以联合，亦饮水思源之意也。至祠产之阡名亩数，既管理方法，自有规约在，三姓子孙，得览焉。"②程德全上之数代以建三姓公祠为念，程德全在宦海奔忙之际将之作为大事而予以完成，可见移民文化的这种同甘共苦、忠义合众思想对程影响之深。程德全孤身一人出川，为宦万里，历经风波政潮而不倒，实与其忠义合众文化有关。

程德全与寿山结谊之后，情同手足。1899年在安徽候补知县的程德全得到寿山的电召后，即不远万里赶到冰天雪地的齐齐哈尔，任寿山幕府文案总办、银元局总办、营务处总办等要职。庚子事变，沙俄大举入侵黑龙江，"墨城已自乱，纷纷抢掠，都护畏祸逃，电报局退到博尔多"，"博尔多旗西、站丁无一存者"。危急之际，程德全受寿山之托，孤身单骑，深入敌营，置生死于度外，以身屏炮，挽狂澜之既倒，全齐齐哈尔全城军民之命。寿山对此感激涕零，自杀前遗书程德全："吾哥忠肝义胆，钦佩无似。

---

① 程世模主修. 云阳程氏家乘（卷一）. 重庆云阳档案馆藏.
② 程世模主修. 云阳程氏家乘（卷一）. 重庆云阳档案馆藏.

惟阁下无地方之责,弟一切未了之公事、私事均望代为收束,于无可如何之中设法保全。""雪哥大人如晤:此番赴敌,足为江省吐气。咸叹曷极。弟一生知己,今于死生之际,仅有兄一人是真朋友,是真丈夫。弟之瞎眼,藉兄一人可以睁开。思之肝肠寸断,无可为词。"①程德全也不负所托,在清廷不明真相,罪寿山滥开边衅、临阵脱逃时,程极力为之辩白,并在慈禧太后召见时再次向慈禧太后详陈寿山以身殉职的实况,寿山最终得到清王朝的昭雪。程于寿山可谓是忠肝义胆,不负死友。

程德全以忠义待人,故能得众。这也是移民文化的一个特色。移民到了一个新的地方,如果不与原住民处理好关系,是根本无法立足的。程德全在北京国子监读书时,与叶伯高结下亦师亦友的深厚交谊,终其生而不渝;与寿山的交谊更是可托死生。在出任黑龙江将军后,程德全又与宋小濂、成多禄、于振甫、张西樵、韩广业等结成亦师亦友亦同僚之密切关系。调任江苏巡抚之后,又与张謇、杨廷栋、黄炎培、应德闳等结成朋僚之谊。"其待僚属也,务积诚相感,以故人皆用命。或有事不如意者,无疾言厉色,必沉思以究其所以然","(宋)小濂受知十余年,气谊相投,患难与共,视之不啻骨肉"。以上这些都是忠义合众、待人以诚文化内涵之表现。这也是程德全无论是在推行黑龙江新政,还是在主持苏省和平光复的政治运作中,都有一个以忠义文化为联结的政治团队在其身后助其运作,使之历尽宦海风波而不倒的原因所在。

(四)勤奋谨慎

移民到了一个新的地方,必须勤奋、谨慎才能生存与发展。否则,不但不能开拓出新的生存空间,反而可能前功尽弃,将移民不多的资本全部损耗,而陷于无法生存的境地。所以,勤奋、谨慎是移民文化的又一个内在特性。这在程德全的为人与行政中也表现得十分突出。

程德全自幼受教,以勤奋为念,15 岁参加郡考后即随父外出做塾师,以束修贴补家用。到国子监读书时,叶伯高帮他从军机处借到曹廷杰的东北史地的书与图,他"一夜录竟",可见其勤奋之一斑。"公性沉厚忠勤,日坐公厅治事,事无巨细,必集僚属,反复讨论。有来谒者必见,见必深谈,委曲详尽,虽终日不厌。——往往中宵不寐,甚至失眠,僚属劝以节

---

① 李兴盛等编.程德全守江奏稿(上).庚子交涉偶录[M].哈尔滨:黑龙江人民出版社,1999:713-729.

劳,公笑颔之,而勤劬如故。"①勤奋伴随了程德全一生。为了使后世子孙不忘先辈之艰难,保持勤奋上进之精神,他特地在族谱中写了《西岩茅屋记》,记载当年他与妻子秦氏成亲不久,租住的房子为主家收走,"一家愕然,吾妻乃白之母,谓宅西一里而近,有岩可居。傥屋于斯,计殊便。母喜焉。吾妻则躬其劳,树柱而苫盖之。阅月遂移家焉。盖来归仅岁余耳。岩居地洼下,其为屋也非固。风雨至则岌岌动。积溜趋几榻下,束草尽湿,燃之不复然,终日或不举火。——然居西岩时,吾妻之瘁于家事,吾心知之。盖难一一言矣。伤哉,贫也!固亦人生之至艰,而谁料举家延有今日也,因为西岩茅屋图,记其事,镂之岩间。吾家世世万子孙,有不能自佚者,以兹岩故。"②以出身贫寒而自励,以勤奋为传家之良方,程德全为此而念念不忘。1917年,程德全为潜心学佛,将家产安排给儿女。其长子程世模等在"承受书"中起誓:"愿我弟兄六人刻苦为励,各奋前程。守司马之家风,绵伊川之世泽。"③这一"刻苦为励,各奋前程"的勤奋家风在程德全的后代子孙中得到了传承,其子孙大多事业有成,实与其移民文化之勤奋家风有关。

移民既有开拓创新精神,也有谨慎从事之作风,二者相辅相成,方使移民在新的环境中得到顺利的发展。程氏远祖不远千里,移迁入川,是其开拓创新之处;到川之后,多次寻找新的理想生存环境,而且"终明之世,程氏蠖居不出,一如武陵桃源,得绝境而避秦乱",可谓谨慎至极。正是得力于此谨慎,在张献忠屠蜀时,云阳程氏一族幸免于难④。

移民缺少根基,故在开拓之余多以持重谨慎行事。这在程德全家族中表现得十分突出。明代时程氏一族"不与人世通接,垂二百年"。清代中叶,"曾王父县学府君始以文学为云阳诸生,而宗姓繁衍,服畴食德,先后以读书发名者,皆雍容于县庠,不汲汲于仕宦","封翁(程德全之父)初补县学生,光禄君(程德全祖父)辄愀然谓之曰:不愿汝遂发达,拾科第,作美官。惟谨守家法,无伤忠厚,培植根本,则大愿也","封翁好读方书,不轻为人疗疾,盖其慎也"。而且,程德全之父还用这一谨慎行事的作风谆谆告诫程德全。在程德全任黑龙江将军后,"封公惊心宠荣,感激知遇。数遗训言,力持大体。时以慎选僚佐,谆谆勉勖","封翁以非分诫之,勉

① 程世模主修.云阳程氏家乘(卷二).重庆云阳档案馆藏.
② 程世模主修.云阳程氏家乘(卷一).重庆云阳档案馆藏.
③ 程世模主修.云阳程氏家乘(卷二).重庆云阳档案馆藏.
④ 程世模主修.云阳程氏家乘(卷一).重庆云阳档案馆藏.

以忠诚,并切切以慎选僚佐为第一义。以人事君,得人则事理。疆臣之首,莫大于是"。① 有孝子之称的程德全,幼承庭训,对其父祖这一行事谨慎之作风耳濡目染,所以,行事谨慎亦成为程德全从政的一个突出特点。

1903年,慈禧太后召见程德全,问其政敌周冕事:"两宫又云:'有人奏,待周冕宜由外间保送,暂用羁縻之法,汝到任后会同萨保奏保,何如?'奏云:'臣之于周冕无怨无德,然窥其意,不过欲臣离开黑龙江方可为所欲为耳。嫌隙已成,言之恐失公允。平心而论,周冕实有才干,若能驾驭得宜,亦可为国家办事。至羁縻之法,未为不可。但微臣资望尚浅,且有宿蒂,若遽然由臣奏请加恩,反启伊疑虑。莫若于北洋或吉林两省予以保奏,别与别项差使,当能渐就范畴'。两宫即谕云:'如此甚好,汝将来与该两省商议,酌量办理可也。'"②此番对答,将程德全处事谨慎、"才长心细"、虑事周详之特点表现得淋漓尽致。正是得益于这一处事谨慎之长,在其政敌参纠他"营私罔上,嗜利扰民,列款纠参"时,清廷做了这样的处理:"著徐世昌按照所参各款,确切查明,据实具奏毋稍徇隐。"钦差大臣徐世昌"密委留奉天山东候补道杨嘉辰驰赴江省,不动声色,严密访查,并随带干员分途考查,务得实情"。最后,徐世昌"兹据该道逐款禀复,或调集卷宗,或访问舆论,臣详加复核,证以平日之见闻,似已无所虚饰",所有纠参各款均为虚有,徐世昌的结语是:"该署抚臣谙习边事,悉意经营,于江省不无俾(裨)益。即如释放家奴、求领荒价两事,臣去岁奉命赴江查办事件,即有人控诉。当经查明,据情驳斥。惟续放纳谟尔河北段荒所收款项数目,间有未符,及片收各税有未尽报明者。然有未经截目之款,皆有列册可稽,亦不得遂谓该署抚之希图肥己。原奏所参各节,应请毋宁置议。"③一场莫大之政治风波,因程德全处事之谨慎,化为乌有。

而程德全辛亥革命之中的表现也可反映出其行事谨慎之作风。武昌首义后,他一方面拒绝两江总督张人骏让其调库银30两到南京的命令;另一方面,他向清廷连上四疏,要求清廷下罪己诏,解散皇族内阁,实行宪政。这样,在疏四上而中格不报的情况下,程德全就取得了政治上的主动权,与清廷恩断义绝,则人无所难。同时,对于新军的准备起义,他心知肚

---

① 程世模主修.云阳程氏家乘(卷二).重庆云阳档案馆藏.
② 程德全.赐福楼笔记.李兴盛等编.程德全守江奏稿(上)[M].哈尔滨:黑龙江人民出版社,1999:756-757.
③ 程德全.徐钦差查复参奏案折.李兴盛等编.程德全守江奏稿(上)[M].哈尔滨:黑龙江人民出版社,1999:684-687.

明，而不挑破，只是通过新军督练公所总参议吴茂高与革命党联系来掌控新军，并对吴说："上海已几次来人接洽苏州光复的事，在原则上我已答应了。为审慎起见，暂待时机。如果你们布置周密，并无遗策，自可发动。"在上海光复的前两天，黄炎培、沈恩孚等到苏策动程起事。程答："苏州非用兵之地，无险可守。南京、杭州还没有发动，尤其南京、镇江驻有重兵，万一南京、镇江、杭州三路派兵来攻，吾苏势孤力薄，难免失败。欲速则不达，还是少待为稳妥，倒占有举足轻重的优势。但本人可以声明一句，我是倾向光复一面的。"11月14日，督练公所的军官集体谒见程德全，告知"'反正的步骤，一应就绪，请于黎明宣布江苏独立。'程本已决定，此时故作郑重，就说'南京张提督有紧急密电，嘱死守苏州，如兵力不敷，即派兵来苏。吾苏一旦独立，实力是否充足，可以抵抗？诸君已有确实把握否？'"在新军军官将有关军事准备情况向程详呈后，上海代表虞洽卿、陈光甫也到了。程从他们那里得知上海起义，"秩序很好，领事团也称赞革命军有纪律"，同时还得知杭州已发动起义，达到了程德全三地联动、万无一失的理想状态，"才长心细"、为人谨慎的程德全即"连夜召集文武官吏，宣告反正意旨，凡赞成者听候任用，迟疑不决者暂留察看。果无反抗情事，准予各归家乡"①。持重谨慎与明敏有为在程的身上得到完美的统一。这既得益于移民文化的长期熏陶，亦得益于他数十年宦海生涯的历练。

二、程朱理学之传承

从《云阳程氏家乘》中可以看出，程德全其家学传承确是"守司马之家风，绵伊川之世泽"。"程朱理学"实是程德全为人行事之本、心路历程之源。

程朱理学的创始人二程（颢、颐）兄弟是程氏引以为傲的远祖，南宋时"两夫子子孙亦从而南渡，居池州。再迁新安。而程氏女适朱氏者，一传得韦斋，再传为文公、正思、登庸、前村、月岩、徽庵、林隐，六先生者，又皆当代硕儒。朱氏胤嗣，而上求两夫子之道统。盖朱学原本于程学，而薪传有自也"②。程朱理学，不仅学脉上相传承，在血缘上也有联属，薪传有

---

① 吴和士.辛亥革命苏州光复小记.苏州政协文史委编.苏州文史资料（第1-5合辑）[M].苏州：1990.

② 程世模主修.云阳程氏家乘（卷一）.重庆云阳档案馆藏.

自,确是不虚。这一"司马之家风,伊川之世泽"自然而然地影响到程德全。

(一) 幼受庭训,收族赡亲

中国社会在唐宋发生了巨变,其中一个突出的现象就是自东汉以来联结社会的世家大族消亡殆尽,社会整合迫切需要新的组织模式。对此,程颐认为:"必有尊卑上下之分,然后顺从而不乱。若无法以联属之,安可?"他提出的社会联属、整合之法就是:"管摄天下人心,收宗族,厚风俗,使人不忘本,须是明谱系,收世族,立宗子法。"①程德全家族穷六代之力纂修家谱,就是为了实践程颐"明谱系,收世族"的思想。

修谱牒、明谱系,使人慎终追远、不忘本来,这件事有一定的财富后即可办到。但在小农经济之下,如何维系贫富分化后散落的宗族,即"收世族"却是一个较难的问题。为此,宋代范仲淹创立了族田义庄制度,"以赡族人"②,虽至贫者,不致有冻馁之忧,从而从制度上保证了"收宗族"而不散落的问题。所以,自宋而元明清,祠田义庄遍及中国,有着程氏家学传统的程德全家族对此更是身体力行。

程德全曾祖父载秀公以诸生之力而修祠堂,纂谱牒,因财力不济,只能将祠堂草草修成。程德全父亲亦因家贫而无能为继,但心存念之。在程德全贵显之后,"封翁尝举光禄君遗训,敦相诫劝,谓作官即失耕读本业。若浮沉宦海,则后将不知终极,俸入有余,当仿范氏遗法,先置义庄,以赡一族。并谋公益,以惠一乡。中亟谨识之,用铭坐几"③。程德全父在《己酉赡族记》中言:"余生平最慕范文正公。其嘉言懿行,立朝大节,史策备详。及读遗书,有所谓义田者,自公创之,合族赖之。到今侈为盛举。益叹古人之用心,真不可及矣。——至我祖载秀公子姓日繁,慨然有修谱之志,因草规约,备详我族始末。我父操之公,屡欲增订未果,而赡族之典尚缺如也。余小子仰承先人未竟之志。亦欲本范公之意,挽晚近之俗。得田数顷,与同族共沾润。惜有志而力仍未逮。会戊申(1908年)春,长子德全以守边功,天子推恩,褒及三世。明年己酉(1909年)始归省余。余饬以积岁廉余。筹银一万两,购若干田亩。计其年租,按序以赡同

---

① 吕思勉.中国制度史[M].上海:上海世纪出版集团,2005:230.
② 脱脱等.宋史·范仲淹传[M].北京:中华书局,2000.
③ 程世模主修.云阳程氏家乘(卷二).重庆云阳档案馆藏.

族。辨其等杀而济之,俾合族无一冻馁者,且知衣食所自然。然世变亟矣,衣食原贵自谋,使不论其智,而仅保其生,恐将长倚赖之习,养之适以害之。唯调教非一蹴可及,而诏旨又促德全入都陛见,匆遽不及详筹。爰于清明春祭,会集合族,将原筹银一万两分赡族众,使之力图生计,鳏寡废疾,亦分赉有差。至于兴实业,谋公益,则需诸异日。自今以后,凡我族众,务宜勉为良善,力求奋兴,由养而教,增其知识,各为完全国民,自立于立宪政体之下,岂不懿与欤!余老矣,惟祝儿辈长承恩眷,俸入有余,专为族人谋远大之计,若计口分赡,可一而不可再。庶几师古人之意,仍不失因时之宜。愿与族人共勉之。"①这篇长文详细记载了程德全在其父的教育与督促下,于1909年省亲之际特地带回一万两白银,准备仿范仲淹之法,为族人购置义庄族田,但考虑到此举可能会"长倚赖之习",再加上清廷催其陛见,于是干脆将一万两白银"分赡族众,使之力图生计",并以此激励其族中后代,"俸入有余,专为族人谋远大之计"。可见,二程"明谱系,收世族"思想对程德全父子影响之深。这一善举也确实对其族人起到了很大的作用。2012年,我们到程德全家乡搜集资料时,很多老人还津津乐道此事。程德全此行回家修复的程氏宗祠在1949年后长期作为村中的小学,为程氏族人培养出很多人才,程德全为族人谋远大之计、由养而教的理想于百年之间已屡见硕果。

(二) 穷理致用,道在政先

程德全之高曾祖"光禄公之德教远矣。盖以世承清白,绵关西之传道,秉渊和蓄伊川之学"②。"秉渊和蓄伊川之学",是程家世代家塾相传的根本所在。而"二程卓绝处,在其讨论人生修养工夫。——若以二程比之荆公,则荆公虽论性道,而更重实际政务。二程鉴于熙宁新法之流弊,故论学一以性道为先。而政事置为后图,若非所急焉"③。由是,重性理教育,道在政先,就成为程德全及其父祖的一个鲜明的行事风格并为人所乐道。即所谓"夫道德者,为事功之体,事功者为道德之用,无事功,道德无以传,无道德,事功无以善"。道德为核心价值观,为本;事功、政事只是按核心价值观导引下的具体行事,是从属之用。这也就是程朱理学被称

---
① 程世模主修.云阳程氏家乘(卷一).重庆云阳档案馆藏.
② 程世模主修.云阳程氏家乘(卷一).重庆云阳档案馆藏.
③ 钱穆.中国学术思想史论丛(卷五)[M].合肥:安徽教育出版社,2004:110.

为"道学"的原因之所在。"光禄公素以家学之渊源,垂为庭训。而程中丞悉本廷训之教泽,见诸施行也。"①

1. 穷理致用

二程认为:"穷理然后足以致用,不穷则不能至也。"②穷理致用,或曰通经致用,实是二程思想的关键所在,其对于幼承庭训的程德全影响甚大,也是他能从一衿青衣而成为封疆大臣的内在动力。

二程不以科举为重,强调"穷理致用"为儒学之根本。"秉渊和蓄伊川之学"的程德全曾祖父光禄公,对之心领神会,程德全之父"初补县学生,光禄君辄愀然谓之曰:'不愿汝发达,拾科第,做美官。惟谨守家法,无伤忠厚,培植根本。则大愿也。'"程德全的曾祖、祖、父三代,虽然均考中秀才,但均"澹情无仕,栖迟衡户,耽悦图书",而无拾科第、做美官者。程德全也与其父祖一样,考上秀才后,做塾师多年,"私念贫无已时,亲无以养,则殚力功令之文,思得微禄",但他不是循"拾科第,做美官"之正途,而是走的以廪贡生之资格进北京国子监读书之"异路"。

清代国子监"六堂教法,仿宋儒胡瑗经义、治事两斋遗意,设立课程,习经义者课以经文、经解,习治事者课以策论"③。这与当时科举考试"八股取士"有着根本的区别,其实质是二程的穷经而后致用的原理(无独有偶的是程颐正是胡瑗的得意门生)。这一重经义与治事的教育环境使程德全在叶尔恺的提示下转入东北史地之学的研究,由此"以怀奇材而逢奇会,因奇会而立奇功,旋以奇功而蒙奇赏",建牙东北,巡抚江南。

正由于程德全不重帖括科第,而以穷经致用为本,所以,无论是其在东北寿山等人的幕府之内,还是开府黑龙江之时,都能穷经而致用,娴于实际政务的运作,"到江以来,能体封翁(其父)干济之心,而筹边疆大计,以俄人之轮路已通,西北之藩篱全撤,非实边无以自立,非筹款无以实边,非垦荒无以筹款,非招民无以垦荒。宗旨既定,力任艰难,策划经营,不遗余力,如通肯、如三蒙、如巴拜荞鬻、甘井子、纳漠尔河、汤旺河等处,渐次开辟。使莽榛之地,成繁庶之区。设府县之治,具行省之规。近又为各城旗丁奏拨膏腴之荒,以为归农之计。重武事而设陆军学堂,保治安而创警察要政。学校如林,期教育之普及;司局裁并,务责任之专归。理财则剔清书吏中饱,生利则博考山岳蕴藏。自治为宪政之根本,故设会研究;外

---

① 程世模主修.云阳程氏家乘(卷二).重庆云阳档案馆藏.
② 二程集(四)[M].北京:中华书局,1981:1197.
③ 光绪《大清会典》卷76《国子监》.

交以法律为依据,特立所以肄习。筑铁路、备轮船,而转输称便,置火犁、安机磨,而实业以兴。凡种种之措施,皆有征而可考。今日表见之,事功皆本家传之道德,是道德因事功而显彰,而事功因道德之美善"①。本家传之道德以建事功,程德全在江苏巡抚任内依然如此。辛亥和平光复、平"洗城会"不兴大狱、"二次革命",循法律途径解决南北分歧,"公前后全苏者三。夫苏为东南繁会,洪杨浩劫后,元气尚未尽复。使复糜烂,则中原民力尽殚,无论团体如何,政体如何,皆将无所藉手,百姓流亡载道。早已刀俎供人,后来之衮衮诸公,又安有可争之余地,故谓公之保苏,实保全国,非过语也"。程德全以其一生的实践,践行了其远祖二程的"穷理然后足以致用"之思想。

2. 性道为先

二程以性道为先、政事为后,故对改变人的气质,使人归仁、归善的教育十分重视,这在程德全家族中也是十分突出的。"高祖之文公,乃入县庠,食廪饩,至是昆弟子侄相继入学,彬彬乎世知为诗书门弟矣。"自此而后,家塾相传,均以性理教育为先。其曾祖父"载秀公追迪前光,兢兢然。——名于迩尔,乡里悉化之,至有数十百里,走求一言以评其事者。使出而与天下事,其益于苍生者岂浅鲜哉。及公(程德全之父)入县庠,——承大父志,遂日以讲学授徒为事,十余年琅琅不少休。居恒严峻有法,见人有过失,辄变色而斥其非。然事过则忘,人是惮之而无怨"。程德全"幼承庭训"的就是这类重性理修身、以学移性归仁的教育,所以,"中丞和蔼性成,粹者长然之象。其根植厚溢,然见于容貌间。——中丞之居官也,一以长者之道行之,退食之余,恒淡泊之安。曾不以进退萦其怀,亦不以富贵移其志。惟以束身在官,不敢一息稍忘君父事。盖懔懔乎奉公之教也"②。正由于自幼就承此不以做美官为荣,而以侍亲育人为乐的教育,所以,庚子后,程德全虽然长期任方面大员,但他并不以此为归宿之所,而是以教育为乐。1906年,其女婿李逊"就婚江省。时公方权黑龙江将军任,既以日侍宴谈。时欲请问一质旧闻。公虽政务繁剧,日昃不遑,然不以孺子为无知,每与论一事,辄为反复指陈,独至军国要务,则语言严重。而庚子一役,尤不愿人称说,盖以身世之痛苦,知遇之感触,别有

---

① 程世模主修. 云阳程氏家乘(卷二). 重庆云阳档案馆藏.
② 程世模主修. 云阳程氏家乘(卷二). 重庆云阳档案馆藏.

伤心故也"①。正是因为程德全不以高官宦进为念,所以,他在仕途中屡次辞官。1908 年,在黑龙江巡抚任上的他即因"封公春秋高,有怀故乡之思。会患脚气,曰:吾不能以病怠国事。既得请而归,则大喜曰:吾持此可以告吾亲矣"。辛亥革命后,南京"临时政府既建,公(程德全)以南北议和大局底定,亟思引退。遂辞江苏都督,养疴沪上。数月后,欲为欧美之游。既登舟矣,有牵率者,谆谆以苏难未已,辞不得已,扶病莅苏"。"二次革命"之后,程德全对国事失去信心,再次辞官,告别政坛,遁入空门。程德全一生三次辞官,最后归入佛门,实是二程道学"性道为先"的必然。

(三) 由儒归佛

唐宋之际,儒佛相互渗透,佛学将中国文化孝道、宗族诸项予以吸纳,而儒学也将佛学之法统、心外无物诸概念予以吸收,儒佛互补的文化交融在宋儒手中得以完成。"宋儒之学,其入门皆由于禅。濂溪、明道、横渠、象山则由于上乘;伊川、海庵则由于下乘。"②程颐在为其兄程颢所作《明道先生行状》中也自承:"先生为学,自十五六岁时,闻周茂叔论道,遂厌科举之业。慨然有求道之志。又泛滥于诸家,出入于释老者几十年,返求之六经而后得之。"二程之思想为"出入释老者几十年,返求之六经而后得之"③,其关键处就在于将佛家的有关概念用儒家之理念来重新解说。"二程言主一之谓敬,把敬字来换了静字。此是二程用心仔细处。凡云静虚无欲,此等字面,二程皆力求避免。将仁字或理字来换无欲字,将实来换了虚,正如将敬字来换静字一般。""说敬,则止于事,可免误入虚静之病。一面是脱略人事,一面则是看重人事。此为儒家与道释之最大分别。"④二程思想其实是表皮上的儒学、骨子里的佛学。这一佛学底蕴为"幼承庭训"、浸润于程朱之学的程德全心领神会,由是而由实转虚,由儒归佛,遁入空门。

秉持二程思想为家法的程德全家族,深受二程思想中蕴含的佛家思想之影响。其家族迁移到云阳安定下来后,"复思梁武十里一庵、五里一

---

① 李逊. 庚子交涉偶录附识. 李兴盛等编. 程德全守江奏稿(上)[M].哈尔滨:黑龙江人民出版社,1999:712.

② (明)黄绾. 明道篇(一). 转引自陈植锷. 北宋文化史述论[M].北京:中国社会科学出版社,1993:325.

③ 转引自钱穆. 中国学术思想史论丛(卷五)[M].合肥:安徽教育出版社,2004:111.

④ 转引自钱穆. 中国学术思想史论丛(卷五)[M].合肥:安徽教育出版社,2004:117.

寺之风。此地庵寺俱无。三姓同修庙宇,捐田亩,以完寺业,以奉香火,更名兴佛寺"。大约在程德全高祖载秀公修建宗祠时,又在宗祠旁修了一个寺庙,名为沙门寺。这个寺庙就在程氏宗祠之旁。程德全幼年时可能常去寺内玩耍,以至数十年后在辽阳无量观回忆:"儿时每寐,即至梵刹。无量观音者,千山百寺之一也。至则途径迂回,楼阁高耸,一如梦中景象,拈香顶礼,怅触良久。"儿时的佛学浸润,幼承庭训中程朱理学中内涵的佛学涵养,使程德全对佛学有着内在的体悟与向往。他在《云阳支谱序》中说:"且佛氏最重孝道,吾儒尤以孝为百行之首。今不言释,如先言儒。尝题苏州支祠联云:合南北一脉宗支,愿祇父恭兄各亲其亲各长其长;序伊洛四箴懿训,当诏子勉弟,非礼勿动非礼勿言。吾支后世子姓,果能躬行实践,则由儒契释,此其基础矣。"①佛教将中国文化核心理念——"孝"援引吸纳入内,形成了"由儒契释"之基础。程德全循此基础,由孝子而忠臣,到国事不可为、忠无可忠时,"匡时无术合禅逃",由儒归佛,则为必然。

程德全由儒归佛,由看重人事到脱略人事,经历了一个过程。"自癸丑(1913年)由叶伯高教阅内典,甲寅(1914年)皈依天宁冶公。裘葛屡更,毫无受用,惭悚奚如"。此时的程德全虽然皈依了佛门,有了"寂照"之法号,并在叶伯高的指点下学习佛家经典,"然政网虽脱,儿女债终不可逃",于是在1917年他将所有家产做了公、私两方面的处置,即将云阳、扬州等地部分田地、房产作为家族祠堂、三姓公祠、家族墓地等公用,将其他财产分作六个儿子及未嫁之女儿成家、读书所用。此举如其老友宋小濂所言:"公近年栖心觉境,固知非痴恋情缘,不能解脱者。然犹斤斤焉为妻子计划,正以微尘不净断,不能无少挂碍。一有挂碍,便难解脱。如以不了了之,遗下烦恼与人,岂我佛慈悲普度之意。以是之故,即不能不一了百了。庶人我无间,同游极乐世界,此公之妙谛。愿公家人皆默参之。题竟为说偈曰:'有我即有人,无人亦无我,携手彼岸登,是为大解脱。'"②有此大解脱之后,程德全始能潜心于佛学,而悟解道:"德全少时讽《白虎通论》,'死之言澌,精气穷也',吻昕寐而仰思。知大块载我以行,终将载我以死。大伤人之不可免于死,辄思不鹿鹿死。其后读宋明儒书,尤好高景逸之言,见高子从容死于止水,谓然叹曰:死得其道哉。顾于其说本无生

---

① 程世模主修. 云阳程氏家乘(卷二). 重庆云阳档案馆藏.
② 程世模主修. 云阳程氏家乘(卷二). 重庆云阳档案馆藏.

死,则窃疑之,曰:此吾儒之言耶！何不类也？光绪庚子之岁,——俄廷强德全权将军,德全不可,俄人怒,胁之以兵。时会于江浒,江水莹然碧,顾而思曰:此吾师高子之时也。奋身入,目暝而顶灭。俄人惊,力拯而出,转加敬礼焉。——自分必死,顾仍不死。其后持节屡历朔南、帅封疆,治军旅,遘辛亥、癸丑诸变,时时思得当以死,而卒不得可死之缘。非死之艰,盖以死而无利于国,无益于民,吾虽贸大名以去,其实故无殊夫鹿鹿以死也。"此时的程德全还是儒家之生死观,即死必须有利于国,有益于民。而到他大解脱后,"闭户海上,皈命世尊,发梵匣而寝馈之,乃知高子之言,实本释氏。葨山虽为之辞,弗可讳也。于是洞明生死流转之故。吾人精气虽穷,而有不随之而穷者在","雪欲其洁也,雪集于楼,遇曦即化,幻躯不实,雪消而楼自存也"。① 程德全由是悟透生死,脱尽儒衣,直驱佛地而涅槃。

程的挚友黄炎培在程逝后为之作联:"此生了了,总为大事而来。庚子何心？辛亥何心？即癸丑亦何心？慈悲两字外,更无他念。一切尘尘,尽逐流光以去。永康安在？南通安在？今云阳又安在？沧桑百变后,遂少人知。"此联可谓一语道破程德全由入世、救世、逃世,由看重人事,到脱略人事,由敬转静,由儒归佛的心路历程。

三、结　语

族谱为家族之历史,由于编纂者为家族成员,故往往有溢美之词,《云阳程氏家乘》也无例外。但拨去这些浮光掠影,程德全之移民文化之底蕴与程朱理学之熏陶,从族谱中还是历历可寻的。程德全在近代能外抗强俄、内创民国,实与其家族文化中的移民基因与程朱理学之道德陶范有着内在的联系。

---

① 程德全.木渎法云寺记.转引自《人文月刊》第2卷第1期,1930年.

辛亥革命史中之一人——程德全

一、庚子年之程德全

程德全始以诸生留安徽候补知县,清光绪二十五年(1899年),黑龙江将军恩泽、副都统寿山奉调到黑。恩泽殁,寿山继为将军。二十六年(1900年)五月,义和团起于奉天,焚教堂,杀外人,山海关以内音信不通,既而奉省亦隔绝。二十九日,廷寄各省将军督府:"务将和之一字,先除于胸,胆气自为之一壮。"又称:"洋债一概不还,赶将旧式枪炮,发交民间,即以义和名团,快枪快炮,留营使用。"寿山心知其不可而势已滔天,俄军大至。七月中旬,瑷珲、墨尔根相继失陷,省城大震。先是德全请于寿山,表示愿赴前敌,规度防守,遂抵博尔多河营次。是月梢,驻俄杨使电称俄外、户两部有和意,嘱德全与俄兵官交涉停战,以待朝命。俄仅允停三日。两军夹河而屯。八月一日,俄军南渡,德全渡河阻之,不得,誓以死殉,拔刀自刎,俄官急掣德全腕曰:"何至于是?"因议定:"不攻城,不夺财产,不戕生命,人民官吏愿去者不阻。"俄语通事姜某密告俄:"省城有伏,议和乃诱使近城也。"俄遂发炮轰城,寿山自戕,德全时时以身迎弹立,所至,俄人不复逞,自此坚卧俄帐,以释敌疑。既闻将军死耗,乃复入城照料。十日,俄官邀德全至江干议事,谓:奉伯利总督言,俄廷命德全权理将军事,并要索种种,德全大骇,耸身向江心猛扑,投入中洪,俄兵10余人泅救,得苏,留俄帐五昼夜。既,请见俄军官商求安民数事,答称:富拉尔基另有长官,此事当往与面议。即日前往,比至,始知须押往七都,又有解至森彼得堡说。二十五日,至海拉儿城,民居残破,俄兵屯此者尤多,无可容置。俄人畀一毳幕,所谓蒙古包也,同伴数人卧起于旷野大风雪中,躬亲爨汲,往往僵卧至不能转侧,住蒙古包者二十有一日。既而七都俄军官至,宣示两

48

国复交,劝归国,相与举酒酹地,免冠称谢而归。

《程德全呈俄国伯利总督请代递上俄国皇帝书》:"大清国安徽候补知县程德全兹有上贵国大皇帝书一件,伏乞大俄国伯利总督阿穆尔省武固毕尔拉托尔麾下转奏,不胜叩祷之至。程德全谨上大俄国大皇帝陛下:伏以国无盛衰,非信不立。民为邦本,自古皆然。中俄二百余年交好,万国皆知。凡属下风,罔不钦佩。今岁中国拳匪作乱,致启祸端。他处德全不知,惟黑龙江一省开仗之由,彼此互有曲直,兹不具论。德全于去岁八月,蒙前任将军恩泽奏调来江,办理文案。本年七月二十一日,将军寿山派往前敌,议和停战。二十八日,在博尔多河畔与带兵官连年刚博夫晤面,其时带兵官因未奉大皇帝停战之旨,不能擅专。德全见博尔多河南搬家难民,不下数十万,携老扶幼,情殊可怜。恐俄兵渡河,难民惊扰,恳缓二日,准其远徙道旁,让出大路,与俄兵行走。八月初四日,大兵已至省城,将军寿山自毙。省中人民及瑷珲、呼伦贝尔、墨尔根、布特哈四城并台站二十余处,所有人民,均迁徙在此,露宿风餐,疮痍满目,惨不忍睹。况值秋成之际,亟宜收获,喂马秧草,亦须此时预备,再延十余日,则冬间毫无盖藏,不惟本地人牛马,必皆饿死,即大俄国兵马在此,转运恐亦不易。民人仓皇失措,大半离散,商贾远逃,懋迁无人,自应由大皇帝速撤兵队回国,以靖地方而振商务。日昨带兵官奉到伯利总督来电称奉:大皇帝谕旨,欲以德全担任将军职务,闻之惊惶万状。德全以羁旅之人,寄居江省,值此变乱,初意本以保全生灵为主。今荷大皇帝笃重邦交,省城得以安然无恙,德全受赐已多,今乃以将军殉难,主任无人,欲德全便宜从事,无论德全未奉我敝国大皇帝谕旨,固不敢擅专,而自思失律之臣,偷生人世,已属厚颜,有何面目冒居将军之任?反复思维,万无生理。是以投江自尽,而带兵官复设法将德全救活,并派人多方劝解,妥为照料,务使德全不再寻短见而后已。但此刻敝国大皇帝消息不知,德全椎心泣血,忧惧昏迷,苟延残喘,何能办理地方政务?惟念黑龙江全省尚未大定,呼兰、巴彦苏、北林子尚有兵队,贵国必须力保平和,免致开仗,再伤生灵,其关于地方官一切应办之事,仍祈责成各该员与带兵官妥为办理,则将来大皇帝与敝国之交谊,可永保亲睦于万世也。如蒙依允,尚有要求数事,条具于左。事关两国邦交,德全敢为大清国数百万生民九顿首以请。一,求不伤害生灵。一,求不夺人财产。一,求毋奸淫妇女。一,求中国人民照旧优待。一,求毋更张大清国政令。一,官员人民有愿迁徙者发给护照。一,求发给各城各站人民执照饬速归业。一,求前往呼兰等处收抚,不必多带人马,免民间惊恐,并求先发告示,大张晓谕,俾众周知。"

《黑龙江八旗协佐暨兵民商旅人等公呈》:"齐齐哈尔城八旗协佐率同军民人等敬公恳者:(中略)江省与俄三路接仗,北西两路以失山河之险,省城重地,兵械两竭,(中略)百万生灵,毫无生路,其强而有力者,自谋逃匿,其弱而无能者,惟有待死,一省将军,至于服毒殒生,此事此时,诚所谓危急存亡之秋也。幸遇雪翁见义勇为,挺身急难,单骑直入敌营,面晤俄将,开诚示信,委婉致词,宣布我皇上停战议和之旨,细叙中俄历久未渝之交,俄人初尚不允,几至杀身成仁,俄人钦佩于心,始允不杀居民,不攻城镇,由此江省孑遗,始有生机。不意内有奸民,暗入蜚言于俄将,谓我设计诓诱,俄将怀疑,乃布长陀之阵,包围省城,适当客队高悬红旗之际,俄将愈疑,开炮轰击,雪翁忘身舍命,伏于炮口,俄将始令止炮,扎兵城外,毫无滋扰,江省之人,始获更生,成此危而复安之局,救此垂死复生之人,实皆赖我雪翁一人之力也。(中略)雪翁才智人品,既见重于俄将,又有德于江省,俄将欲保为将军,江省官民之心,尤欲奉为将军,乃我雪翁虽当造次颠沛之际,犹然执礼守义,坚却不允,至于投河以明心迹,俄将因之怀疑,派兵看护,后来之事,动多掣肘,推原其故,总由雪翁守经所致。处大事者,平时固贵守经,乱时必须行权。若权而当理,即是守经,倘因守经而败已成之事,则江省旗民必然重遭涂炭,岳武穆奉调班师,弃垂成之功,每为后人所惜。雪翁因不忍死江省之人,始为冒险拯救,今已救生,惟望始终调护,时下江省之人,无不曰:生我者雪楼也。倘然朝廷用别人来莅是邦,不惟后来之和局难定,即江省人心亦决无爱戴之诚,必至败事而后已。如雪翁心畏僭越,清议难当,则又不然。有投河捐躯之一事,则雪翁心迹,不独彼苍照鉴,亦当为天下人所共谅也。数日以来,人心摇摇,无所向往,倘雪翁再三执意守经,不肯权摄军篆,人心必致涣散,遇事推诿,呼应不灵,不能合力,共体艰难,俄人或自行派令俄人来守,则江省之人难得幸生,与死无异矣。雪翁如以未奉明诏,不肯苟就,现在拟由八旗官兵照会俄将,并具折奏明,恳请谕旨简放。惟奏折往返,必延时日,一省重务,不可一日无人办理,万望再莫峻辞,权摄军篆,振作于上,收拾人心,共任危难,以期有济,则江省生灵为万幸。凡此公恳之言,皆出肺腑,谅雪翁自必不拘小节,慨然任事,始终保护江省也。况由副都统而将军者,江省未失以前之例也。八旗公恳之事者,是江省既失以后之事也。雪翁救江省于灰烬之余,功德并隆,莫之与京。论理论事,分所应然。朝廷作是,惟顺人心。江省如此公举,谅皇上亦无别意也。此际江省人命生死,只在雪翁任否之间,反复致词,惟望俯允,临颖不胜剀切翘望之至。"

以上据多禄《庚子交涉偶录》。

黑龙江士民欲以德全为黑龙江将军,向清廷请求,任何恳切,终以其为汉人,且一小官儿,万无一跃而为将军之理,不之许。会清太后招待外宾,俄公使夫人盛称德全,太后乃破格赏给副都统衔署将军,旋以黑龙江改省,署巡抚。

宣统二年(1910年)三月,德全调任江苏巡抚。越一年有半,而民军起,清祚覆。

二、辛亥年之程德全

辛亥(1911年)八月十九日,武昌举义,德全先向清廷进最后之忠告,前后疏陈大计,凡四上,其第三疏,张謇代拟。二十五日,与热河都统溥颋、山东巡抚孙宝琦会衔入奏,文如下:热河都统溥颋、山东巡抚孙宝琦、江苏巡抚程德全会同奏请改组内阁宣布立宪疏:"窃自川乱未平,鄂难继作。将士携贰。官吏逃亡。鹤唳风声,警闻四播。沿江各省,处处戒严。朝廷分饬荫昌、萨镇冰统率军队,水陆并进,并召用袁世凯,岑春煊统督川鄂,剿抚兼施,其烦圣明南顾之忧者亦至矣。而民之讹言,日甚一日。或谓某处兵变,或谓某处匪作,其故由于沿江枭盗本多,加之本年水灾,横连数省,失所之民,穷而思乱,止无可止,防不胜防。沸羹之势将成,曲突之谋已晚。论者佥谓缓急之图,必须标本兼治,治标之法,曰剿,曰抚;治本之法,不外同民好恶,实行宪政。臣某臣某亦曾以是概要,上渎明听,顾臣等今日广征舆论,体察情形,标本之治,无事分途,但得治本有方,即治标可以一贯。臣等受国厚恩,忝应疆寄,国危至此,无可讳饰,谨更披沥为我皇上陈之。自内政不修,外交失策,民生日蹙,国耻日深,于是海内人士,愁愤之气,雷动雾结,而政治革命之论出,一闻先皇帝颁布立宪之诏,和平者固企踵而望治理,激烈者亦降心而待化成。虽有时因外侮之侵陵,不无忧危之陈请,然其原本忠爱,别无贰心,已为朝廷所矜谅。惟是筹备宪政以来,立法施令,名实既不尽符,而内阁成立以后,行政用人,举措尤多失当。在当事或亦有操纵为国之思,在人民但见有权力不平之迹。志士由此灰心,奸邻从而煽动。于是政治革命一说,一变而为种族革命之狂,而蓄祸乃烈矣。积此恶感,腾为谬说,愚民易惑,和者日多。今若用治标之法,必先用剿,然安徽、广州之事,既再见三见,前仆后起,憝不畏死,即此次武昌之变,督臣瑞澂夙抱公忠,其事前之防范,何尝不密?临时之戒备,

何尝不严？而皆变生仓卒，溃若决川，恃将而将有异心，恃兵而兵不用命。即使大兵云集，聚党而歼，而已见之患易除，方来之患仍伏。有形之法可按，无形之法难施。以朝廷而屡用威于人民，则威亵，用威而万有一损，则威尤亵；是剿有时而穷。继剿而抚，惟有宽典好言，宽典则启其玩，好言则近于虚。纵可安反侧于一时，终难导人心于大顺。况自息借商款、昭信股票等事，失信于人民者，已非一端。今欲对积疑怀贰之徒，而矢以皎日丹青之信，则信以亵；不信而有违言，则信尤亵；是抚亦有时而穷。故臣等之愚，必先加意于治本。盖治病必查其脉，导水必溯其源。种族革命之谬说，既由政治革命而变成，必能厌其希望政治之心，乃可泯其歧视种族之见。然苟无实事之施行，仍不足昭涣号之大信。今舆论所集，如亲贵不宜组织内阁，如阁臣应负完全责任，既已万口一声，即此次酿乱之人，亦为天下人民所共指目。拟请宸衷独断，上绍祖宗之成法，旁师列国之良规，先将现任亲贵内阁解职，特简贤能，另行组织，代君上确负责任，庶永保皇族之尊严，不致当政锋之冲突。其酿乱首祸之人，并请明降谕旨，予以处分，以谢天下。然后定期告庙誓民，提前宣布宪法，兴天下更始。庶簧鼓如流之说，藉口无实；潢池盗弄之兵，回心而释。用剿易散，用抚易安。否则伏莽消息其机牙，强敌徘徊于堂奥，民气嚣而不能遽靖，人心涣而不能遽收，眉睫之祸，势已燎原，膏肓之疾，医将束手。虽以袁世凯、岑春煊之威望夙著，恐亦穷于措施，微论臣等？臣等亦知急迫之言，非朝廷所乐闻，然区区血忱，实念国业艰难已甚，民情趋向所归，既无名誉可沽，惟有颠齐是惧。是以甘冒斧钺，不遑顾忌，如尚不蒙圣明垂察，则负咎滋重，惟有恳恩立予罢斥，敬避贤路，免误国家，臣等不胜激切屏营待罪之至。"

此稿藏杨君廷栋所。杨君倩吴湖帆君绘图装卷，张一鹏君为之题曰《秋夜草疏图》。杨君既广征参与辛亥独立之役诸人题咏，而自为跋以记其事如下：辛亥八月十九日，武昌举义，汉口、汉阳同时归附。云阳程公德全方归苏，见时局至此，思为清廷进最后之忠告，嘱廷栋偕华亭雷君奋邀通州张公謇莅苏熟议。张公适乘沪宁车由宁赴沪，乃与雷君迎至锡站，谒张公于车中，具白所以，即同往苏抚署聚谈。晚，复同寓苏站西偏数十步之惟盈旅馆。馆去市远，人静无哗。乃篝灯属电奏稿。初，张公自起草，继，张公口授，而雷君与廷栋更番笔述之。稿成，已三鼓。翌晨，清稿送署。张公即去沪，程公得稿，先通电各省将军督抚征求同意，联衔入告。廷栋复私电金君还转请赵公尔巽领衔，时八月二十二日也。越两日，热河都统溥頲、山东巡抚孙宝琦复电赞成列名：铁路大臣端方，两广总督张鸣岐复电云:时机尚未至;四川总督岑春煊表示赞成之意,而不允列名;其余皆置不答。时赣已宣告独立,皖又岌岌不保,程公以事益迫,再缓,即入告无益,因于二十五日,以溥公为领衔,并孙公三人,具名电京,而溥公又来电云,赵公方总督东三省也。张公鸣岐又来电云:此奏不可不发,愿附名。其实电已前发,取消,赞成均无及矣。嗣后局势日变,征特此稿云云,不足以入耳,即资政院议决之告庙誓民各信条,亦不足以遏国民渴望共和之心,时势为之,强逆无功。今者,国基大定,在上者制礼作乐,有想望盛平之象,在下者酣歌恒舞,有吸饮雨露之思,前尘影事,弥复去怀。夏日曝书,忽得当日原稿,幸然远念,情胡能已?用装一卷,略志缘起。自首行至第十行之所字止,为张公自书。自第十行至四十一行之本字止,为雷君所书。其下为廷栋所书。其旁涂改有为张公自书者,有为雷君与廷栋所书者。民国四年八月十九日吴县杨廷栋识。

张謇题诗并序:"杨生以辛亥八月为云阳中丞拟疏稿草装卷见示,倘恍怆恻,不啻隔世矣。赋诗思章题其后,归之以告后世论世者。""绝弦不能调,死灰不能热,聋虫不能聪,狂夫不能智。昔在光宣间,政堕乖所寄。天大军国事,飘瓦供儿戏。酸声仰天叫,天也奈何醉。临危瞑眩药,狼藉舆覆地,烬烛累千言,滴滴铜人泪。""绝天天绝之,生民不随尽,黄农信久没,万一得望尹。风烟起江汉,反掌出怒吻。群儿蹩踏间,纲维落齑粉。桀跖亦可哀,飘风过朝菌。但得假须臾,民屯不邅殒。难无箕山逃,尚从汉荫隐。""蜣蜋转丸嬉,飞蛾附火热。后人留后哀,相视一途辙。蠮螉与蟷蛸,等蟹体略别。酒敕不解酒,楔也乃出楔。阳春忽云逝,风雨暗鹈鴂。兰杜寂不芳,众草生亦歇。可怜望帝魂,犹洒枝头血。""平子郁四愁,所思遥且艰。伯鸾五噫毕,拂衣东出关。逢人不一语,老子非痴顽。希夷卅年梦,变灭穷千端。循理测消息,更迭若抚环。巢许不知足,犹厌风瓢谖。吾生将安归,昔吒真腐萱。"(乙卯十二月三十日啬庵老人)

《德全自跋》:"辛亥八月后,吾苦苦劝谏,奚止此一疏?乃反复敷陈,卒不见听。国体改革以还,日相寻于哄争猜忌之域。吾时于两方谆切劝解,亦均不见听。岂天之不悔祸?抑吾之诚不足以感人也。驯自今日,纲纪凌夷,道德灭绝,人民困于水深火热,几不可一朝居,呜呼!既无以对故君,复无以对国人,罪深孽重,夫复何言?丙辰三月杨君以此卷见示,勉书数语以归之。素园居士。"

《应德闳题诗并序》:"辛亥八月,云阳疏陈大计,先后凡四上,前两疏为武进沈友卿,长沙罗惜子属稿,最后乃拙拟,都不知散佚何许,并疏词大意亦不省记。昨检故箧,此疏译电副稿尚存,当时政局已有急转直下之势,翼先得一诏言以安天下,中间增入先颁明诏数字,又与诸疆吏连署删去概予罢斥一节,今更持归翼之,用缀卷尾,以见文字有神,朽不朽之间,俱非偶然。并縢六绝于后:'觉较歌词莫与听,犹余尺疏泣蒲青。伤心怀抱杨夫子,一卷藏山野史亭。秦皇万世赢秦始,天下为家至此终。曾是昭华传铕玉,又闻尊号建章宫。君国初心涕满缨,千秋功罪更谁衡。即今劝进书盈束,珍重山阳旧姓名。飞薄蓬心靡所之,风尘顽洞梦成丝。十年湖海两知己,佛乘农言并我师。天涯驰字寄孤鹇,草草风云幕府山,往日河西几从事,伶俜蒲絮一齐删。世界但依文字立,五千年事史家言。金椎玉镜兴亡迹,一例销归鲰墨痕。'翼之装此卷索题,偶亿清史馆某君议以云阳入叛臣传,南中某大府亦谓辛亥之役,云阳臣节有亏,乙卯政变,两人皆与劝进。今展此卷,怆然欲绝,不禁涉笔及之。法尘未静,嗔相忽萌。云阳见此,必当呵斥,翼之为我忏悔否?纪元五年五月五日永康应德闳识。"

作者题一律:"时危不觉陈言激。事过翻新感涕新。前席有灵终造汉。后哀无尽暇谈秦,谁知素幅双缄泪,早种黄台再度因?澶渊滩头新白骨,老怀何以慰酸辛?"落款时间为民国五年五月。

德全既四上疏,不见纳,各地人心激奋,知大变之将至,乃先通电江苏各属,令赶办团防,以固结民气,保卫治安电文如下:(衔略)自鄂事猝起,各处士绅条陈,均已筹办团防为当务之急,查历届举办冬防,即取守望相助之意。今宜稍事变通,提早筹办,各属团体林立,正可因地制宜。如有工厂地方,则宜工团;有农会地方,则宜农团;有中学同等学堂之处,则宜学团!既振尚武之精神,并弭无穷之隐患。仍由各地方长官为之监督,将筹办章程,随时禀报。如果办理得力,俟事定以后,禀明酌加奖励。此为谋公共治安所见,希即分行各属及各绅者并各团体知照切实施行。(衔略)"振尚武之精神,弭无穷之隐患"二语,实包含无限深意。至九月十五日,遂于各省纷传独立声中,宣布江苏独立。

"苏州光复记"(辛亥九月十六日《时报》)

自武汉起事,清廷方宣布罪己之诏,伪称真立宪,而北军炮击汉口观战居民,东南各省人民益形愤激,苏属士绅已屡次协议,决定宣告独立。正在推举代表谒见抚院。十四夜,有民军五十余人,由沪专车赴苏,先赴枫桥新军标营,宣告一切。共表同情。时至三下钟,新军各兵群向队官请领子弹,当时队官初未之允,嗣见各兵要求不散,遂即一律发给。至天明时,马队、步队、工程、辎重等队,先后进城,类皆袖缀白布。阊门及各处城关,一律派兵驻守。一面巡防营,一面民军,行人往来只准空身出入。民军进城之后,径往府辕请见,群相推戴,当经程中丞宣言,当此无可如何之际,此举未始不赞成,务必秋毫无犯,勿扰百姓云云。于是民军将江苏都督印呈进,中丞至此不得已而受之,遂连放九炮。一面旗杆上即将新旗高悬,文曰:"中华民国军政府江苏都督府兴汉安民。"至是时,则各门城墙均已高悬白旗。迨十下余钟,如观前街、阊门街以及道前街一带商店,类皆白旗招展,有书新汉大汉字样,或书光复。至午后,则住户人家,比比皆是。此以见清国人心已去,兵不血刃而自解也。

"江苏独立进行记"(同月十六十八日《时报》)

在沪资政院江苏议员雷奋、方远,咨议局苏属议员龚杰、狄葆贤、黄炎培等发起在江苏教育总会开会集议苏松常镇太自保方法。十五日下午四时,到会者共计百余人,推定姚子让君为临时主席。由黄任之君报告,谓今日开会宗旨,本谋自保方法,惟顷闻苏州已经独立,苏抚已允为民军政府江苏都督,则今日只须公举代表赴苏,请苏都督赶即宣布,一面并传檄常镇松太遵饬办理。众皆赞成。当推定苏府杨廷栋、沈恩孚,松府黄炎培、雷奋,常府钱以振、徐隽,镇府狄葆贤、仲志英,太属王熙元、许朝贵等十人,即于昨晚六点钟火车赴苏,十六日谒见程都督,述十五日在沪开会之意,众情推戴。程都督接见甚为和蔼,谓现既担此重大责任,处有进无退之势,且与全省士民共负保卫治安之责,誓与江苏共同生死云云。各代表亦以首先赞成独立之议,使地方人民无丝毫之损失,愿同心一德,共济艰难,并互商保卫乡土之策,乃兴辞而退。

德全既宣布独立,显有不相谅者,从而散布流言,情势岌岌。德全行所无事,一面去辫发为人民倡,一面收集院司各种印信,销毁于都督府大堂,万人共见,悠悠之口于以杜绝。

时苏省江南北各县,纷纷响应独立,独南京尚为张勋固守,顽强抵抗,德全乃以十月二日亲赴前敌督师,临行,发表誓师文如下:"盖闻托体国民,以拯救国亡为天职;抗颜人类,以主持人道为良能。本都督始以国民天职而举义旗,继以人类良能而诛残贼,事非得以,心实无他。盖本都督服国民公役有年矣。甫闻政事之日,已丁板荡之年,每鉴列强,略知政要。其日夜所希望,惟求改专制为立宪,使吾中华大国,得一位置于列强之间,万语千言,众闻共见。乃自缩短筹备清单,而好恶之拂民愈甚;组织责任内阁,而亲贵之私利尤多;凡诸立宪之要求,适增专制之罪恶。急而知悔,言岂由衷?观听徒淆,国家何赖?本都督,蜀人

也。不敢衔蜀人一隅之愤，而不能不恤全国胥溺之忧。自武昌首倡大义，凡有血气，云合影从。盖无不知欲求政体之廓清，端赖国体之变革。无汉无满，一视同仁。惟国惟民，各求在我。将泯亲疏贵贱为一大平等，即合行省藩属为一大共和。但有切实改革之诚，并无力征经营之意。从国民多数之心理，奠华夏后此之邦基。其所以从武汉之后而龟勉以救国亡者，如此而已。夫人即昧于大同之公理，拘于草昧之陈言，谓君主为天舆之淫威，谓臣民为一姓之奴隶，虽有愧国民之常识，亦何至为人道之深仇？乃近则张勋荼毒于江宁，远则铁忠冯国璋焚杀于汉口，生命财产，蹂躏天赋之人权，子女玉帛，餍妖凶人之涎吻。此岂目所忍睹，耳所愿闻？无论兄弟急难，父老颠危，凡属含生负气之伦，敢忘匍匐救丧之义？此则为人道所驱，不得已而诉之于武力者也。是以甘舍微躯，亲临前敌。我将士仗义而来，不惜赴汤蹈火；本都督拊膺而叹，何心饱食安居？共和为治理之最高，本无进退待商之余地，性命为有生所同具，止有安危与共之血诚。其可皦然号于有众者，舍死忘生之举，不过为胜残去杀之谋。非仇故君，非敌百姓，枕戈以待，鼓行而前，一举而歼张寇。肃清江南；再战而覆清都，长驱冀北；仗诸君热力，再造河山。是民国义师，咸遵纪律。肤功立奏，今为发轫之初，血气皆亲，是用掬心以示。布告将士，咸使闻之。"此文孟君森手草，为作者所亲见下笔。作者附志十二日，民军克复南京，人心大定。

三、癸丑年以后之程德全

民国二年三月二十日，宋教仁被刺于上海。时德全方督江苏，偕民政长应德闳穷鞫之结果，知主谋者大有人在，民党对袁世凯，盖不胜其愤愤，加以五国银行团大借款事，粤督胡汉民、赣督李烈钧、皖督柏文蔚通电攻讦，袁乃先发制人，立免三都督职，七月十二日，李烈钧遂在江西湖口宣布独立，至十五日而南京继之。

"述南京独立情形"（二年七月十九日《时报》）

独立前之情形。十四号夜，黄克强到宁，在柏烈武宅内召集南京各军官会议，多数赞成，宣告独立。有要塞总司令吴绍璘、第一师工程营长程凤章二人坚决反对，散会后，赞同之军官复集议，立派兵队至吴绍璘宅内，一面由电话告之吴云，都督派兵一排来保卫，其时为十五号天将明，吴尚卧，迨五时，兵已到，即在吴之内室，将吴枪毙。同时有兵一排，将工程营长程凤章拿获，当即枪毙。讲武堂副长蒲鉴亦在三牌楼拿获。约六时余，在下关火车站,将讲武堂正长朱先志及前师长陈懋修拿解都督府。约八时,南京各军官齐集都督府陈述一切,程德全闻吴、蒲、程三人枪毙,坚持人道主义,不肯杀戮,故朱先志、陈懋修等均得保全。遂集议独立一切布置。应德闳亦到会筹议。

独立宣布之情形。议至下午三时,决定由程德全主持全局,韩国钧、何承潾二人总参机要。通电各省取同意。以江苏都督名义,出示安民。又以江苏都督名义训令各机关照常办公,不得擅离职守,当即宣布黄克强为江苏讨袁总司令,柏烈武为安徽讨袁总司令。遂传檄第八师分兵一旅及第一师分兵一团,由津浦专车至徐州,会同冷籞秋第三师,阻止北兵南下。柏烈武亦赴皖北,以龚振鹏一旅兵为先锋,以抵敌倪嗣冲。又派八师各队,分布江南银行、财政司兑换处、信成银行、南京造币厂各财政要地守卫。宪兵警察彻夜通班逡巡,以防有盗匪煽惑,故地方甚安靖。南京人民心理鉴于临时政府时南北未统一前之景况,知目前无甚危险。至于举岑春煊为大元帅事,尚未宣布,须俟闽粤赣湘皖各省之议定。德全遂以十七日离宁赴沪。

"程都督莅沪情形"(二年七月十八日《时报》)

程雪楼君坚欲离宁赴沪,以各军官要求宣布独立后,支拄二日,精神疲苶,断不能治事,急须调养,黄兴及各军官再三挽留,甚至相率伏地痛哭。程君以此事事前不与见商,视若竖子不足与谋,今为维护地方秩序起见,目前应为之事,已一一为之,何必再留?此身行动自由,乃各人固有之权,苟一息尚存,今日必行。词气决绝异常,众始无言而起。某某两军官,则云,吾辈恨不能剖心见示,今日无论如何,必不能表明心迹,惟有将来自杀于都督之前,以赎今日之罪云云。程君遂于昨日夜车成行,章上钊等送至车站而别。既抵沪,通电如下:北京国会,政府,各省都督,民政长鉴:"德全自光复以来,日以调和南北感情为事,积诚未至,凤疚神明。自北军与赣军启衅,宁垣师旅,亦以中央素有畛域之见,经德全屡次陈说,终不能翳障一空。事势所迫,有触即发。本月十五日,驻宁第八师等各军官要求宣布独立,德全苦支两日,旧病剧发,刻难扯拄,本日来沪调治。默念国家大局,地方人民,对于各方面精神上之苦痛,无可言喻,仅此电达。程德全筱。"

德全既退隐,闭门诵佛,葺苏州木渎法云寺而居之。旋受戒于常州天宁寺,法名寂照。

程德全木渎法云寺记:

德全少时讽白虎通德论,"死之言澌,精气穷也"。吻昕寤而仰思。知大块载我以形,终将息我以死,大伤人之不可免于死,辄思不鹿鹿死。其后读宋明儒书,尤好高景逸之言,见高子从容死于止水,谓然叹曰:死得其道哉!顾于其说本无生死,则窃窃疑之,曰:此吾儒之言耶!何不类也?光绪庚子之岁,俄人侵黑龙江,黑之吏若民大震,中朝亦大震,俄人将攻省城,黑龙江将军使德全往阻俄师,德全入其垒,坦然据条约,白情势,力阻勿前,初不听,炮且发,德全急以身塞炮孔,意欲死其间,俄师乃止,而城获全。未及,俄廷强德全权将军,德全不可,俄人怒,胁之以兵,时会于江浒,江水莹然碧,顾而思曰:此吾师高子之时也。奋身入,目瞑而顶灭,俄人惊,力拯而出,转加敬礼焉。嗣复挟以走圣彼得堡,雨雪载途,毡车毳幕中,寒威中肌骨如划刃,自分必死,顾仍不死。其后持节屡历朔南,帅封疆,治军旅,遘辛亥、癸丑诸变,时时思得当以死,而卒不得可死之缘。匪死之艰,盖以死而无利于国,无益于民,吾虽贸大名以去,其实固无殊夫鹿鹿以死也。既致苏督,闭户上海,皈命世尊,发梵笑而寝馈之,乃知高子之言,实本释氏。蕺山虽为之辞,弗可讳也。于是洞明生死流转之故,吾人精气虽穷,而有不随之而穷者在。深叹前此之忽忽以生,复幸前此之未鹿鹿以死也。家居虽谢人事,终苦与嚣尘邻,且年殊六十,顾景恍然,甚欲于山颠水涯,求阿练若,为入三摩地便,久之,不得,今年仲夏,曾君影毫来告:苏州木渎有法云寺可让于异居士。偕来相度,幽寂适人。谓曾君曰:此吾未生净土前之化城也。以白金一千四百饼得之。略事修葺,遂足蔽风雨而待尽形寿于是矣。忆庚申岁,德全为楚泉禅师作募修苏州报国寺启,曾引彭允初募修木渎法云庵叙中语,不期越六年,斯寺竟归于吾,此中殆有夙缘耶!考寺建于明成化间,清同治罹兵灾,有宗懋禅师者,结茅原址,亦榜曰法云庵。弘德所蓄,神感斯通。忽有人自河道运大木至,登岸问法云寺,委木于师,檀供既备,因建今寺焉。寺云何以法云名,义弗可省。德全闻之,法云地者,以能大法智云,含众德水,蔽如空粗充满法身故,故名法云。此法云地修受用法乐智,成熟有情智;此法云地断诸法中未得自在,障彼大神通愚,悟入微细秘密愚;此法云地证业自在,所依真如;盖十地菩萨之事也。德全具缚凡夫,乌足语此?虽然,德全既发四弘誓以学佛,固将直趋佛地,则庸唯法云地,即金刚喻定现前,苟未至第二念弃舍四事解脱道起,吾视之犹化城也。自今以往,当被铠精进。其敢忽忽以生,鹿鹿以死哉!得法云寺之三月,云阳程德全记,实丙寅秋七月也。长沙丁传绅书。右文作后,德全旋于八月十六日受沙弥戒于常州天宁寺之法云坛,十七日进比丘戒,二十日圆菩萨大戒,法名寂照,追维旧事,如梦如幻,今吾非故吾矣。丙寅十二月,寂照识。

得戒之所,亦曰法云,巧合如是,滋足异矣。补识于此,以重因缘。寂照又记,在室四女世娴书。

民国十九年五月二十九日,德全以病殁于上海。遗命子孙毋得发赴开丧。以六月十六日埋骨于寒山寺旁半园,其所营生圹也。报纸犹有载其轶事者。

"程雪楼轶事"(十九年五月八日《新闻报》)

"程雪楼辞官解组,为沪上寓公者有年矣,日前一病不起,闻者惜之。先生讳德全,逊清时为我苏巡抚,称一时名吏。政余之暇,辟城南数十亩地为植物园,栽木叠阜,疏流列石,藉以与民同乐。又鉴于寒山寺遗迹之日就芜废,乃慨然斥巨赀葺之,故至今寺中尚留有先生手书之碑识,于唐张继一诗,同为来游者之所摩抚也。辛亥武昌起义,先生首先响应,白旗飘展,间阎不惊,苏人德之。因之童竖歌唱,亦皆争颂其功。犹忆某岁,苏城各校开联合运动会于王废基,先生舆车简从,前来参观,学校团体俱奏乐擎枪相迓,先生舍舆步行而入,举手为礼以答之。躯体侏短,足微跛,不良与行,而神采郎照,望之俨然也。先生为蜀中产,某岁,乡居,忽得匪讯,匪啸聚数十百人,皆挟有枪铳,知可计取而不可以力敌。及莅境,先生出而款接之,设宴于堂,以示诚意。匪等有恃无恐,竟来馋领,架枪于廷,而恣大嚼,数巡,先生故堕杯于地,伏匿两庑间之家丁闻号猝起,而夺其架枪。匪等失械,一一被击,其警捷有胆魄如此,洵非常人所得而及也。"本文事实及文件,悉根据人文社所藏史料。作者附志。

《寿程雪庵居士七十》——黄炎培

"黄鹤楼前江水飞,如瓦磬解存者稀。吴枫欲火不知冷,汹汹争掣梁公衣。我衔众命军门揖,早开英断赤帜立。其后瓜洲稍用兵,江南略定干戈戢,江南再告军符急,投箸有泪朱袍湿。公功在国德在民,万家生佛拜且泣。忆岁庚子黑水黑,严疆云压胡天墨。公无官守有天职,愿碎一身全万亿,六种震动日薄色,精诚直夺骄胡魄,有碑不共江山泐。七十年来饱苦辛,秋非秋兮春非春,尘尘万劫那可数,忍话开元白发人?公来为此一大事,舍身饲虎何足异?此身不坏金刚智,一杯一衲轩天地,长啸当门有虎眠,法云永护吴山寺。"

挽程雪庵居士联——黄炎培

此生了了,总为大事而来。庚子何心?辛亥何心?即癸丑亦何心?慈悲两字外,更无他念。

一切尘尘,尽逐流光以去。永康安在?南通安在?今云阳又安在?沧桑百变后,遂少人知。

近代江南督抚与程德全

辛亥革命时期江苏省的和平光复得力于"一绅一官"。"绅"即张謇所代表的东南文化精英,"官"即江苏巡抚程德全。广东、福建、安徽、浙江等省的情况与江苏基本相似,很多官员开始都参与到"和平光复"的新政权中,除了受到程德全这一榜样的影响之外,与近代东南地区地域文化的变化和影响也是分不开的。东南文化场域催生了晚清乃至辛亥的东南督抚总体开明的趋势,特别是东南文化的核心区域——江南,由于其精英文化积淀更为深厚,文化精英群体社会影响力更为强大,近代江南督抚受之影响,其整体开明性更为突出。这些都充分说明了:"不是人们的意识决定人们的存在,相反,是人们的存在决定人们的意识。"①尽管晚清江南督抚原来的政治意识背景迥异,但在进入江南这一特定的文化场域之后,受此场域中开放、重商、稳健、理性的文化特性影响,他们大部分走向了理性、务实、洋务、维新的改革之路,更有甚者如程德全则与时俱进地从"君主立宪"走向了"民主共和"。

一、东南文化场域中的两江督抚

近代江南文化场域除了传承了其地域文化中的重文、柔慧、理性、稳健、经世致用等特色之外,一个醒目的变化就是五口通商导致的西方文化的大规模进入,在这股强势的西方文化的浸润之下,不仅江南文化精英迅速地吸纳其科学、民主的新知识、新学术、新政治,而且民间的社会生活与文化习俗也发生了醒目的变化。据《郭嵩焘日记》载:"记乙卯年杭州见

---

① 马克思.政治经济学批判序言.转引自染寒冰编.历史学理论辑要[M].北京:中华书局,1982:10.

邵蕙西,语之曰:'往来江浙屡矣,今日始知其人心风俗,皆有折入夷之势。'蕙西请究其说,曰:西洋人重女,江浙人亦重女;西洋人好楼居,江浙人亦楼居;西洋人好游,江浙人亦好游;风俗人心皆急趋之。一代之兴,首定圆法,以转移天下货物,谓之国宝。江浙统而归之洋钱,上海商贾总汇,但知有洋钱而已,并不知有银钱。所用之洋钱且须申平,使驾出银钱之上。是国家制用之大经,皆暗移之洋人,此尤情势之显见者。"①西方社会习俗文化与银元在江南沿海大量涌现,正是世界近代一体化过程影响中国社会文化与经济发展变化的一个表现。这种影响随着洋务运动的兴起日益扩散,特别是洋务官员们在师夷长技的过程中,加速了西学与西技的引进,从而加快与加深了西方商业文化对江南以上海、宁波为中心的通商口岸及所属省份社会与文化的浸润。两者交相作用,互动影响,由之造成了江南场域文化与地方督抚的良性互动。在江南三省(江、浙、皖,当时安徽属两江总督管辖)之中,江苏因上海为洋务总汇之地,华洋杂处,鸦片战争后清政府设的南洋通商大臣又往往为两江总督兼任,所以,江苏的督抚往往成为江南乃至东南督抚的领袖人物。江南文化与两江督抚的互动,其实正是文化场域与其场域内之政治主官互动的一个典型。简要地搜索一下两江督抚群体在晚清政治上的行为,就可以清楚地看到在江南场域文化的影响之下,趋向洋务与维新新政乃至君主立宪是这个群体的共同特征。现据《清史稿》等资料将太平天国之后历任江苏督抚的简况列表如下:

姓名	职任	时间	出身	倾向	备注
曾国藩	两江总督	1862—1865,1866—1868,1870—1872	进士	洋务	7 年
李鸿章	两江总督	1865—1866	进士	洋务	1 年
马新贻	两江总督	1868—1870	进士	洋务	2 年
何璟	两江总督	1872.3—1872.11	进士	洋务	半年
张树声	两江总督	1872.11—1873.2	廪生	洋务	1.5 年
李宗羲	两江总督	1873.2—1875.1	举人	洋务	2 年

---

① 郭嵩焘.郭嵩焘日记(四)[M].长沙:湖南人民出版社,1983:455.

续表

姓名	职任	时间	出身	倾向	备注
刘坤一	两江总督	1875.1—1875.5, 1879.12—1881.10, 1890—1894.11, 1896.2—1899.12, 1900.5—1902.10	廪生	洋务	先后近12年之久
沈葆桢	两江总督	1875—1878.3, 1878.6—1879.12	进士	洋务	4年
吴元炳	两江总督	1878.3—1878.6	进士	洋务	3个月
左宗棠	两江总督	1881—1884	举人	洋务	3年
曾国荃	两江总督	1884—1887.8, 1887.10—1990.10	贡生	洋务	6年
裕禄	两江总督	1887.8—1887.10	监生	洋务	2个月
张之洞	两江总督	1894.11—1896.2	进士	洋务	1.5年
鹿传霖	两江总督	1899.12—1900.5	进士	洋务	半年
李有棻	两江总督	1902.10—1902.12	诸生	洋务	2个月
魏光焘	两江总督	1902.12—1904.8	厨工	立宪	1.5年
李兴锐	两江总督	1904.8—1904.10	诸生	洋务	2个月
周馥	两江总督	1904.10—1906.8	诸生	洋务、立宪	约2年
端方	两江总督	1906.8—1909.6	举人	立宪	3年
张人骏	两江总督	1909—1911.12	进士	守旧	2年
薛焕	巡抚	1860.6—1862.4	举人	洋务	约2年
李鸿章	巡抚	1862.4—1865.5	进士	洋务	3年余
刘郇膏	巡抚	1865.5—1866.5	进士	功将	1年
郭柏荫	巡抚	1866.5—1868.1	进士	洋务	约2年
丁日昌	巡抚	1868.1—1870.11,1875	诸生	洋务	2年余
张之万	巡抚	1870.11—1871.10	进士	洋务	1年
何璟	巡抚	1871.10—1872.7	进士	洋务	近1年
张树声	巡抚	1872.8—1874.10	廪生	洋务	2年余
吴元炳	巡抚	1874.10—1878.3, 1879.6—1881.6	进士	洋务	近6年
勒方锜	巡抚	1878.3—1879.6	举人		1年余

续表

姓名	职任	时间	出身	倾向	备注
黎培敬	巡抚	1879.6—1879.12	进士		3个月
卫荣光	巡抚	1879.12—1886.6	进士		6.5年
崧骏	巡抚	1886.6—1888.11	举人		2年余
刚毅	巡抚	1888.11—1889.2, 1889.10—1892.5	笔帖式	洋务	约3年
黄彭年	巡抚	1889.2—1889.10	进士	洋务	8个月
奎俊	巡抚	1892.5—1895.4, 1897.8—1898.6		洋务	4年
赵舒翘	巡抚	1895.4—1897.8	进士	洋务	3年余
德寿	巡抚	1898.6—1899.7, 1900.10—1901.2	举人	洋务	1.5年
鹿传霖	巡抚	1899.7—1900.10	进士	保守排外	1.5年
聂缉椝	巡抚	1901.2—1901.11	进士	洋务	9个月
恩寿	巡抚	1901.11—1904.5	进士	立宪	2.5年
端方	巡抚	1904.5—1905.1	举人	立宪	8个月
陆元鼎	巡抚	1905.1—1906.2	进士	洋务	1年
陈夔龙	巡抚	1906.2—1907.8	进士	洋务	1.5年
陈启泰	巡抚	1907.9—1909.6	进士	洋务	近1年
瑞澂	巡抚	1909.6—1909.11	贡生	立宪	5个月
宝棻	巡抚	1909.11—1910.3	生员	立宪	4个月
程德全	巡抚	1910.3—1911.11	廪生	立宪转革命	1.5年

　　从此表中可以看出,太平天国之后历任两江总督者共20人,任期3年以上者6人。其中刘坤一12年最长;曾国藩7年,曾国荃6年,沈葆桢4年,左宗棠、端方各3年。20人中除最后一任张人骏政治立场保守之外,其余几乎全部是湘淮系的洋务派;几个满族亲贵也是洋务派、立宪派,如端方、瑞澂等。历任巡抚28人,任期2年以上者11人,其中先后任过巡抚与总督者有李鸿章、何璟、鹿传霖、端方4人。他们若加上总督任期,则分别为4年、1.5年、2年、3.5年。去掉重复计算,则李鸿章可进入在江苏任职3年以上的省级官员。从1860年到清政府结束,半个世纪中,刘、曾(国藩)、曾(国荃)、沈、李、左、端这7个著名的洋务派、立宪派在江苏

主政 38 年。其他如丁日昌、张树声、聂缉椝等也都是洋务派中的著名人物。端方、瑞澂、周馥、魏光焘、程德全等都是清末新政中的立宪派,所以,清末两江督抚 44 人中,除了刚毅、张人骏、鹿传霖等人政治态度保守外,其余督抚都能适应历史潮流,主张洋务、维新、立宪。这里除了他们本身的文化结构与政治倾向之外,江南场域文化的影响自不待言。如赵舒翘,他在江苏巡抚任内,抵制日本租界扩充,上书清廷要求开办机器纺织业,是一个典型的洋务派。但调到北京后,在保守势力的包围之下,他又反对戊戌变法,特别是义和团运动期间,他明知义和团民不可靠,但在刚毅、慈禧太后的影响下,只好违心地提出招抚义和团成军的办法。结果,八国联军提出惩办"祸首"时,他成了首批被惩的对象。而如果他还在江苏,可能不致如此,很可能在场域文化及东南文化精英群体的影响下,与刘坤一等人一道参与到"东南互保"的行列中来。赵舒翘的起伏生死,令人信服地说明了文化场域对江苏督抚政治态度的影响是非常大的。

一个值得注意的现象是,在江南督抚群体中有很多力主改革者都是由当过上海道的地方官升任的。他们在上海接触到西学与西技,并接受了一定的西方政治文化,由此而锻炼出他们处理洋务以及外交方面的能力,最终升职为江苏督抚。如薛焕、丁日昌、聂缉椝、瑞澂等皆由上海道升任江苏巡抚。这也充分说明上海中外交融、开放务实的文化场域对江南督抚趋向洋务、立宪改革是有重大影响的。

从表中还可看出,江苏是中国精英文化积淀深厚之地,清廷中央在任命江苏督抚时也充分考虑到这一点,在清末 44 名江苏督抚中,进士有 22 名,为总体的 50%,举人 7 名,占 15.9%,二者合计 65.9%;生员 12 名,为总体的 27.3%。综合三者,共为 93.2%。没有生员以上功名的只有魏光焘与刚毅二人,奎俊虽未查到其是否有功名,但作为著名书法家,他受过很深的传统精英教育应当是可以肯定的。正是因为晚清江苏的督抚群体有着这样的教育背景,所以,他们才能与江南的文化精英一拍即合,保持着良好的私人关系,如张謇与刘坤一、张之洞、端方、瑞澂、聂缉椝、程德全等都保持着良好的私人关系。这种私人关系的形成有很大部分是建立在共同的科举出身、共同的儒家精英文化的价值观与操守之上的。江南督抚大多出身于科举,受过较好的儒家精英文化教育是他们的共同点,而江南又是儒家精英文化积淀最为深厚之地,所以,到江南文化场域中任职的督抚如同回到了文化的故乡,与江南文化精英的代表如张謇、汤寿潜、应德闳等能政见一致。儒家精英文化的实用理性精神使他们对于江南乃至东南正在引领国家与民族的文化发展有着共同的直接体悟,所以,他们就能对晚清政局中的很多事件采取共同的联合行动,如东南互保、清末新政、宪政改革,乃至辛亥革命的和平光复。台湾地区学者王树槐先生说:"自宪政运动以来,江苏省的督抚大多态度开明,主张立宪。张謇曾为魏光焘(光绪二十九年至三十年任两江总督)草拟立宪奏稿,虽未用,亦可见其态度。周馥(光绪三十年至三十二年署总督)与张之洞、袁世凯曾联衔请立宪。清廷派大臣出洋,端方即为其一,是清朝大臣中的开明人物,主张立宪。端方回国后接任两江总督,与张謇等深交情厚。接端方之职者为张人骏,虽为汉人,但反对立宪最力。光绪三十年后出任巡抚者,亦多赞成立宪。其中尤以程德全最力。"①其实,这种江苏督抚整体开明、趋新改革的现象不是在洋务运动时期才开始的,而是在清中叶江南商品经济迅猛发展之际就已萌发,陶澍、林则徐等都在两江督抚任内开启了盐政、漕运等改革,他们的这些改革与当时幕府中一批江南文化精英如包世臣、冯桂芬的谋划是分不开的。太平天国之役,江南文化精英在避难上海时,对西方文化有了进一步的了解,提出了"借师助剿"的谋略,并为湘淮军统帅曾国藩、李鸿章所吸纳,最后形成洋务运动,由此,江南"绅权大张",文化精英的话语权进一步张大,对江南督抚的影响也随之加深,江南督抚趋向洋务与新政改革由此形成风气。

江南文化场域的根本特点就在于江苏、上海、宁波是得风气之先,融东西方文明于一体之地,其开放性、包容性、实用性、经世致用之理性精神,使江南文化精英对新知识、新技术、新思想的接受较快,对世界一体化的发展趋势把握较好。江南督抚幕府中又聘有很多江南文化精英为幕僚、谋主,如冯桂芬、赵烈文、顾文彬、薛福成、盛宣怀、赵凤昌、张謇、汤寿潜、何嗣焜、应德闳等。这些幕僚、谋主的文化与政治倾向对江南督抚的影响是不言而喻的,他们往往成为江南场域文化对江南督抚影响的直接媒介,江南督抚的很多重大决策出于他们之手。而他们在为江南督抚所提供的这些谋划之中,除了有江南文化的内在要求之外,还有很多他们所代表的江南绅、商阶层的利益与追求。这些文化和社会的因素形成了江南场域文化、经济、社会与江南督抚群体的互动,在这个互动过程中,由于江南场域文化量大力强,江南督抚群体往往顺应这一文化的驱动,绝大部

---

① 王树槐.中国现代化的区域研究:江苏省(1860—1916)[M].中国台湾:"中央研究院"近代史研究所,1984:150.

分趋向洋务改革、新政维新。江南督抚中由之走出了很多中国近代著名的洋务、新政、立宪督抚人物,如曾国藩、李鸿章、左宗棠、丁日昌、刘坤一、张树声、聂缉椝、薛涣、端方、瑞澂、周馥、魏光焘、程德全等。

二、江南文化场域与程德全

程德全为重庆云阳一介贫穷书生,因缘际会,出将入相,表面上看似与江南文化场域没有很深的根源。其实不然,他与江南场域文化有着内在的极为深厚的关系。

据《云阳程氏家乘》所载,程德全家族是宋明理学大师程颐、程颢之族裔。南宋时"两夫子子孙亦从而南渡,居池州。再迁新安。而程氏女适朱氏者,一传得韦斋,再传为文公、正思、登庸、前村、月岩、徽庵、林隐,六先生者,又皆当代硕儒。朱氏胤嗣,而上求两夫子之道统。盖朱学原本于程学,而薪传有自也"。程朱理学不仅在学脉上相传承,在血缘上也有联属,薪传有自。前面说过,以程朱理学为集大成的"宋学"可以说是东南之学,它起于东南范仲淹创立的"苏湖之学",结于朱熹的"紫阳之学"。作为程朱理学的嫡系后代,程德全家族始终以"守司马之家风,绵伊川之世泽"①作为族内子弟教学的核心,在这种教育氛围中成长的程德全,自幼就与东南之学的"程朱理学"有着先天的文化脐带之联结。

(一) 家族教育中的经世致用之学

二程文化自宋末即成为中国儒家精英文化的主体,经其后传朱熹审定的《四书》更是明清科举的必读书。在科举盛行的江南,程朱理学更是积淀数百年,成为所有读书人的思想共识。程朱理学道德事功相并而用的理念,正是明末东林党人、清初顾炎武等所代表的江南文化的一个突出的特色,并成为程德全与江南场域文化内在对接的纽带。作为程氏后人的程德全,自幼"秉渊和蓄伊川之学",来到东南文化场域后更有如鱼得水、文化归乡之感,这也是他在江苏任职期间,不但与同为安徽迁来的苏州程氏竭力联宗认亲,而且还专门到夫人所在的扬州蜀冈、上海、苏州等地置办土地与房产,将江苏认为精神与实际的故乡的原因所在。同时,综观程德全一生的行政与为人,"二程"明德致用、道在政先的思想印痕是

---

① 程世模主修.云阳程氏家乘(卷二).重庆云阳档案馆藏.

十分明显的。

程德全以其一生的实践,践行了其远祖"二程""穷理然后足以致用"之思想。这一思想经东林党人、顾炎武等人的教育传播,在江南深入士子之心,晚清时龚自珍、魏源、林则徐、陶澍、曾国藩等再度宏扬,经世致用之学成为江南精英文化的主体核心。这一主体核心与程德全有着内在的文化渊源,这个内在的文化渊源起源于其"幼承庭训"的程朱之学的教育之中。

(二) 任职江苏前与江南文化的接触

程德全与江南文化的内在契合,除了因其家族内的教育与江南精英文化同出一源之外,还有一个很重要的原因就是程德全很早就与江南精英文化发生直接接触,其一生的发展与江南师友相助有着重要的关系。

清代任官实行回避制,即本地人不能任本地官。所以,江浙人到四川做官的很多。清代的县官又有一个很重要的职责,就是主持县里的童生考试,对于考取的生员每年还要进行学业测试,看其学业有无长进,而对于三年测试优秀的,县令可以推荐其为"贡生"进入北京国子监读书,这些学子再从国子监以贡生的身份参加会试。程德全就是循此路径到北京的,而推荐他入国子监的就是浙江名士叶尔恺的父亲叶庆浔。

沃丘仲子在《当代名人小传》"叶尔恺传"中写道:"父庆浔,官四川云阳令,因家于蜀"①。而且,叶庆浔不只是当一届云阳县令,而是当过三届。据民国二十四年编纂的《云阳县志·官师》上载,叶庆浔于同治十年(1870年)、光绪二年(1876年)、光绪十二年(1886年)年3次担任云阳县令。如果一届县令任期按3年算,则叶尔恺的父亲在云阳的任职时间至少在9年以上。正是在此期间的1887年程德全考上了秀才,所以,程德全应当是叶庆浔录取的生员,应该也是叶庆浔推荐他作为廪贡生到北京国子监读书的。1928年,程德全的弟弟与其争家产,在上海起诉程德全,其状纸说:"德固幼承父业,而德全则为儒,至二十八岁始青一衿,旋补廪生"②。程德全为1860年出生,28岁正是1887年。"旋补廪生",说明程德全在中秀才后不久就补了廪生,由此而到北京国子监读书。叶庆浔无疑是程德全的恩师。

---

① 沃丘仲子,沈云龙主编.当代名人小传(下)[M].新北:文海出版社,1986:143.
② 申报,1928-11-18.

叶庆洊长期在云阳任职,一段时间内其子叶尔恺亦随之在云阳家居。叶尔恺在民国三年(1914年)为程德全之父所作墓志铭中言:"向德全从先君子游,与尔恺交三十余年矣。"①由1914年上推30余年,应为1884年前后,即1876年与1886年叶庆洊在云阳二次任职期间。程德全从1875年即开始应郡试,至1887年"始青一衿",这段时间里不断地参加生员考试,与主持生员考试的县令叶庆洊发生交集是很自然的。叶庆洊之子叶尔恺与程德全年辈正相当,两人可谓总角之交。正因为有着这样的深厚友谊,所以,程德全在北京国子监读书期间,叶尔恺进京会试以及中了进士分到翰林院做编修时,都与程德全保持着友谊而常相往来。

叶尔恺家族是浙江世宦之家,有很深的江浙文化渊源。他不仅精于国学,同时受浙东学派的影响,注意"涉猎时务书",博古通今,融汇中西。特别是叶庆洊虽然在重庆安家,但叶尔恺的祖父、母亲还居住在浙江杭州仁和。叶尔恺也就经常往来于浙江、武汉、重庆数地,读万卷书与行万里路的结合使叶尔恺的文化视野十分开阔,对于正在兴起的西学与洋务有着更多的了解,也十分关心时局与世事,经世致用之心常溢于言表。如他在与浙江名士汪康年的函信中曾多次提到时局状况:"总理衙门传言日俄将构兵,俄人行文欲假道于我黑龙江,恐未能答应也";"南皮相国有悬车之意,继之者未知为谁,外间臆度钱、徐二公,枢处必得其一矣";"天下大乱之来,其先必由于是非混淆,赏罚不明……甲申以来,十年之内政事尤不可问,及至今日,溃败决裂,而当事诸公犹日日盼和,以为和议一定,可仍遂其泄沓之私,孰知三年之艾,蓄已无及哉!"②良好的家学渊源以及开阔的文化视野使叶尔恺与江浙诸多名士多有往来,尤其是与维新派人士汪康年、汤寿潜过往甚密。叶尔恺的思想与父游对于程德全的思想发展有着重大的影响。程德全在其《六十自述》中说:"住京三载,时与仁和叶君伯高等纵谈。谓有清发祥东省,今边事之亟亟若东省,因与搜罗记载,凡刊行者购阅,刊本难得者,重价购之钞本。如黑鞑事略、高丽秘史、耶律文正西游录等则手钞之,旋晤黑龙江旗人寿部郎山眉峰,咨方东事,寿公讶曰,君到过几次,何熟习乃尔。遂与订交,此为出关张本。"③由此可见,正是叶尔恺的指点,程德全才由通经致用而走向关心东三省史地知识,最后因此而得到寿山等旗人将领的重视,援引入幕,并经他们的迭次保举而

---

① 程世模主修.云阳程氏家乘(卷一).重庆云阳档案馆藏.
② 汪康年师友书札(三)[M].上海:上海古籍出版社,1987:2464、2456、2466-2467.
③ 程世模主修.云阳程氏家乘(卷二).重庆云阳档案馆藏.

逐步进入慈禧太后的视野，最后出将入相，由黑龙江将军而江苏巡抚。

程德全因叶尔恺之助而进入清末官场，同样，也是因叶尔恺之助，才与汪康年、汤寿潜等浙江名士建立了早期的联系。

叶尔恺与浙江名士汪康年是同乡，又是同时考上进士的同年，而且叶尔恺的婚事均由汪大力撮合，叶在光绪十六年（1890年）致汪的信中说："夫婚姻撮合，亦人事之常，而如兄之视弟事如己事，为之反复思维，为之统筹全局，实有弟所见不到者，非爱同手足，何以能此，寻常感谢之词，不敢上渎清听，少陵诗云同心不减骨内亲，似为兄之于弟咏也。——都中亲友如恒，沈氏昆仲（子承仍未出都，大约今年不去矣）及樾堂世叔、子修、博泉诸人均常见，经才、树侯、定孙均出都。"①由此信可见，叶与汪确是情同兄弟的知心朋友，这种友谊他们保持了一生。叶无论是在北京读书、为官，还是到陕西、云南为官，事前事后都要向汪通报，而他们通信中涉及最多的就是叶通过汪在上海购买各类新书与新报。而且汪康年有一个突出的长处，就是长于社交。其弟汪诒年称："先生好客，出于天性，在两湖书院时，凡名流客于张文襄者皆与纳交。其后设《时务报》于上海，则凡在上海之名人，于政治、学术、艺能、商业负有声誉与夫来上海者，无不踵门投刺求见。而先生亦无不迎候访问，夕则设宴以款之，相与谈天下大计，或咨其所长，或征求其所闻见，故于各地之人情风俗，与其人之性情品行，无不明了。尝手辑一书，取平日所见之人，分省隶录，并详著其所长，题曰：曹仓人物志。其留意人材如此。先生好客之名即著，故四方人士无不愿一见先生。"②正是由于汪康年的好客，叶尔恺的居中，程德全与汪康年、汤寿潜这批江南文化精英交往甚密。1908年3月，程德全卸黑龙江巡抚职告假回乡，成多禄与之偕行。据成多禄自订年谱所载："由京而沪，云车风舶，无不与俱，五月至上海，寓新闸路，与汤蛰仙（寿潜）时相往来，求共作谱序一首。六月，游普陀山，遍历诸胜，可二十日。八月，观潮，并游西湖，亦二十余日。"③《成多禄年谱》中只记了"与汤蛰仙（寿潜）时相往来"这一条，程德全在此数月中与江浙文化精英往来应还有不少。特别是汪康年作为一个报人，既与程德全谊同兄弟的叶尔恺相知，又是极爱社交之人，不会错过这个与程德全访谈的机会。可惜现在史料不足，只能存疑。

---

① 汪康年师友书札（三）[M]. 上海：上海古籍出版社，1987：2455.
② 章伯锋，顾亚主编. 近代稗海（12辑）[M]. 成都：四川人民出版社，1988：342.
③ 李树田主编. 成多禄集[M]. 长春：吉林文史出版社，1986：37.

除了叶尔恺、汪康年、汤寿潜之外,程德全在任黑龙江巡抚期间还与秋瑾的叔父秋桐豫有着十分融洽的上下级关系。秋家是绍兴师爷世家。秋瑾的父亲就先后在福建、湖南做过幕僚。秋桐豫也是幕僚出身,于1905年10月以"试署黑龙江分巡道兼按察使衔"在程德全手下任职。一年试署期满后,程德全给他的评语是:"查该员老成谙练,品学兼优,守己清廉,宅心公正。于江省兴举诸务,赞助尤多,任内亦无参罚处分,以之请补分巡道实缺。"清政府批复后,按程序秋桐豫应到北京吏部引见,但秋是程手下得力的部属,须臾不可离,所以程专门上奏说:"江省分巡道一缺,总司通省刑名,兼管驿站,有察吏安民之责,事务极为繁重,况江省设民官,事事草创,尤赖该道赞划一切。且现兼学务裁判商埠各要差,实难遽易生手,合无仰恳天恩,俯准该道秋桐豫暂缓赴部引见,出自逾格鸿施。"①由此奏可见,同有幕府出身经历的程、秋二人的合作十分默契,而程在与秋的合作过程中,对于江浙文化精英特有的幕府、师爷文化亦是有所熏染的。

程德全未到江苏任职之前,与江浙精英文化的往来还有一个途径,就是当时在江苏任职的一批川籍官员。按清代任官回避制度,很多川籍官员当时在江苏为官。据时任苏州元和县令的川人李超琼日记所载:"招蜀之在吴者共酌,来者十有六人";"同寅同乡之来与宴者计二十余人"②。虽然李超琼未说明来者的具体身份,但能被县令请来赴宴的,应当多为各级官员。李超琼对于程德全在庚子年的抗俄壮举早有所闻,所以,1908年程德全在上海寻医之际,李超琼亦专门拜访三次,据其日记所载:"初三日丁巳,阴小雨,辰间出城,谒前黑龙江巡抚云阳程雪楼中丞(德全)于法界之鸿发栈。见其两足不仁,步履甚艰,其请假尚系实情。与晤谈久之。于边徼治理之大端,颇皆得要。人谓其习尚骄傲,似亦不然。殆病后起居不便,致召疑谤谒。"程德全为《李紫璈大令年谱序》亦言:"合江李紫璈大令以举人官江苏。所至,民尊爱之。无贤不肖皆曰:'李侯真慈父母也。'及移他县,则攀辕卧辙以留之。虽久,思之勿衰。故言吴中循吏者必首称君。历八县皆然。光绪三十四年,余养疴上海,君时来过从。宣统二年,余抚江苏,君则先二年卒矣。身后萧条,遘负之状惨哉盖不忍闻。吴之民出其财而理之,得无累。于是叹遗爱之入人也远,吴人之风尚亦古今所希

---

① 李兴盛等编.程德全守江奏稿(外十九种,上)[M].哈尔滨:黑龙江人民出版社,1999:463、552.

② 苏州工业园区档案中心.李超琼日记[M].南京:江苏人民出版社,2012:6、7.

观也。逾年,上海姚君子让以君年谱见视,属为之辞。凡五十岁前皆君手述,其后十四年则杨君古酝续成之。余知君久,君之为治也,吾夙详焉。其视民如家人父子,置一身毁誉于度外,非必有绝特可异之行。而慈祥恺悌,息息以民心为心。遂令暴者以惕、儒者以立。仁气之煽,如病得苏。《书》曰:'如保赤子,心诚求之。'君有矣。年谱之作,盖本君之日记中,无甚高难行之论,一一皆入理而餍情。而义愤所激、则不平之气郁勃于行间,虽老而不改。倘所谓朝气耶?君处膏不润,其卒也,几无以为敛。公私亏耗至巨,上海士大夫呼号奔走,天下人皆谈之。今则刊君日记行于世。呜呼,廉吏不可为,此古者伤心之言也。"①在与李超琼的这段时相过从之中,程德全无形中增加了对江南文化场域的了解,特别是在李去世后,"身后萧条,逋负之状惨哉盖不忍闻。吴之民出其财而理之,得无累。于是叹遗爱之入人也远,吴人之风尚亦古今所希观也","上海士大夫呼号奔走,天下人皆谈之"。江南场域文化中的仁义、善良、不平则鸣、仗义疏财的文化特色给程德全留下了极深的印象。

(三)任职江苏后与江南文化精英的融合

由于与江南精英文化有着内在的精神联结,并与东南文化精英的代表人物有着多方面的联系,程德全对于江南文化精英的社会影响力了若指掌。他在1910年奉调为江苏巡抚时,就将与江南文化精英建立联系作为首要任务,最终与之融为一体,共同主持了辛亥革命时期苏州的和平光复。

程德全上任不久,即对江苏省内的绅、学、商、军、警各界做了一个调查,然后给清廷发了一个详尽的电文,他说:"苏省为吾国文明之中心点,不料开通愈早,腐败亦因而随之。兹将全之对待情形及现时状况,一一胪列如下:一,绅学界。士绅学界向占优胜地位,近来东西文明输入,而知识亦愈日新,加以张殿撰謇诸人为之导师,力加提倡,将来吾全国之教育模范,殆将取法于兹。——二,商界。此间出品以丝、米为大宗,近年来尤为发达。盖因商人资格甚高,半皆有学问而不愿为官者,时寓于此,讲求有素,故实业颇兴,如郑苏勘孝胥诸人之办理南洋劝业会是也。"可见,程德全对于江苏省绅、学、商三界评价是相当高的。这些评价不仅表达了程德全对于江南文化场域中绅、学、商一体主导地位的肯定,也表达了他对这

---

① 李超琼.李超琼日记(手稿).苏州工业园区档案管理中心藏.

些文化精英惺惺相惜的欣悦之情。相形之下,程德全对于江苏的军界官场则十分不满,认为是"腐败亦因而随之"的巢穴。"巡防。——兵弁遂得寅缘为奸,肆行无忌";"太湖水师。——专以通贼之为法,行扣额之习惯,因养成无数营混、无数流氓,水师遂不可问";"新成陆军。——虽属新编,已成暮气";"警界。——精神上且不论,形式上即已大难:有卧治者,有跛倚当街者,有吸鸦片及贪财钱者,种种怪象,不一而足";"官界。——宦途习气印于脑筋者太深。除升官发财外,无思想;除派厘调优外,无希望。虽其间有学识有经验者亦不乏人,而此等庸才实占多数,自应大加淘汰,一清政界而利进行"。① 这封长电文既是程德全的调查报告,也是他在江苏的施政大纲。他在江苏近两年的巡抚任内基本上就是按这个大纲而行,即极力结好与援引绅、商、学界,整顿军警官界;同时,通过结交援引江南文化精英主体的绅、学、商界,融入江南文化精英共同体,并在他们的帮助下,对江苏的军警官界痛加整顿,最终使整个军警官界出现了新的面貌,绝大部分军警官佐跟随程德全参与了苏州辛亥革命的和平光复。而为程德全援引并对其融入江南精英文化共同体起作用最大的则是张謇、应德闳等人。

作为东南文化精英的领袖,东南互保的主要策划人是张謇。虽然张謇在程德全任职苏州前没有见过他,但通过当时报纸的报道以及汤寿潜等人的介绍,对程德全的为人是有所了解的。所以,张謇后来对程德全的评价是:"清末督抚大多以贿赂进身,贪污昏庸,对于国势民情,全不了解。惟程德全在黑龙江时,以个人之肉体与帝俄时代沙皇军队之枪炮相抵拒,为俄人所惊矣,极得黑省人民之爱戴。自任江苏巡抚后,鉴于国势阽危,屡进忠告于清廷而不蒙采纳,实为清末督抚中仅有之好官。"② 从这段话可以看出张謇对程德全以个人肉体与沙俄枪炮相抵拒的爱国主义精神是极为钦服的,对程德全在江苏"屡进忠告于清廷而不蒙采纳"是同情的,并赞之为"实为清末督抚中仅有之好官"。程德全则称张謇为绅学界的导师,表明了对张的倾慕与向往。这种精神上的共鸣与向往为双方的合作、为程德全迅速地融入江南文化精英群体并获得支持奠定了坚实的基础。

宣统三年(1911年)正月二十日,张謇专程到苏州拜会程德全,是日

---

① 扬州师范学院历史系.辛亥革命江苏地区史料[M].南京:江苏人民出版社,1961:17-18.
② 刘厚生.张謇传记[M].上海:上海书店,1985:184.

在其《日记》中写道："赴苏州，诣程中丞"①，这是两人首次正式会晤。虽然双方未留下详细的谈话记录，却奠定了二人长期合作的基础。正如张謇的儿子张孝若后来回忆所言："（程德全）处处推重我父，有封信写着'昔子产治郑，虎帅以行。全之视公，后先同轨'的话。所以我父那时候将见得到的地方和应付措置的计划，尽量地向程公陈说，程公都容纳了立时照办。"②这段回忆说明张謇和程德全在政治上互相比较认同，甚至已融为一体。而这种融为一体的合作最突出地体现在立宪运动与苏州和平光复这两大政治事件上。

程德全甫到任江苏时，江苏地区的立宪运动开展得十分热烈，张謇作为预备立宪公会的会长和江苏谘议局的议长，接连数次倡议领导了以设立责任内阁、早开国会为号召的国会请愿活动。程德全素以革新自命，对立宪思想持支持态度，早在1907年黑龙江巡抚任上时就专门在《遵旨胪陈预备立宪办法折》中夹上《请速开国会片》，程在此片中说："今日舍国会外，更无联国家与人民合为一事之长策。上年厘定官制，王大臣所订资政院章程，用意最善。惟选举之途略狭，权责之寄太轻，是宜广选英贤，径开国会，以救时艰而支危局。"③正由于三年前程德全就有速开国会的奏请，所以，他对于张謇领导的国会请愿活动极力支持，到江苏任上甫及三月，即于宣统二年（1910年）九月二十三日联名全国十八督抚电奏清廷，要求责任内阁与国会尽快设立，这个由全国绝大部分督抚联名的上奏原是张謇与瑞澂等人商定的，程德全一来就继续力挺，这对张謇来说是一个极大的支持。正是在这种内外压力之下，清廷于1910年10月下诏宣布在宣统五年（1913年）开设国会。张謇在上海听到消息，对这一结果甚为欣慰，他以谘议局名义致电资政院："请愿有效，天恩高厚，感激涕零"，同时他也十分感激程德全对其国会请愿运动的支持，并曾对程等督抚的电奏予以高度评价，认为程德全等督抚的支持"大为切要"，又特意电谢程支援请愿。④这就是张謇在1911年春节刚过就专程到苏州拜会程德全的原因所在。

宪政改革，速开国会，设立责任内阁，这些都是程德全与江南文化精

---

① 张謇.日记.张謇全集（第六卷）[M].南京：江苏古籍出版社，1994：646.
② 张孝若.南通张季直先生传记[M].上海：中华书局，1930：163.
③ 李兴盛，马秀娟主编.程德全守江奏稿（外十九种）上[M].哈尔滨：黑龙江人民出版社，1999：582.
④ 张謇.日记.张謇全集（第六卷）[M].南京：江苏古籍出版社，1994：872.

英共同的政治追求。正是这种共同的政治追求使双方很快融为一体,在全国掀起了以速开国会为号召的宪政运动的高潮。但清王朝昏聩自用,将这些立宪派们亟亟以求的改革需求一推再推,使张謇、程德全这些立宪派官绅对之失去信心,而在革命风暴到来时,这些立宪派官绅就及时脱离了清政府这艘即将沉没的旧船,发动了苏州的和平光复。和平光复的基础正是建立在立宪运动中程德全与张謇集团的默契与配合的基础上的。

除了张謇外,应德闳是程德全到江苏后对之影响最大的江南文化精英。

应德闳(1876—1919年),字季中,浙江永康人。光绪丁酉年(1897年)举人。1902年因在江苏办赈出力,被奏保江苏候补道员仍留原省补用。1908年,出任淮安知府。应德闳虽然不是江苏人,但其父应宝时曾任江苏按察使兼布政使,为官清廉,颇有政绩,加之在苏任职多年,对江苏民政风情知之甚详,应德闳自幼随其父在苏州居住,耳濡目染,对江苏之文化习俗、官绅之掌故例案,烂熟于胸。程德全到江苏后,"以革新自命,与江督张人骏背道而驰,江苏之明达士绅,皆附于程……程好联络苏之知名士,应德闳在苏久,与士绅素有往来,故得左右此议"①。在程德全与江苏绅士的联结上,应德闳起到了穿针引线、铺桥筑路的作用。而且应德闳曾多年随苏藩司办理财政,对江苏省的财政情况十分熟悉,刚到苏省履新的程德全急需这样的人才协助,应德闳即成为程德全的左膀右臂,"政事悉委决于左右,左右亦能善相之"②。应德闳是程的左右中最为主要者之一,二人名为主属而谊若昆弟。

宣统三年(1911年)5月,江苏布政使陆钟琦擢升山西巡抚,藩司一职出缺,程德全即奏请应德闳署理。然此举却不符合清代的官场礼制,因应德闳虽已捐得补用知府,但尚未正式担任过这一实职。御史陈善同以擢升官吏不得违反旧制信用私人为由,严词弹劾程德全,致使程被清廷斥责,降二级留任处分,应德闳亦被参奏去任。这件事对应、程二人都是一个沉重的打击,程德全赏识应德闳的才干故而向清廷举荐重用,结果竟受到如此不公的处罚。"德全大忿,时出怨言"③,对清廷"以是遂衔之,形于

---

① 张国淦.辛亥革命史料[M].上海:龙门联合书局,1958:229.
② 扬州师范学院历史系.辛亥革命江苏地区史料[M].南京:江苏人民出版社,1961:395.
③ 政协江苏省文史委.辛亥江苏光复.江苏文史资料(第四十辑)[M].南京:江苏文史资料编辑部,1991:29.

词色"①。程德全对此案耿耿于怀,并不完全是个人意气,而是对清廷在国势危急正需不拘一格用人才之际还是恪守陈腐的祖宗成法,不予变通,反而给他这类出于公心奖掖人才之举予以处分的做法感到愤懑。程、应二人由此而对清廷产生离心,而这种离心正是江南文化精英从戊戌变法以来的一个大趋势,程与应是顺应这个趋势的后来者。

  江南场域文化中深厚的程朱理学积淀,使自幼受程学教育的程德全与之有着内在的契合,到江苏后,共同的宪政追求使他与张謇一见如故,二人推心置腹,互为帮助,在应德闳的穿针引线联络之下,"江苏之明达士绅,皆附于程"。正是在这种官绅一体的支持下,程德全方能不动声色地移步换形,以和平光复的方法完成苏州的辛亥革命。因此,可以说,和平光复这一辛亥革命模式的产生,其实是江南场域文化平和、柔慧、稳健、理性等内涵的要求。"苏民文弱畏兵祸,德全不杀一士,不发一弹,卒告光复之功,舆论多之,盖非偶然也"②。程德全、张謇以江南文化精英的内属性感知到吴地的政治需求,顺其势而为之。辛亥革命苏州和平光复的历史伟业即成就于这一江南场域文化与其精英代表——"一官一绅"的合作之中。

三、程德全与辛亥革命苏州和平光复

  程德全与江南场域文化有着多方的内在契结,在东北官场的多年历练使他为官十分谨慎,注重任前的调研。比如,他在由奉天巡抚调任江苏巡抚时,就特地绕道武昌,拜会前任瑞澂,请瑞澂为之介绍江苏省的有关情况。而瑞澂在江苏时就与张謇等立宪派关系融洽,在国会请愿与请设责任内阁两个方面与张謇有分工与合作。这也为程德全到江苏后迅速与江南文化精英融为一体做了铺垫。程德全在上任之后,积极支持以张謇等江南精英为首的国会请愿运动,积极参与锡良、瑞澂等领衔的十八省督抚联名上奏请开国会、设责任内阁的活动。虽然清廷迫于压力,宣布预备立宪的时间由9年缩为3年,但结果第二年又弄出了一个"皇族内阁"。"东南人望"张謇大失所望,在自订年谱中追忆说:"政府以海陆军政权及各部主要,均任亲贵,非祖制也;复不更事,举措乖张,全国为之解体。"③

---

 ① 李树田主编.成多禄集[M].长春:吉林文史出版社,1986:41.
 ② 扬州师范学院历史系.辛亥革命江苏地区史料[M].南京:江苏人民出版社,1961:395.
 ③ 张謇.啬翁自订年谱.张謇全集(第六卷)[M].南京:江苏古籍出版社,1994:968.

清王朝出尔反尔,违背祖制与君主立宪皇族不任阁员的通义,炮制出台的"皇族内阁"为天下人所诟病。清廷"举措乖张"的结果是为渊驱鱼、为丛驱雀,将立宪派驱入革命派的阵营,清廷乃"为之解体",辛亥革命因之而成功。

辛亥革命由败转胜、走向成功的转折点是上海与苏州的和平光复。在此之前是以武昌暴力革命的模式为主导,虽然取得了很大成绩,但在北洋军的进攻下,汉口、汉阳相继失守、武昌岌岌可危,北方太原失守,陕西受到东西夹攻。而苏州光复后,6天内东南五省响应,东南财赋之地尽为革命军所有,北洋军陷于饷源断绝、械弹不给的地步。苏州和平光复的统一战线模式更给袁世凯示以出路,在张謇等人的运作之下,袁系军队开始转向,最终迫使清帝逊位,辛亥革命得以收竟全功。

(一) 程德全是辛亥苏州和平光复的主导者

对于辛亥革命苏州和平光复的主导者,时人早有定论:"吴中领袖二氏,一官一绅,掀此巨浪,遂使天高高海滔滔之国乐,成为语谶。"[1]"官"即程德全,"绅"即张謇,而且这个排序也是十分准确的,"官"在前,"绅"在后,即以程德全为主,张謇为辅。前面说过,张謇在夏历8月24日去见张人骏时还劝张派兵援鄂平乱。赵凤昌在24日与黄炎培、雷奋、杨廷栋"密议拥袁组阁办法,派雷奋、杨廷栋往迎张謇"。张謇与他们会合后,态度发生改变,转而与他们商定代程德全起草要求清廷"速布宪法,开国会之议"的奏稿。26日张謇到上海与赵凤昌等人商议后,态度完全转变,开始在日记中转述"江宁自鄂来者,盛称革命军人之文明"[2]。与张謇相较,程德全的态度转变似乎更早一些。

"君主立宪"的主张程德全在1907年黑龙江巡抚任上就已向清廷提出。到江苏后他还是秉此理念,认真推行清末各项新政,积极支持张謇等预备立宪公会发起的国会请愿运动,并积极参与全国十八督抚的请开国会、设责任内阁的电奏。清廷最后勉强将9年的立宪预备期缩短为3年,张謇等江南文化精英虽然表示接受,但内中的一些激进者是不满意的,这种态度也影响了程德全。据从程德全任职黑龙江将军时就追随程、与之情同兄弟的程德全幕友成多禄追忆:"(1911年)春,复来江苏,默察幕中

---

[1] 扬州师范学院历史系.辛亥革命江苏地区史料[M].南京:江苏人民出版社,1961:81.
[2] 扬州师范学院历史系.辛亥革命江苏地区史料[M].南京:江苏人民出版社,1961:64.

气象大变,内则罗偕子良鉴、应季中德闳实倡新说,而李孚轩肇庆亦附和之;外则章驾时等勾通军界,革命之势遂成。"可见,程德全幕府内外的主要人物在辛亥年春即由对清廷失望而开始转向革命。清廷中的少年亲贵又因程德全欲提拔应德闳之事,给程以降二级处分,从而更加重了这种离心力。"五月,陆钟甫方伯钟琦擢山西巡抚,程中丞拟以应德闳署。德闳者,候补道也。资浅、疏入,朝廷以为不合,镌程公二级。以是衔之,形于词色。"这个看似偶然的事件,激起了程德全对清廷的离心,被人称为"腹有鳞甲"、深藏不露的他竟"形于词色"地对清廷表示不满,其失望之深可见一斑。"七月蜀乱,八月武汉事起。沪上绅商来苏者,排日踵相接,语密不可得闻。九月初,应德闳归自浙江,议乃定。然余不知也。于是,程公在幕府集议,以舣向背,诸人皆劝进,以为时不可失,其独立便。余独以君臣大义折之。众皆嘿然而散。"①成多禄追随程德全多年,而且终生保持友谊,他的这个回忆应当是可靠的。辛亥年九月初,程德全在"沪上绅商"与应德闳等人的影响下,决定脱离清廷策划独立。做事谨慎的程德全为此还专门召集手下幕友"在幕府集议,以舣向背"。结果是"诸人皆劝进,以为时不可失,其独立便",唯有成多禄"以君臣大义折之"。这个绝大多数人赞同的独立,在10余天后的9月14日就以和平光复的形式得以完成。

成多禄的这个回忆与叶昌炽辛亥9月14日日记中所载的:"旬日之前,即有人言□□(程德全)腹有鳞甲,深沉难测,里巷无知,亦有颂言。不讳恃以无恐者,鼓钟于宫声闻于外,今始知人言之非虚也。"②"旬日前"也即在9月4日左右,与成多禄的"九月初"正相吻合。而且,这样有一定规模的"幕府集议"是有可能泄露出去的,特别是参加者中还有一个持不同政见者——成多禄。但成多禄又与程德全谊同兄弟,所以,他不会很明确地传泄集议内容,而只能用"腹有鳞甲,深沉难测"这类模糊语言代之。

程德全在辛亥9月初议定转向共和独立之事,还可从其家庭教师钱伟卿在《谈程德全二三事》的回忆中得到证实:"在苏州光复前夜,程德全已和革命党有了联系,但幕外人都不知道,一天傍晚,他坐在抚衙花厅上,忽然赵尔丰的儿子来了。此人在苏州某学校任教师,发现了革命党的活动,遂来向程告密。程听话未竟,立即厉声呵斥说:'此地是什么地方?能

---

① 李树田主编.成多禄集[M].长春:吉林文史出版社,1986:41.
② 叶昌炽撰,王季烈编.缘督庐日记钞(四)[M].北京:北京图书馆出版社,2007:224-225.

容许你这样胡说八道吗?'说罢即举茶送客,赵狼狈而去。程平时很少疾言厉色,我还是初次碰到他这样发怒哩。"①上述三人,身份不同,与程德全亲疏不一,但他们都从不同的角度回忆、证实了程德全早在辛亥年9月初就下定了转向革命的决心。这一点还可以通过他截留南京所借的军饷予以证实。"两江总督张人骏,因宁库缺饷,向苏库电借三十万以应急需,苏藩左孝同已允拨,被程德全截留,且将左面斥。因其时之程德全,表面虽与清廷敷衍,实际上对清廷早已表示不满。"②截留这部分饷银对于辛亥革命的意义是非常重大的,不仅使南京张人骏、张勋因缺乏军饷而兵不愿战,更重要的是还为程德全在苏州和平光复后组建江浙联军准备了充足的军饷,为新生的革命政权准备了财政基础。

综上所述,程德全是在上海与苏州和平光复的"旬日前"就做好了独立、光复的准备,而不是像有些研究者所说的"直到上海起义,程德全还妄想在共和和帝制之间,寻找一个可以'自保'的过渡办法。11月4日,苏州部分绅商从维护自身利益出发,先后游说程德全'自保免祸',程德全同意并命孔昭晋草自保条件"③。像这类把程德全转向革命的时间放在上海起义之后,以此来论证程德全是被形势所迫不得已而革命的论点很多,他们往往忽视了程德全一向谨慎,在如此重大的事情上,不可能事前没有谋划而仅在一天之内就迫于形势匆匆忙忙宣布反正。这不仅低估了程德全的个人胆略(须知他在10年前还是置生死于度外,以身屏俄军炮口,并投水自杀而不被俄军的胁迫所屈的),而且也低估了江南场域文化熏陶下成长的精英们的政治智慧。江南文化精英历来以精明、谨慎著称,没有充分的准备与酌量,他们是不会轻易去游说程德全的,因为这样做有因失言而丧失身家性命的危险。

程德全的幡然转向以及上海、苏州的绅商和文化精英先后向程德全游说,其实有一个很重要的原因就是他们曾经在10年前成功导演了一次"东南互保",对清廷宣布过一次事实上的独立。所以,这次"已拟援照庚子例,创自保之策"④。但不同于东南互保的是,此次已有"共和"这一新的"名"足以号召全国,并争取世界承认,完全不需要清王朝这个腐朽的旧"名"了。所以,这次江苏的和平独立形式与东南互保有相似之处,而精神迥异。

---

① 扬州师范学院历史系.辛亥革命江苏地区史料[M].南京:江苏人民出版社,1961:125.
② 政协苏州文史委编.苏州文史资料(1-5):88.
③ 吴忉.浅论有关江苏都督程德全的几个问题[J].南京师范大学学报,1989(2).
④ 扬州师范学院历史系.辛亥革命江苏地区史料[M].南京:江苏人民出版社,1961:87.

（二）"尽人理"，先礼后兵

程德全出身布衣而受清廷特别之拔擢，成为第一个汉人黑龙江将军，后又任江苏巡抚，他与张謇一样，是受清廷的"国恩"的。虽然，清廷的倒行逆施使他们对清廷丧失信心，但他们还是无法像革命派一样，直接拉下脸面与清廷刀兵相见。而且，这样做也不符合他们自幼所受的儒家教育之"君臣大义"、"朝廷即国家"的理念。即如1910年9月21日张謇在杭州与友人谈话时，其友人说："以政府社会各方面之见象观之，国不亡，无天理"；张謇回答说："我辈尚在，而不为设一策，至坐观其亡，无人理。"①由这段对话可以看出，张謇他们还是将国家与清廷等而视之的，并要以"尽人理"之道德责任感来挽救清廷。这就是张謇在立宪运动中全力以赴发起国会请愿运动的驱动力所在。程德全与张謇在这一点上是息息相通的。所以，无论是在黑龙江、奉天，还是到江苏后，他也是倾全力推进立宪运动，将之作为挽救清廷的唯一救死急着。但清廷却是"天大军国事，飘瓦当儿戏"，公然违背宪政原则与清廷祖制，搞出一个皇族内阁，迫使立宪派与之离心离德。但立宪派毕竟不是革命派，他们虽然对清廷极度不满，也只是将这种不满通过报章与奏折表示出来，从没想过以暴力去推翻清政权。这也就是张謇在得知武昌起义后还建议安徽巡抚朱家宝、两江总督张人骏出兵平叛的原因。虽然程德全看到了清廷的不可救药，但他还是与张謇一样，准备对清廷尽最后一份"人理"，以尽他的臣子之节。

辛亥年9月25日，张謇、杨廷栋、雷奋三人在苏州旅舍内为程德全起草上清廷的奏折，此奏折由程德全联合热河都统溥頲、山东巡抚孙宝琦会衔上奏，其文首先对武昌起义后的危局做了铺陈："窃自川乱未平，鄂难继作，将士携贰，官吏逃亡。鹤唳风声，警闻四播，沿江各省，处处戒严。——失所之民，穷而思乱，止无可止，防不胜防。沸羹之势将成，曲突之谋已晚。"造成这种危局的原因就在于："惟是筹备宪政以来，立法施行，名实既不尽符，而内阁成立后，行政用人，举措尤多失当。在当事或亦有操纵为国之思，在人民但见有权利不平之迹。志士由此灰心，奸邻从而煽动。于是政治革命之说，一变而为种族革命之狂，而蓄祸乃烈火矣。"挽

---

① 张謇.张謇日记(二十三册,宣统元年九月二十一日)[M].南京:江苏人民出版社，1962.

救危局的办法只有:"先将现任亲贵内阁解职,——然后定期告庙誓民,提前宣布宪法,与天下更始。"此奏之后,程德全又让幕僚沈友卿、罗良鉴、应德闳分别起草了三份奏折,力劝清廷解散皇族内阁,提前宣布宪法,然而程的"反复敷陈,卒不见听。……岂天不悔祸?抑吾之诚不足以感人也"。清廷"天不悔祸",程德全、张謇等人在"人理"、"臣节"已尽的情况下,不得不转向顺应人心民意,而投向共和。

程的这一"反复敷陈",虽然因为清廷"卒不见听",但程德全却向全国、向清廷内外表示他尽到了最大的"人理"与"臣节";清廷中央权贵"天不悔祸"的顽固面目暴露在世人面前,程德全由此表明他恪守传统文化之道德规范,做到了"臣节无亏",从而争取到文化与道德的主动权与话语权。所以,在后来"清史馆某君议以云阳入叛臣传,南中某大府亦谓辛亥之役,云阳臣节有亏。乙卯(1915年)政变,两人皆与劝进。今展此卷,怆然欲绝"①。参与为程德全起草奏折的杨廷栋、雷奋、应德闳、张謇等人就将杨所保存的第一份奏折原稿拿出来裱糊传世,并纷纷在上面题诗作词,在反驳这些程德全"臣节有亏"的说辞的同时,讽刺"某君、某大府"在袁世凯称帝时觍颜上书劝进。两相对比,程德全与他的盟友们是切切实实为清廷"尽人理"。而清廷如"聋虫不能聪,狂夫不能智","绝天天绝之",但"生民不能尽",素有以民为本儒家理念的程德全只能由向清廷尽忠而不被采纳转向为"生民"尽忠了,饱受中国传统文化"民为贵,社稷次之,君为轻"教育的程德全只能做如此选择。

在向清廷连上四奏而被拒之后,程德全不仅取得了政治上与文化上的主动权,而且,他的反复奏陈而清廷拒不采纳,恰恰暴露了清廷"天不悔祸",没有改过自新的决心与诚意,从而不仅为程德全转向共和争取到了社会上的广泛同情与支持,而且也造成了清廷在道德与文化上的孤立,从文化与道德的层面撼动了清廷的统治。正如袁世凯对其幕僚张一麐等人所言:"诸位懂拔树方法么?几百年大树,专用猛力,虽折断,无法去根。只有左右'晃'的一法。'晃''晃'之不已,根土松动,全根一拔即起。我的军队忽进忽退,就是'晃'的一法。"②应当说袁世凯此言是颇有见地的,也是十分有效的。程德全的连上四疏,其实也和袁世凯的"晃"法类似。只不过袁世凯是用军队的忽进忽退来"晃",而程德全是用文字奏折来"晃",

---

① 黄炎培.辛亥革命史中之一人——程德全[J].人文月刊,1930(1).
② 黄炎培.八十年来[M].北京:文史资料出版社,1982:58.

经此四疏的四"晃",清廷中央冥顽不灵的本质暴露无遗,所有心存幻想的立宪派官绅全部与之离心而走向革命。这既是程德全政治智慧和谋略的显现,同时更为苏州的和平光复争取到了东南督抚群体的理解与同情。

(三) 官绅一体,创建共和

1. 官乎? 绅乎?

在关于程德全与苏州和平光复的研究中,有的学者提出:"评论程德全必须从程德全的实际出发,即必须从旧官僚的身份,从游移于革命与反动之间的旧官僚特点出发,离开这个基本点是难以做出正确评价的。"① 其实以"旧官僚"作为"基本点"来评价程德全是无法自圆其说的。因为该文是涵盖了程德全辛亥革命直至反对"二次革命"的全过程。程德全在辛亥革命前是"旧官僚"固然不假,但革命后他就是革命政府的江苏都督、南京临时政府的内政部长,怎么还能称之为"旧官僚"呢? 此时他的身份应当是"革命干部",或者是"民国元勋"才符合实际。所以,用"旧官僚"作为评价程德全的"基本点"其实是有违实际的。而且,官僚或公务员只是一个职业,特别是清朝的官僚体制具有很大的开放性,科举入仕后可以去做官,也可以辞官不做去为绅,如苏州的潘祖谦、尤先甲等。同时,清代的官员并不是终身制的,而是经常会遭遇撤职、罢免,或辞官,或守制,或由官转幕,或由幕转官,等等。如冯桂芬、俞樾、潘祖谦、汤寿潜等很多人仅任过短期的官职后就弃官为绅了。即使很多人在历史事件发生时是居于官的位置,如谭嗣同、杨锐等死时是四品军机章京,但能说他们是"旧官僚"吗? "维新志士"才是历史给予他们的正确评价。所以,评价历史人物的"基本点",不应当只根据他曾经担任过的职务,而应当考察他整个历史生涯中的言与行。由此,评价程德全在辛亥革命时期的"基本点",就不应当以他在革命时的职业是"旧官僚"为依据,而应当看他在辛亥革命苏州和平光复这个历史巨大转折点上的言与行。特别是"二次革命"时,程德全已是革命政权下的江苏省都督,此时,他已不再是旧官僚,而是与革命派黄兴、黄炎培等合作无间的革命战友。他与黄兴都主张对宋教仁遇刺案循法律程序解决,都不赞同孙中山武力讨袁的计划。虽然黄兴最后迫于孙的压力而发动了南京起义,南京起义时黄兴也迫使程德

---

① 李茂高,廖志豪.江苏光复与程德全.纪念辛亥革命七十周年学术论文集(下)[M].北京:中华书局,1983:98.

全附从,并将程德全列名其上;虽然后来黄兴出于私谊放程德全去上海治病,程德全到上海后发表声明,对南京起义明确表示不赞成,并布置苏州等地对南京的警戒,但在这些问题上,程德全与东南文化精英、立宪派张謇和汤寿潜乃至梁启超、蔡锷等都是一致的,为什么对他们与对程德全的评价就不一样呢?为什么就一定要将"旧官僚"作为程德全历史评价的"基本点"呢?

就程德全的人生而言,他的官场生涯其实并不长,直到庚子后的癸丑年(1903年)12月初经慈禧太后接见后"署理齐齐哈尔副都统",才算正式有了"旧官僚"的身份,到辛亥革命前一共也只有9年时间,除去其中因病辞官回家省亲1年,其实际担任旧官僚的时间仅有8年。辛亥革命时程德全已年届51岁,其自18岁起就与父亲一道从事塾师之职,直到28岁进京,京城3年是边做塾师边读书,然后是10余年的幕府生涯,所以,8年为官时间其实只占了其成年生涯的四分之一。其成年后的大部分时间是做塾师与幕僚,是一个下中层绅士,这才应当是评论程德全的一个"基本点"。正是这样一个"基本点"决定了他与张謇、汤寿潜等东南文化精英有着内在的契合,更是程德全在政治上与张謇所代表的江南文化精英站在同一条战线上,为立宪运动、和平光复而共同战斗的基础。程德全职业生涯的主体是"绅"而不是"官",这才是符合历史实际的。

程德全职业生涯中也确实任过8年"旧官僚"。官僚作为一个职业群体,有其内在的规则与潜规则,也有其特定的利益与特定的文化。但清代的官僚绝大部分是科举士人出任,加上官职的非终身制,所以在官与绅之间其实也没有明确的分界线,"出则为官,退则为绅"是一种社会常态。在这种常态之中,是官僚习气,还是绅士风度,在不同的个体中有着鲜明而不同的表现。一般说来,官宦家庭之出身者,即所谓的"官二代",由于自幼浸染,官场习气往往较浓,如袁世凯、岑春煊等人;而一般出身贫寒通过勤耕苦读而得以出身者,往往能保持贫穷士子之本色,对下层百姓疾苦有所了解,并能真心实意地以民生为命,曾国藩、程德全即属此一类。

正由于程德全能始终保持其贫士之本色,所以他无论是建牙黑龙江,还是任职江苏,其贫士之"基本点"未改。"中丞之居官也,一以长者之道行之。退食之余,恒淡泊自安。曾不以进退萦其怀,亦不以富贵移其志";"性沉厚忠勤,日坐公厅治事,事无巨细,必集僚属反复讨论,有来谒者必见,见必深谈,委曲详尽,虽终日不厌。其待僚属也务积诚相感,以故人皆用命。或事有不如意者,无疾言厉色,必沉思以究其所以然。往往中宵不寐,甚至失眠。僚属劝其节劳,公笑颔之,而勤劬如故"。① 证之前述的程德全家庭教师钱伟卿所言"程平时很少疾言厉色",应当说,程德全为人处事其官气还是比较少的,贫苦读书人的本色——谦虚谨慎、平易近人、"沉厚忠勤"的作风十分鲜明。

当然,由于官场有其特定的文化氛围与各项制度的约束,担任官职者与不担任官职者,虽同是科举出身,在很多方面却有着很大的不同。判断他们是代表"旧官僚"还是代表"新士绅",应当从其所言所行是代表国家政府"旧官僚"体系的利益,还是代表社会民众的领导者"新士绅"群体的利益这样一个根本点上进行评判,因为官是政府雇员,是应当代表政府说话的;绅为四民之首,是社会的代表,特别是近代的新士绅,他们往往是代表社会上正在兴起的绅商阶层的利益而发言的。由于中国传统社会,道统、王统、族统的三维共构,政府将儒家爱民、保民、以民为本的仁政作为执政合法性的基础,所以,在很多场合,官员们就可以以圣贤之论理直气壮地对政府的作为进行抨击,从而站在社会与民众的一面,海瑞、林则徐等历史上的"清官"基本都是如此。他们此时职务上虽然也是官,但实际上站的是"绅"的立场,即中国文化精英的立场。这个立场最鲜明的标准就是范仲淹的名言:"先天下之忧而忧,后天下之乐而乐。"以此标准衡量程德全的一生,应当说"绅"——由下层绅士上升到上层绅士,才是程德全的"基本点"。正是有着这样一个基本点,所以,他在黑龙江时能得到宋小濂、成多禄、徐鼐霖、秋桐豫等名士的鼎力相助;到江苏后,"盖努力以从吴中士大夫之后,则吴中之衰废或可振也;努力以从天下士大夫之后,则天下之衰废或可振也"②。显然,程德全是以吴中与天下士大夫之向背为执政之圭臬的,所以他能很快得到应德闳、罗良鉴、张謇等江南文化精英的全力支持,特别是与张謇惺惺相惜,联为一体,实现了官与绅的合一,最终联手完成了辛亥革命苏州的和平光复。

2. 程、张联手,官绅一体,巩固政权

程德全虽然是辛亥革命苏州和平光复的主导者,但他毕竟到苏州不到两年,地方根基不牢。特别是江苏地区素为人文渊薮,绅士群体大,社会影响力强,而且往往绅而兼商,具有其他地方所没有的经济实力。所

---

① 程世模主修.云阳程氏家乘(卷二).重庆云阳档案馆藏.
② 程德全.重修寒山寺碑记.性空主编.寒山寺志(卷二).寒山寺藏.

以,在江苏为官者,往往十分注意与地方绅士的关系。这也是程德全到江苏后好交结名士并重用应德闳、罗良鉴等士人的原因所在。江苏绅士的领袖就是有"东南人望"之称的张謇。通过对立宪运动、国会请愿运动的全力支持,程德全与张謇建立了相互理解与支持的官绅联盟。辛亥革命前后,不但张謇本人与程时相磋商,其夹袋中的人物——黄炎培、史量才、雷奋、杨廷栋、张一麐、沈恩孚、朱叔源、毛经畴、李平书、陈光甫、虞洽卿等也络绎不绝地穿梭来往于上海"息楼"、"惜荫楼"与程德全抚署之间,"排日踵相接"。正是在双方的这种密切沟通与协调之下,程德全才"有恃无恐"地宣布苏州和平光复。"程都督就职后,委任顾忠琛为江苏都督府参谋厅厅长、张謇(季直)为民政司长、应德闳为财政司长、黄炎培为教育司司长、伍廷芳(秩庸)为交涉司长。上海息楼人士为程罗致的不少。"①此时的张謇人虽不在苏州,但他的影响力通过其麾下的"息楼人士"而影响到程德全都督府中的各个方面。

苏州的"和平光复"相对武昌首义的暴力革命而言,官得以保全生命,绅得以保全财产,民得以安居乐业。素以改良主义、社会秩序为重的张謇在欣慰之余大发感慨:"各省举义尽民党,官与民龃龉多纷扰,独苏以行政长官顺民欲,仗义反正,势顺事举,庞吠不惊。"②张謇因此而与他心目中"清末督抚中仅有的好官"——程德全进一步密切合作,利用自己在全国的影响,特别是与袁世凯的历史关系,而极力将这一"和平光复"的非暴力革命模式推向全国,最终在全国范围内实现了"官绅合作",迫使清帝逊位,辛亥革命收竟全功。

革命通常有两个阶段,前一阶段为夺取政权,后一阶段为巩固政权。程德全在夺取政权的和平光复中得到以张謇为首的江苏文化精英集团的通力合作,这也是程德全在革命成功后的都督府人员任命中大量罗致"息楼人士"的原因所在。同样,在江苏新政权的巩固中,程德全也得到了张謇的通力支持。

苏州"和平光复"后,程德全与张謇开始联手应对新的革命形势。在都督府成立之初,程即请张謇出任民政部部长,由于此时南通尚未反正,故张謇先回到南通策划,11月8日南通和平光复。此后张謇就与程德全开始努力争取袁世凯反正。11月13日,张謇与程德全联名起草《进说袁

---

① 吴和士.辛亥革命苏州光复小记.政协苏州文史委编.苏州文史资料(第1-5合辑)[M].苏州:1990.

② 扬州师范学院历史系.辛亥革命江苏地区史料[M].南京:江苏人民出版社,1961:55.

世凯》的密信,派杨廷栋专程北上前往说服袁世凯反正、拥护共和。文中言道:"謇持立宪之说十年,上疑而下阻;德全上改政之疏不一,一笑而百非……德全固无所施,即謇夙昔主张,亦无容喙之地。其必趋于共和者,盖势使然矣。"①信中表示期望袁世凯实践诺言,以民意为依归,转向共和,成为中国的华盛顿。

与此同时,刚刚光复的江苏各地形势复杂,政局不统一。程德全在苏州虽号称江苏都督,但上海、镇江、江北各有都督,常州、无锡、松江、扬州各有军政府,南京尚在张勋手中。统一全省行政、收复南京成为江苏革命新政权的当务之急,而这又牵涉到全省绅士立宪派群体与革命派两大群体的联结。为此,程德全急电向张謇求援:"弟勉力支撑,现已告竭;公迟迟其行,如有破裂,不敢任咎。祈速命驾前来,即日交代,得公镇抚,不唯各方面疑团解决,且须速商各都督推举临时大总统,方于时局有裨。弟忍死以待,迟恐不及,不忍多言。"②张謇得信后即运用自身的影响力予以全力支持,于两日后运作"苏人组织临时议会,保守秩序。与汤寿潜、熊希龄、赵凤昌合电张家口商会转内外蒙古,赞成共和,复电照允"③。此电在为江苏新政权取得合法性确认、获得社会各界支持的同时,还直接向清廷的后背——内外蒙古做策反工作,使清廷内外受敌,从而减少了江苏新政权军事与心理的压力。

张謇对程德全最大的支持就是他利用自身的声望与议会议长的影响力,为程德全统一江苏山头林立的分裂局面做出了独特的贡献。江苏在清代就是南京与苏州督、抚分治,清末短期试行过苏北设省却旋即失败。辛亥革命造成江苏境内不同的政治势力相继崛起,形成了沪、淞、镇、扬、苏几处都督府并列的现象。其中镇江都督府林述庆因军队建制完整,战斗力强,对于其他几处都督府均未放在眼中,说服林述庆遂成为当时江苏政局中最为突出的问题。

镇江独立前,镇江旗兵原拟与新军林述庆部交战,"在南门城堞上,架置大炮数尊,以标营(新军九镇三十五标)为射击目标"。苏州和平光复后,在镇江旗兵枪械、粮饷后路已断的情况下,旗兵都统载穆被迫投降。"述庆遂立镇江军政分府,翌日,载穆自缢死,旗兵悉降。适程德全檄至,

---

① 杨立强等.张謇存稿[M].上海:上海人民出版社,1987:20.
② 转引自朱宗震.程德全——辛亥反正第一人[J].各界.2011(6):77.
③ 张謇.啬翁自订年谱.扬州师范学院历史系.辛亥革命江苏地区史料[M].南京:江苏人民出版社,1961:64.

使归节制,述庆怒曰:'德全衰朽无能,因人成事,余岂下人者,乃蔑视余耶!'碎裂来檄,自称镇江都督。"林述庆不仅不接受江苏省都督程德全的"节制",而且,对其老上司、原新军九镇统制、被起义各方推为江浙联军总司令的徐绍桢也不服从。"林述庆即建号镇江都督,所部镇军颇不愿受总司令调遣,表面虽无简言,而隐怀则殊切反对。九月初二三日(应为农历九月二十三日),浙苏各军均陆续赴战地,独镇军谓军备未完全,延不赴调。"徐绍桢无奈,"力辞总司令重任,乃有改举程德全为总司令,以绍桢副之议。德全自谓无军事学识,通电力辞,但允亲赴前线抚慰各军"。9月26日林述庆记"接雪楼电报如左:'林都督鉴,有电均悉。军事紧急,饷糈极关重要,无论镇、沪、苏、浙,自应合力通筹,支持全局。苏财虽窘,现于给本军外,拟勉筹银洋二万元,暂时接济,容再随时筹助。军情仍乞随时见告'";"德全于(十月)初二日由苏州乘坐专车先到丹阳,慰视留丹苏军,初三日乘车至镇江,达龙潭尧化门一带,派员慰劳各军"。程德全的大度与军饷慰劳使林述庆对程转变了态度,初六发电"丹阳程都督鉴。昨日得晤荆州,生平愿慰,敌情益迫,述庆拟亲率镇军攻宁,——我公统筹全局,必能速赐施行";"述庆行后,镇江未免恐慌,我公威望素著,借重不时前临巡视为感谢。又后方诸事,悬公一并照料"。林述庆对程德全前倨后恭,除了被程德全宽容大度的人格感动外,主要是军饷依赖,所以要程"不时前临巡视"。林述庆对无兵无财的徐绍桢则始终心存芥蒂,故在(公历)12月2日攻下南京后自命临时都督,"住于督署花园大洋房内,所部镇军分点各房屋,俱满。总司令部后到,各部人员几无立足之地"。徐绍桢只得再次辞职。12月3日"复得上海都督(陈其美)复电曰:'南京联军总司令徐鉴:文电翻译。我公功成身退,高义可风,惟鄂难正炽,北氛尤恶,尚非大君子洁身独善之时。此间已公推程雪老(程德全)移驻江宁,为江苏都督,并推林公(述庆)为出征临淮总司令,东南要人、本党英俊,共表同情。雪老今日赴宁,北征尤为重要,大局安宁,必资伟划,惟为国自玉,不尽欲言。沪军都督陈'"①。陈其美这封电报中的"东南要人"就是张謇、赵凤昌、汤寿潜等东南文化精英团体。这个团体中的主要人物均为程德全的密友,而其带到前线来往于林述庆镇军的代表,即苏州名绅张一麐的弟弟张一爵。他们兄弟二人既是张謇多年的忘年之交,又是程德全

---

① 扬州师范学院历史系.辛亥革命江苏地区史料[M].南京:江苏人民出版社,1961:267、396、407、408、434、435、427、428.

的同乡、朋友李超琼当县令时考上的秀才,与李有师生之谊。故当联军将帅在南京"窝里斗"时,张謇等东南文化精英则在上海与同盟会黄兴、宋教仁、陈其美诸人商定了这个由程德全出任江苏省最高行政长官、林述庆移兵出宁渡江北伐的决策。12月4日"(农历十月)十四日渔父(宋教仁)、(于)右任、乔山、宾南诸君到(诸君俱十三日到宁,本日始与余接洽)乔山先至,余以电稿付阅,甚韪余所为。渔父至,与商援鄂、北伐、建设临时政府诸事,渔父云:'倘雪楼督宁,一切军需补充,必能极力担任,不使君丝毫掣肘。'"①程德全以其老练的执政经验与宽厚容人的作风,得到了革命派领袖宋教仁、陈其美、于右任等人的信任与支持。在他们的支持下,桀骜不驯的林述庆终于同意移兵出城北伐——江苏新政权内部的严重分歧终告一段落。但如何解决清王朝对江苏长期实行江宁、苏州督抚分治的遗留问题又摆在了程德全面前。

　　清廷为防范江南,对江苏省分而治之,即江宁、苏州督、抚分治。这种将江苏一省分为两个以上行政中心的方法是不利于江苏省发展的。所以,张謇与赵凤昌等人商定趁辛亥革命之机,"公推程都督移驻南京,趁此并宁苏为一"②。这个政治谋划得到了立宪派、革命派的一致支持,1911年12月15日,程德全在汤寿潜、陈其美的陪同下来到南京,"调和诸军,组临时政府"。当时,"江宁以客军之扰,居民大恐"。程德全认为,"欲江宁回复秩序,须置官任民事;欲置官任民事,须客军出发,须客军出发,须筹备财政。财政之可急筹而得用者惟盐"。由是在程德全的推荐下,一致同意由张謇任江苏两淮盐政,将新政权"财政之可急筹而可得用者惟盐"的担子压到了张謇肩上。张謇也不负众望,"嘱各商会先筹二十万,资客军出发"③。两日后张謇又专程赶到南京协助,程德全终在以张謇为代表的东南文化精英和绅商阶层的一致支持下,解决了财政急需,恢复了南京秩序,实现了宁苏合一,稳定、巩固江苏革命政权的目标。这一切的成功均是建立在程德全与张謇二人高度信任与合作的基础之上。在江苏政局稳定之后,二人又开始了革命政权的建设工作。

---

　　① 林述庆.江左用兵记(二).扬州师范学院历史系.辛亥革命江苏地区史料[M].南京:江苏人民出版社,1961:470.
　　② 张謇.张謇全集(第一卷)[M].南京:江苏古籍出版社,1994:181.
　　③ 张謇.啬翁自订年谱.扬州师范学院历史系.辛亥革命江苏地区史料[M].南京:江苏人民出版社,1961:66.

四、结　语

　　江南场域文化除其数千年的地域文化积累之外,近代还有一个很重要的特点就是上海开埠后中西方文化开始大规模地互动与共融,从而使江南场域文化呈现出开放宽容、海纳百川,不排外,善于学习西方先进文化的新特点。太平天国之役后,绅权大张,清末时又与经济财力结合,形成了强大的绅商阶层。这个阶层以其政治影响、经济财力、地方声望成为江苏历任督抚无法忽视的力量。虽然出于本阶层利益的需要,绅商阶层对于历任督抚都有较好的联结,但也不尽如此,比如他们就曾公然拒绝张曾敭到江苏任职,对张人骏也公然在谘议局中与之对抗。在这种文化场域与社会结构中任官的江南督抚群体,不可避免地也倾向于开放、开明,结好绅商,顺应改革。

　　程德全"幼受庭训",学习的就是东南文化精英们共奉的"程朱之学",与东南文化精英有着先天的文化联结。在其成长过程中,又得到江浙名士叶尔恺父子的指点与帮助,对江南文化精英有着内在的倾慕,所以,当他从黑龙江辞职回家到上海治病时,专门拜访了东南文化精英领袖汤寿潜。程德全到江苏后很快与"东南人望"张謇结成莫逆之交,双方除了文化上的共识之外,还有着政治上的共识——"君主立宪、开国会",由此而同心同德,官、绅合为一体。辛亥革命的骤然爆发、清廷的昏聩无能,迫使他们不得不做出顺应历史潮流的抉择,由"君主立宪"而转入"共和立宪",共同运作了辛亥革命的苏州和平光复。程德全虽然担任过"旧官僚",但其整个职业生涯中的大部分时间是担任塾师与幕僚,而且其政治态度与行事风格与代表社会需求的"绅"是一致的。特别是在辛亥革命以及后来的"二次革命"中,他已经不是"旧官僚",而是革命政权的负责人,以"旧官僚"作为程德全评价的"基准点"是不符合历史实际的。

　　任何革命都有夺取政权与巩固政权、建设政权这样两个阶段。辛亥革命的苏州和平光复有赖于程德全与张謇的"一官一绅"之紧密合作。和平光复后的苏州要消除革命党内的分歧,建立全省统一的政权,同样也有赖于以程德全与张謇为代表的官与绅的紧密合作。程德全以其沉厚大度的胸怀、娴熟的政治技巧以及苏州藩府的财力,取得了革命党人黄兴、宋教仁、陈其美、徐绍桢、林述庆等人的诚服,并在张謇的鼎力支持下,统一了江苏省政,为南京临时政府的建立奠定了坚实的地域基础。

立宪·共和·逃禅
——程德全在江苏的思想与政治

程德全 1908 年因病辞官回家省亲。在家中时,清王朝的最高统治者——慈禧太后、光绪皇帝于两天内先后去世。溥仪继位后,其生父以摄政王的身份统揽大权,并罢免袁世凯回原籍,与袁关系密切的东三省总督徐世昌自请病退,清廷转任其为邮传部大臣,而以四川总督锡良调任东三省总督。锡良为蒙古八旗出身,是旗籍官员中出名的能员干吏,他到东北后即大张旗鼓地推行新政。为推进锡良的新政,1909 年 6 月 9 日,清廷下旨任命程德全为奉天巡抚。接到旨令后,程德全匆匆将带回家准备置办程氏庄田的一万两银子分给族人每家 50 两,然后辞别老父赶赴沈阳上任。6 月 17 日到任后即与锡良合作,推进东北新政改革。1910 年 3 月,清廷决定取消督抚同城,程德全被免去奉天巡抚而调任江苏巡抚,并于同年 5 月 27 日到达苏州任所,开始了他政治生涯与人生生涯的最后一段旅程。

一、辛亥革命前的江苏

江苏是江南文化的核心区域,自宋代以来即是中国的经济与文化重心所在。鸦片战争后五口通商,苏州所辖的上海凭借其长江、沿海、运河三大交通水系的交汇点之重要位置很快脱颖而出,成为东南五口中最为繁盛的口岸,江苏即逐渐取代广东成为清政府与西方交往的重镇。

江苏儒家精英文化积淀深厚,东南文化精英群体自宋、明以来逐渐发展成为江南社会中最为重要的领导群体。江南商品经济发展中产生的经济理性与儒家文化的实用理性相结合,形成了江南文化理性、开放、包容的特点,因而,他们对西方文化并不排斥,而持理性的态度与之进行交流,明末利玛窦即通过江苏士人徐光启等人而逐渐融入中国社会与文化之中的。到清末,这种文化的交流进一步频繁,王韬、冯桂芬、徐寿等在接触到西方文化之后,就有意识地将之引入、推介到江南士人之中,江南遂成为当时接受西学最为普遍、思想也最为活跃的地区。正是在这种场域文化之中,江南的督抚们才总体上趋向于开明并成为洋务运动、维新变法、立宪运动的支持者与参与者,在清季新政之时表现得尤为突出。端方、瑞澂、程德全等都是立宪运动的主要支持者,这不是偶然的,而是江南场域文化近代以来开放、开明、包容的影响所及之下的表现。

清末,江苏思想界之所以如此活跃,很大一方面是由其自身的社会结构所致。自宋代以来,江南商品文化中就出现了儒而经商、儒贾并重的趋势。明中叶后,这种趋势愈演愈烈,日益普及的精英教育与几乎固定不变的科举名额,使得大批读书人不得不在科举入仕之外另寻出路,而经商则是他们最好的出路之一。明中叶后海外贸易的发达,使江南乃至东南沿海与世界经济一体化联结日益紧密,从而也驱使更多的人投入商品贸易,于是江南开始出现一个个亦儒亦商,以商养儒,以儒护商的绅、商并重的家庭与家族,如苏州近代著名的潘祖荫、潘祖谦家族。到了清代,绅商阶层的发展更为迅速,特别是洋务运动之后,大批江南士人通过上海的各类洋行、各类洋务企业学习到近代企业化大生产、大贸易的各类经营管理知识,从而纷纷步入商海,绅、商合二为一者更多。甲午战败后,中国政府被迫签订的《马关条约》允许外国资本进入中国开办企业,国内有识之士纷纷自办企业,以图挽回经济损失和利权,张謇以状元之尊而下海经商,启动了江南士人经商的新热潮。清末新政,清政府正式放弃中国历时两千余年的重农抑商国策,而代之以鼓励工商的政策,从而进一步促进了江南绅、商一体化的进程,一个新的社会阶层——绅商阶层横空出世,并以其文化影响力和经济财力成为江南社会的领导阶层。这一人们往往用"新士绅"、"绅商"称之的新阶层,既有中国儒家精英文化的深厚积累,又因学习到西方近代的宪政、民主等知识,而有着迥异于旧士绅的政治理念与追求,他们一方面不满清王朝的专制统治,希望学习西方的宪政民主;另一方面,他们也不希望发生大的社会动乱,以免影响到他们的经济利益,而希望中国走以秩序求进步,以改革、改良求发展的和平、稳健的改革发展之路。同时,因为绅商阶层本身就具有商人属性,所以,他们对于清廷不能保护商人正常的商业权益,而任由外资、外人侵凌感到十分不满与愤怒，为求自救，他们运用自己学到的国际法、国际贸易法等通行法规，自发地发起了近代著名的各项利权抗争运动，如1905年的抵制美货运动。

1860年中英《北京条约》中规定允许华工出国，之后各国都签订相关条约，使这一制度"合法化"，但是外国的排华、虐工事件频繁发生，1894年清廷同美国签订了《中美会订限制来美华工保护寓美华人条款》，承认美国对华侨的不平等待遇。1904年该条约期满，驻美华侨纷纷要求改订此不平等条约，清政府在国外华侨与国内士绅的压力下，向美国政府提出了改订新约的要求，但被美国政府拒绝。这使海内外华人感到愤慨，海内外各大报纸纷纷发表评论，提出抗议。上海《时报》曾发出"事关全国之荣辱，人人有切肤之痛，合群策群力以谋抵制"的"公启"①。这一抗议得到绅商学各界的积极响应，抵制运动迅速展开，江苏各地尤为积极，上海总商会召开特别会议，商讨抵制办法。针对美国的对华条约，商会会长曾铸致电外务部说："事关国体民生，吁肯峻拒画押，以申国权而保商利，并告美使，以舆情不服，众商相戒不用美货，暗相抵制。"②苏州、扬州、无锡、镇江等地也以各种方式抵制美货，通州更有100多名士绅和店主联名登报呼吁不买美货。清政府压力颇大，即施压各省要求禁止抵制运动。各省士绅对这场运动有着自己的认识，淮安士绅认为："虽然清政府命令不准倡言抵制，而吾等不开会则可，若美货之用，则人自有之权，政府从何干涉？……彼工党禁华工而政府不能问，我民不用美货，而谓我政府能阻乎？"③苏州士绅认为，中美订立新约"必先布告中国，使国民全体公认，方可签字。否则，续约虽定，吾国民绝不承认，抵制团体暂不解散"④。在这里我们可以看出，现代国民意识在江苏士绅之间已经逐渐推广开来，运动是士绅集团对清政府的对抗，虽然运动在各督抚的劝言下平息下来，但是士绅的力量在运动中得到显现，而且逐渐壮大。

1905年，清政府彻底废除《中英苏杭甬铁路草约》，这更加激励了各省自筹资金争利筑路的热情。1906年，江苏成立江苏铁路公司，积极筹建苏省铁路，但是英国却在其中握有沪宁铁路的修筑权，清政府迫于英国压力还与英磋商借款筑路方案，这些倒行逆施使得江苏省士绅群愤激扬，纷纷抗议。上海甚至产生如此言论："专制之政府以朝旨为凭，今之借款

---

① 转引自李侃.中国近代史(第四版)[M].北京:中华书局,1994:336.
② 苏绍柄辑.山钟集.广东省中山图书馆,1958年翻印本:27.
③ 新闻报,1905-07-18.
④ 新闻报,1905-10-03.

是朝旨,然前日之奏准商办何尝非朝旨,以今日之政府敢推翻从前之朝旨,是政府首先实行革命也。"①此时的两江总督端方渐察士绅之心,认为"若一任外人强迫,恐人心瓦解,大局益危"②。斗争持续到最后以士绅的坚持得以成功,但是铁路经营状况不佳。在1911年1月召开的苏路公司临时股东大会上,张謇认为:"今日之临时会乃因营业有大变动而设。但此铁路历史与他种营业有别。即鄙人亦深知此路营业大半为主权,而非为营利。"③

士绅集团在历次运动中逐渐把国事视为己事,这是一种世变的结果,由此产生了江苏的立宪团体,江苏立宪派先于他省认识到立宪成功的关键已不再是仅仅靠上层的派系斗争,而是必须更好地借助民力,以求推进立宪运动。1906年,预备立宪公会在沪成立。1908年秋,张謇筹办江苏省谘议局,期间他积极借鉴日本之经验,大量地翻译、印刷日本宪政的有关书籍,并专人赠送清廷大臣与慈禧太后、光绪皇帝。立宪派成立谘议局的最终目的是实现宪政,真正实行"君主立宪"。所以它首先力争成为真正的立法机构,其次就是成立国会和制定宪法。为力求早日开国会,实行宪政,立宪派积极组织国会请愿活动。三次请愿的结果并不令立宪派完全满意,而清政府也没有认识到这种具有民主运动性质的活动所带来的后果,立宪派由此逐渐转变思想,在"皇族内阁"出现后,各地方的立宪派骨干由对清政府的失望开始转向与革命派合作。

辛亥前的江苏士绅不仅积极参与全国性的抵制美货、争回利权、国会请愿等经济与政治运动,而且更热衷于地方自治运动。苏州作为江苏省巡抚驻地,自治运动率先出现,1905年先后成立了苏州长洲、元和、吴县学务公所,其主要目的是统筹规划地方教育事宜。1907年8月,苏州成立苏省地方自治调查研究会,后于1908年扩充改为苏省自治局,再整合为江苏省苏属地方自治筹办处,主要负责筹办下属城、镇、乡的自治公所。在苏州甚至出现了市民公社这一基层组织,其宗旨是:联合团体,互相保卫,专办本街公益之事。观前市民公社宣布的宗旨是"合无数小团体成一大团体,振兴市面,扩张权利,不惟增无量之幸福,更且助宪政之进行"④。

---

① 江浙铁路协会开会纪事.墨悲辑《江浙铁路风潮》,1907年铅印本:379—380.
② 黄铁琮.1907—1908年间江浙人民反对苏杭甬铁路借款的斗争[J].史学集刊,1957(1):58.
③ 申报,1911-02-17.
④ 苏州市民公社档案选辑.辛亥革命史丛刊(第4辑)[M].北京:中华书局,1982:59.

江苏地方自治运动是西方民主思想传播的结果，自权、民权意识因此得以兴起。而在西方民主思想之中，君主立宪与共和立宪实际上是实现其宪政民主的两个不同的形式。立宪派在宣传君主立宪的时候，不可避免地对西方宪政民主的真谛进行了宣传与普及，其中一些基本的价值观与共和宪政民主是相通的，这些宣传在某种意义上也为共和民主做了普及与宣传，从而在一定程度上对后来的苏省光复和独立起到了推动作用。

纵观辛亥革命前的江苏，其政治派别主要由三部分构成：一是支持清政府但反对宪政的保守派，这类群体在江苏这一思想开放地区实际上人数很少；二是支持清政府但力求宪政改革的立宪派，这个群体在江苏人数最多，是江苏社会的主导阶层；三是反对清政府力求民主共和的革命派，这一群体主要由一些年轻、激进的士人组成，但他们为数不多，而且由于文化上的影响，他们往往唯立宪派领袖张謇等人马首是瞻，如黄炎培、杨廷栋、蔡元培等。三股政治势力的相互角逐，使得辛亥革命之前的江苏省表面上风平浪静，而实际上是"山雨欲来风满楼"。

二、从立宪到共和的转变

1910年4月，程德全受命调任江苏巡抚，此时全国范围内一方面革命浪潮风起云涌，一方面立宪派请愿速开国会运动方兴未艾。程德全早在黑龙江任上时就确立了宪政改革的思想，所以他到苏州上任之前，即专程绕道武昌拜见与自己有着君主立宪、宪政共识的前任江苏巡抚瑞澂。到达苏州后，又先对江苏的政治与社会情况进行了全面的调查，得出了"苏省为吾国文明之中心点，不料开通愈早，腐败亦因而随之"的结论。

程德全发现苏省虽然开通较早，东西文化交融日盛，但是绅学界内部矛盾重重，士绅之间的矛盾、绅与官之间的矛盾以及绅与民之间的矛盾相互交织，由此"以致调查之事屡起风潮，平棐之案互相禀揭"，整个绅学界涣若散沙。军界更是问题众多，行军速度慢，不按军规行事，私下与盗匪勾结，新军缺乏新律，已成暮气。警界方面单从形式而言已不尽如人意，"有跛跷当街者，有吸食雅（鸦）片及赌钱者"，怪相重生。官场内部宦途习气印于脑筋者太深，"除升官发财外，无思想，除派厘调优外，无希望"。财政上，江苏已经达到寅食卯粮的地步，万分艰难。面对如此之多的问题，程德全的表现和他治江时期一样，"相机因应"，"惟以为国保卫为叩"①。由此可以看出,程德全到江苏之初的政治思想还是与其在黑龙江时期一样,停留在君主立宪、宪政改革的基础上,只是地理空间发生了变化,环境发生了变化,程德全将其宪政改革的实施由黑龙江移到了江苏。而且,因为江苏虽然有着种种社会矛盾,但整体而言,江苏省的经济文化比起黑龙江与奉天,其进步是明显的,特别是东南文化精英群体与其领袖张謇等人对江苏省的社会影响力是东北士绅群体不能比拟的。所以,程德全在江苏执政时,不仅继续推行其君主立宪的思想,而且还积极与具有政治共识的立宪派领袖张謇等人建立了密切的政治联系。

早在程德全到江苏之前,前任江苏巡抚瑞澂就在国会请愿与责任内阁上与张謇达成了共识。二人并有明确的分工,即由张謇负责联络全国的谘议局议长发动国会请愿运动,瑞澂联系全国的督抚联名要求设立责任内阁。程德全到武昌拜访瑞澂之时,瑞澂就向程介绍了这个情况。程德全与瑞澂、张謇在这方面有着共识,所以,他到江苏上任后,就继续支持张謇等立宪派关于"成立责任内阁,召开国会"的要求,因此得到了"开明"巡抚的好名声。张謇亦投之以桃、报之以李,在国会第三次请愿结束后,于1911年春节专程到苏州拜会程德全表示感谢。而在此之前,程德全通过瑞澂为之推荐的幕僚应德闳,已经与江苏省内的立宪派文化精英建立了密切的联系,将其中的干才全网罗于其幕府之中,如罗良鉴、张一麐、张一爵、李孚轩、沈恩孚等人均为程德全的入幕之宾。

虽然清政府对国会请愿运动做出了三年召开国会的承诺,但紧接着就不顾清朝之祖制与世界各国宪政之通例,而炮制出一个"皇族内阁",此举令全国的立宪派大失所望。与此同时,程德全在江苏藩台出缺时向清廷推荐应德闳继任,却被清廷以"体制不合"——应德闳未任过实任道府而升任藩台是破格擢升的理由驳回了保荐,程德全还被予以降二级的处分。清廷的这种迂腐、守旧做法,使程德全、应德闳对清政府大失所望,"以是遂衔之,形于词色",开始与清廷离心,而对清廷的君主立宪之宪政道路能否走下去产生了怀疑。

1911年10月10日,辛亥革命在武昌爆发,在接下来短短的十几天内,程德全先后上奏四折阐述自己的立宪思想,在奏折中他指出武昌革命之起"内由于政治改革之观念,外由于世界潮流之激刺","民生日蹙,国耻日深,于是海内外人士愁愤之气雷动雾结,而政治革命之论出",并指出

---

① 扬州师范学院历史系.辛亥革命江苏地区史料[M].南京:江苏人民出版社,1961:17.

自预备立宪以来的种种弊端是导致人民对朝廷失望的主要原因,"筹备立宪以来,立法施令,名实既不尽符,而内阁成立以后,行政用人,举措尤多失当。……于是政治革命之望,一变为种族革命之狂"。在这里程德全认为"今日之大患,不患革命党之猖獗,而患人心之涣散",而最终导致种族革命,这时的程德全仍然力劝朝廷安抚百姓,以求实现君主立宪之政局,同时他还认为要想消除种族革命,必先满足政治之心,因此建议朝廷"宸衷独断,上绍祖宗之成法,旁师列国之良规,先颁明诏,宣布德音,解免亲贵内阁,钦简贤能另行组织,代君上确负责任,庶永保皇族之尊严",然后定期"告庙誓民,提前宣布宪法,与天下更始"。针对种族革命问题,程德全直接从皇族内阁入手,建议下诏说明"亲贵内阁为当时不得以之办法",应即刻依照宪法另选总理,"以杜簧鼓煽诱之口"①。为了使朝廷消除权力顾虑,他还进一步解释了实行君主立宪政体的好处:

> 夫君主立宪政体,其精神真际全在君主神圣不可侵犯一语。惟爱之至,敬之极,故不忍君主身当政冲。惟爱敬君主,故爱敬君主之皇族,亦不愿皇族躬为政敌。……立宪国之君主,常立于人民之上,超乎政治之外,不幸有事,亦只民与民争,党与党敌,而君主之神圣,皇族之尊严,乃使七鬯不惊,苞桑永固。

从多次奏折中我们可以看出,他反复强调解除当今"祸乱"治本之策必重新确立内阁、政令统一,"以期合乎先朝宣布立宪,消弭革命之本旨"②。这是程德全为其实现立宪愿望、报答清廷知遇之恩而做的最后努力,但是此时的清政府已完全听不进这种劝告,从程后来的回忆中我们可以看出程德全当时心情之急切:"辛亥八月后,吾苦苦劝谏,奚止此一疏?乃反复敷陈,卒不见听。……岂天不悔祸?抑吾之诚不足以感人也。"③当时程德全还是希望以君主立宪政体来解决社会矛盾,虽然已对清廷立宪的诚意有了怀疑,但还是愿意"尽人理"、尽最后的臣子之心,希望清王朝能幡然悔悟,下罪己诏,与民更始,回到宪政的正轨。但这最后的忠告还是为清王朝所拒绝,奏稿凡四上,均不见答。昏庸的清王朝堵死了君主立宪的最后一线通道,从而将程德全、张謇等立宪派逼到了只能扬弃君主立宪而走向共和立宪的道路。程德全的政治思想由此完成了由立宪走向共和的转变。

---

① 扬州师范学院历史系. 辛亥革命江苏地区史料[M]. 南京:江苏人民出版社,1961:42-48.
② 扬州师范学院历史系. 辛亥革命江苏地区史料[M]. 南京:江苏人民出版社,1961:48-49.
③ 黄炎培. 辛亥革命史中之一人——程德全[J]. 人文月刊,1931(1):14.

三、谋定而后动的和平光复

武昌起义以后,清政府调兵遣将,予以镇压,并不顾国际公法,对平民亦进行炮击。"北军炮击汉口观战居民,东南各省人民益形愤激,苏属士绅屡次协议,决定宣告独立。"此时的程德全身为江苏巡抚,他清楚地认识到武昌起义的影响,于是通电各属,以求安民。他要求各属筹办团房,应"稍事变通"因地制宜,如"有工厂地方,则宜工团;有农会地方,则宜农团;有中学同等学堂之处,则宜学团!"①并着重强调这些举措是为稳定公共治安而预备,以此稳定社会秩序。而当时的两江总督张人骏是典型的保守派,曾公然反对立宪派关于请求开国会的要求,与程德全的思想有明显的分歧,为镇压革命,张曾向苏库电借30万两白银以应急需,苏藩左孝同已允拨付,但被程德全截留,且将不面斥。由这件事可以看出,程德全对革命的态度正在发生转变。在多次上奏无效的情况下,他开始以"不作为"的方式来表达自己对朝廷的不满,当然这种"不作为"并不是简单的拒绝拨饷,而是以一种观望的态度观察时局,此时他首先考虑的已不再是皇权,而更多的是民权。他不赞成剿乱,但也不立刻响应革命,这和他的出身、他的生活经历有着密切关联,儒家出身的他,受恩于皇族,但是此时朝廷的表现又令他失望,这种徘徊于君权与民权之间的思想斗争,使得程德全暂时呈现出观望之势。程德全处事稳健,被称为"腹有鳞甲",他的这种表面上的观望其实只是一种表象,实际上他已经开始与亲信幕僚应德闳、罗良鉴等人商讨如何才能更好地保障民权,保障江苏省社会与经济秩序的稳定发展,最终他选择了顺从民意,实现和平光复。

程德全是清廷中比较开明的官僚,来到江苏后更有开明巡抚的美称。与他关系密切的张謇,不仅是立宪派的全国领袖,而且还特别热衷于提携年轻士子,这就使得其夹袋中不仅有着众多的立宪派人物,也有着不少革命派精英,如杨廷栋、黄炎培、蔡元培等,而黄炎培就是当时革命派在江苏的负责人之一。程德全亦由此与革命派建立了一定的联系。特别是其新军的革命党人章驾时、吴茂节均为直接下属。新军编练"事权统归总参议(吴茂节)。程德全虽为督办,与吴茂节水乳交融,不甚过问督练公事,仅

---

① 黄炎培.辛亥革命史中之一人——程德全[J].人文月刊,1931(1):14.

凭吴茂节报告罢了。吴是心向革命的"①。这样,程德全不但通过黄炎培等人与革命党有了一定的联系,更通过吴茂节、章驾时与新军中的革命党有了直接的联系。而这些联系,程德全均深藏不露。据程德全家的教书先生钱伟卿回忆,苏州革命前,程德全已和革命党有了联系,但幕外人都不知道。一天,在上海教书的赵尔丰的儿子发现了革命党的活动,遂来向程告密。而坐在抚厅花厅上的程德全听话未竟,便厉声斥赵:"此地是什么地方?能容许你这样胡说八道吗?"②由此可以看出,程德全对是否革命、何时革命有着自己的看法。程德全对革命党人的劝说是持赞成态度的,苏州督练公所总参吴茂节曾给程德全指出了两条道路:一条是效忠清廷,一条是自动宣布独立。程德全选择走第二条路,并对吴言:"上海已几次来人接洽苏州光复的事,原则上我已经答应,为审慎起见,暂待时机。如果你们布置周密,自可发动。"③程德全的这个表态绝不是简单的临时应付之言,而是其9月4日左右召开幕府会议,决定转和共向之后的一个实际的政治革命的布置。他不但授权吴茂节布置周密后"自可发动",而且还告诉吴茂节,他已与上海方面进行了数次接洽,并接受了上海方面苏州光复的建议,从而让吴放心大胆地去布置。而程德全对此前上海的答复恰恰反映出他考虑问题的周详与细心。在黄炎培、沈恩孚等人专程到苏劝说程德全发动革命时,程当场表示原则上赞成,但强调必须待时而动,并进一步向黄、沈等人分析了苏州当时所处之环境。程认为"苏州非用兵之地,无险可守,南京、杭州还没有发动,尤其是南京、镇江驻有重兵,万一南京、镇江、杭州三路派兵来攻,吾苏势孤力薄,难免失败,欲速则不达"。程德全最后许诺:"一到时机成熟,自当宣告独立,决不食言。"④程德全也确实没有食言,在此承诺半个月后,苏州和平光复即告成功。

  江苏省府苏州几乎是与上海同时开始了和平光复,上海是辛亥年的9月14日光复成功,而苏州是9月14日晚上发动,15日宣告成功。据《叶圣陶日记》记载:"十五日(十一月五日)微雨。——叔父适自街头归,谓吾苏已于昨夜起事,今则中华民国军政府之示遍贴路侧矣。闻之喜极,即驰至校中,则校门上高悬白旗,诸同学皆在门首欣跃,相见后各致慰贺。得悉昨日之事系此地巡抚程公德全主其谋。程公夙有兴汉之志,惟秘不

---

① 苏州市政协文史委.苏州文史资料(1-5):70.
② 扬州师范学院历史系.辛亥革命江苏地区史料[M].南京:江苏人民出版社,1961:125.
③ 苏州市政协文史委.苏州文史资料(1-5):71.
④ 吴和士.辛亥革命苏州光复记.辛亥江苏光复.江苏文史资料(第四十辑),1991:49.

能宣。其后上下各自授意,乃于昨日召各官长会议,皆喜悦赞成。于是命巡警加意卫护,居民毋自惊慌。召新军若干卫护督练公所,而督练公所即为军政总机关。程公则公推以江苏都督。不流血、不放抢,安然革新,皆程公明德所致也。吴人得公亦云福矣。"①这种和平光复是程德全理想的革命方式,同时也符合吴地人民"文弱而畏兵"、不愿发生暴力革命的社会文化需求,是顺应潮流、顺应民意的"安然革新",吴民深以为福。

程德全不仅顺应民心以和平的方式完成了苏州的和平光复,更在《江苏程都督第一号告示》中表明自己共和立宪的政治立场:"全省之事,须全省人同担其责任,所贵通力合作,一德一心,上下无不洽之情,远近无不通之意。……若仍因循推诿,不负责任,地方必无进步,殊非本都督改革政治之本意。"②思想转变后的程德全对民主共和有着自己的理解,从光复后苏州全城所贴安民告示中可以看出程德全认为共和政体是当时中国最完美的一种政治改革:"愿我亲爱同胞,仍各安分营生,外人相处以礼,一团和气不侵。旗满视同一体,抗拒反致死刑。共和政体成立,大家共享太平。"③

程德全的思想转变影响是巨大的,苏州的和平光复成为辛亥革命的一个模式,与武昌首义模式双峰并峙,相辅相成,共同促进了辛亥革命的顺利发展。而程德全是第一个宣布独立并出任革命政权都督的原清政府封疆大吏,他的政治选择并不是有人认为的"投机革命"。笔者以为,这是本着对时代、对社会负责的一种责任,在背负巨大压力的情况之下做出的一个有利于国家与人民的政治转轨。他的数次上奏只为一个愿望:"惟求改专制为立宪,使吾中华大国得一位置于列国之间。"但是他的多次立宪要求不但没有消除专制,反而适增专制之罪恶,这使得程德全对清廷失去了信心,而武昌起义后的全国响应使他又看到了希望,共和政治已为全国舆论所公认。程德全在顺从民意的同时对阻止共和的旧势力毫不妥协,亲率江浙联军进攻南京,并在出师檄文中指出,当今"共和为治理之最高,本无进退待商之余地"④。由此我们可以看出,程德全在和平光复后,其思想已经以共和为最高奋斗目标,并多次提出江苏独立实乃"为民请

---

① 叶圣陶. 叶圣陶日记[M]. 太原:山西教育出版社,1997.
② 时报,1911-11-08.
③ 孙筹成. 回忆江苏光复. 辛亥江苏光复. 江苏文史资料(第四十辑),1991:32.
④ 黄炎培. 辛亥革命史中之一人——程德全[J]. 人文月刊,1930(1):17.

命,以冀改良政体,永保治安"①。他认为革命"志在拯民水火之中,一旦成功,共优游于共和政体之下,治平幸福,惟吾民享之"②。显然,程德全已扬弃了"君主立宪"的思想,彻底地站到了共和立宪的政治立场上。由君主立宪到共和立宪,变化的是宪政的形式,不变的是宪政的内容,而宪政内容的核心是以民为本。这与中国儒家精英文化民为邦本的思想是一脉相通的,也是程德全为宦多年所一贯秉持的执政思想。所以,从君主立宪到共和立宪,表面上看转折是巨大的,其实,这种巨大的转折有着其内在的合理轨迹,即以民为本,以民意为依归,是驱使程德全政治思想发生根本性转变的内在的文化基因。从黑龙江新政改革,再到苏州和平光复,这其中不变的永远是爱国与爱民,民为本,社稷次之,君为轻,儒家亚圣孟子的这一思想,其实是程德全思想最核心的部分。正因为如此,程德全才能适时地以民意为依归,舍弃对己有私恩的清王朝之"君"与大清朝之国,而走向了共和民主的中华民国,完成了由君主立宪到共和立宪、由大清巡抚到民国都督的历史性转变。

四、统一省政与宪政的求索

　　江苏省在光复前共辖八府三州一厅,分别为江宁府、镇江府、常州府、苏州府、松江府、扬州府、淮安府、徐州府、太仓州、通州、海州以及海门厅,而上海仅是松江府下的一个县。江苏省的辛亥革命从1911年11月4日开始,到1912年2月11日徐州光复为止。革命后各地迅速建立起军政府,其主要是由革命党和当地士绅、立宪党人等建立起来的联合政权,各地军政府之间为了利益与权利的争夺,有着各种各样的矛盾与冲突。如上海光复后,淞沪地区出现了松江和吴淞两个军政府,以钮永建为首的松江军政府隶属于上海军政府,而以李燮和为首的吴淞军政府则强调:"本军政分府,本由武昌军政府分出,今承认武昌军政府为中华民国临时中央政府,兼承认苏州军政府为江苏全省军政府。"③言外之意是根本不承认与之同城的上海都督府。

　　江苏光复前后的一段时间,各政治力量相互斗争,旧势力不甘退出历史舞台,革命党人内部因利益与权力分配而产生分化,立宪党人以其传统

---

① 民立报,1912-01-13.
② 申报,1912-01-05.
③ 郭孝成.江苏光复纪事.辛亥革命(七)[M].上海:上海人民出版社,2000:5.

的社会威望与影响力,在各地政权中都成为主导力量,相形之下革命党人在各地政权中的比例并不大,各地方的民政长基本都被当地立宪派绅士所控制。程德全宣布和平光复以后,积极组织完善都督府,除都督外,另设四个机构,分别为:民政部,张謇任部长;财政部,应德闳任部长;交涉部,伍廷芳任部长;司法部,郑言任部长。并由苏军全体将校在留园开会,公举顾忠琛为参谋厅长。应当说程德全的这个都督府人员的配置是注意到立宪派与革命派的力量平衡的。但由于上海、镇江等地都督府对于苏州的江苏都督府都采取同等并立的态度,所以,程德全对于统一全省政令颇感为难,于是频频向张謇等立宪派求援,并以其苏州藩库的数十万两存银作为利器,在组建江浙联军时,对镇江都督府林述庆部予以军饷接济,从而取得林述庆的诚服。然后又争取到宋教仁、陈其美、于右任等革命派领袖的支持,由他们共同推举程德全为江苏全省的都督,并以军饷为条件,使林述庆的镇军开出南京北伐。程德全最终在立宪派、革命派的共同支持下,统一了江苏全省之政权。

程德全对西方宪政民主研究有年,同时又具有丰富的行政经验,他在统一江苏全省政权的同时,就认识到要抓紧建设全国性的政权,这样不仅能更好地号召全国,更能取得外交上的主动,使列强不至于为财政竭蹶的清政府予以贷款支持。为此,程德全致电陈其美,要求发起组织临时会议机关。程德全认为"美利坚合众国之制度,当为吾他日之模范",应仿照美国第一次会议方法,在上海召开临时会议,"磋商对内对外妥善之方法"①。程德全还在苏州拙政园召开了江苏临时省议会,制定出当时最为完整的省议会章程。章程规定,临时议会为江苏省临时立法机关,有权议决本省根本法及其他一切法律。由此,程德全就将江苏省的行政置于近代法律的基础上,取得了政权的合法性。军队是政权的支柱,由于新旧军事教育的差别,当时苏州军队的军官分为两派,为防止党派纷争影响军队稳定,程德全在和平光复后曾专发谕告,他认为所有权力、意见在实现共和制目的之前都应放弃,"盖个人有意见,则不能成团体,各团体有意见,则不能成一邦,各邦有意见,则不能成一国"②。党派分歧,受害的是人民,更谈不上实现共和之幸福,他建议大家以国事为己事,消除旧习,以此达到实现共和之目的。在程的劝谕与公平、公开提拔军队军官的交相作

---

① 民立报,1911-11-14.
② 辛亥江苏光复.江苏文史资料(第四十辑),1991:261.

用下,苏州新军内部能团结一心,巡防营等旧军也基本上能服从都督府的命令,顺利地调防。即使是张勋派驻苏州的江防营,在程德全的恩威兼施之下,也能听命程德全的调防命令。新的江苏省革命政权政治上通过设立省议会,取得了民意的支持而获得合法性,军事上对军队在切实整顿的基础上组建江浙联军,并最终攻下南京,建立全省统一的新政权,江苏省终于结束了明清以来数百年的分治而实现了全省的军政统一。

辛亥革命之前,江苏、上海就因橡胶股票风潮而导致数十家钱庄破产,市面一片恐慌。苏州的钱庄虽然大多数没有直接参入橡胶股票投机,但受上海钱庄大量破产的影响,苏州市面也曾发生严重的恐慌,最后程德全以藩库存银借钱庄救市,从而保住了苏州经济的稳定。然后程德全拒绝了张人骏调款的要求,为苏州和平光复后组建江浙联军保留了较为充裕的军饷。但南京临时政府建立之后,其整个财政开支几乎全依赖江苏一省的供给,程德全不得不竭尽全力,多方罗掘。一方面他组织苏省银行,对全省金融进行统一,另一方面则查抄盛宣怀财产,以此来补给苏省财政之不足。同时,他与张謇协商,由张出任两淮盐政总局主官,并先后颁布了《两淮盐政总局暂行章程》《江苏银行章程》等相关地方法规和行政命令,将江苏省最大的财政收入——盐政收入与银行金融统一结为一体,从而为新政权的经济与金融建设奠定了坚实的基础。以上这一系列措施在稳定与巩固革命新政权的同时,也提高了苏省政府的影响力,同时在各项法律法规的完善下,江苏省的治理很快走上正轨,社会稳定,经济发展。这对于"文弱而畏兵"、喜静而厌乱的苏州人而言,无疑是最好的福音,所以当时苏州有"苏省光复苏人福,全靠程都督"①的民谣,虽然多少有些夸张,但是在一定程度上反映了社会稳定给百姓带来的安全感与幸福感。

在极力巩固江苏省革命政权的同时,程德全还积极参加筹备全国统一的临时革命政府。作为一个具有丰富从政经验的政治家,程德全深知建立全国政权对于动员全国、争取国际支持均有着无可替代的重大作用,而且也有利于独立的省份资源与力量的整合。所以程德全在致陈其美等人的电报中说:"大局初定,军政民政亟须统一,拟联东南各军政府电恳孙中山迅速回国,组织临时政府,以一事权。"②随后程德全又通电武昌:"事

---

① 胡觉民.辛亥革命后的程德全.苏州政协文史委.苏州文史资料(1-5):108.
② 陈锡祺.孙中山年谱长编(第一卷)[M].北京:中华书局,1991:576.

机急迫,未能久待。孙君未回以前,临时事务仍由黎都督暂摄,至孙都督所称敝意宜申明如清廷不私君位,宣布共和,可派员赴鄂会议。"①程德全的所作所为在江苏立宪派和旧官僚看来,是最适合移驻南京担任江苏都督的人选。革命党人为了北伐和西征的需要也认为程德全是最佳人选,上海都督陈其美在致南京联军总司令徐绍桢的电中指出:"已公推程雪老(程德全)移驻江宁,为江苏都督,并推林公(林述庆)为征临淮总司令……雪老今日赴宁,北征尤为重要。"②其实在即将攻克南京之时,程德全就曾致电张謇筹划战后事宜:"前敌战况极佳,南京旦夕可下,亟待规正,其大要盖有三端:一派兵援鄂;一出师北伐;一联合会组织实行。昨章太炎先生到尧化门面谈,意见相同。全因公赴马群与林徐商议,均表同情。全今日赴沪,与公筹晤商一切,并会同各省代表集思熟筹,以期克日进行。"③从中我们可以看出,此时的程德全积极联系各方,为建立全国统一的革命政权而出谋划策。

程德全赴宁任职是经过江苏省议会全体议员同意的,他于1911年11月15日乘专车赴宁,各商团均排队送行,绅商军民之赴车站欢送者,亦拥挤异常,颇极一时之盛。由此说明两点:一是江苏士绅、军民对程德全的期望甚高,认为程的到任能使江苏社会稳定,逐渐摆脱地域纷争的局面;二是程是立宪派、旧官僚以及革命党公推的一个对各方面都有利的中间人物,程曾经的旧官僚身份对新政权中的留用人员有感召力,其立宪派的政治主张得到立宪派认同,其主动和平光复之举又获得革命派的认可。可以说程赴宁是各方相互妥协的一个结果,这个结果也是江苏省各界所欢迎的,是有利于江苏省政统一与南京社会秩序恢复的。程德全为安抚南京饱受张勋溃兵与民军中乱兵骚扰的商民,特拟定简示两通。其一,"南京现已光复,从此共享和平;张勋溃散兵卒,速即缴械投诚;四民各安生业,汉满一视同仁"④。其二,"本都督现已莅宁,首在安民保商;设法维持市面,开设江苏银行;钞票流通行使,金融自无恐惶;典当钱业铺户,务即开市如常;如有造谣生事,查获惩罚照章"⑤。

程德全为政老到,在南京基本上沿用其苏州和平光复后的办法,从安

---

① 易国幹辑.黎副总统政书(第一卷).上海:上海古今图书局,1915:9.
② 扬州师范学院历史系.辛亥革命江苏地区史料[M].南京:江苏人民出版社,1961:428.
③ 扬州师范学院历史系.辛亥革命江苏地区史料[M].南京:江苏人民出版社,1961:552-553.
④ 扬州师范学院历史系.辛亥革命江苏地区史料[M].南京:江苏人民出版社,1961:561-562.
⑤ 扬州师范学院历史系.辛亥革命江苏地区史料[M].南京:江苏人民出版社,1961:561-562.

民保商入手,维持社会稳定,发展经济,这是程德全理解的共和政体之根本。为稳定全省政局,移任南京后,程德全于辛亥年(1911年)10月15日就通电全省宣告江苏省都督府官制,《申报》10月19日报道:"江苏都督府组织初定","金陵程都督通电:'江苏都督府官制已规定,分别委任:参谋总长暂由本都督兼任;次长顾忠深、钮永建、陶骏保;政务厅长宋教仁;外务司长马良;次长杨廷栋;内务司长张一麐、次长沈恩孚;财政司长熊希龄,次长姚文枬;通阜司长沈懋昭,次长陶逊;军务司长陈懋修,次长张一爵;参事会长范光启,副会长郑芳孙。谨闻,全,筱。'"从这个都督府人员组成上看,革命派(顾忠深、钮永建、陶骏保、宋教仁、陶逊、陈懋修)和立宪派(杨廷栋、张一麐、沈恩孚、熊希龄、姚文枬、张一爵、沈懋昭等)基本上取得了一种平衡。显然,程德全是想用这种包容各方的共和的新官制来整合全省各派系力量,为共和新政权奠定一个制度的基础。但由于长期的苏北、苏南分治,宁、苏分治,一省三督抚的历史影响,江苏省内形成了很强的苏北、苏南地域之见。虽然张謇在江苏省临时议会会议上强调了程德全对江苏的"造福"和出任苏省都督的必要,并指出"吾江苏人民不应有宁、苏之见"①,而应统而为一,但他的这一提议受到了苏北地区部分代表的抵制,这些代表于12月17日另行组成江北临时议会,推举蒋雁行为江北都督,主张"设江北副都督兼江北军政长一人,听江苏全省大都督节制"②。同时在上海的钮永建也提出,松江军政府"一部似应取消,以纾财力,况草创之初,并未报告省垣,现在取消,一切军务员役及已编军队,均可直隶上海"③。这个提议虽然在一定程度上有利于江苏省政统一,但是钮永建宁愿取消其松江军政府而归并到同属革命派的上海都督陈其美的麾下,也不愿听命于南京或苏州的程德全。

　　除了苏北、上海的离心力外,南京城内林述庆部镇军居功自傲,占据总督府而自用,致使江浙联军统帅、林的新军第九镇之老上司徐绍桢再次向程德全、黄兴、宋教仁等提出辞职。程德全为此专门于10月17日主动拜会了林述庆。由于程德全不仅有苏军两个标的军事实力支持,更有充裕的军饷,所以林述庆对程表示心悦诚服,据林在事后的《江左用兵记》中载:"17日,雪楼来访余。相见慰惜甚至。力言'君若出军,无论如何困难,后方总极力担任,不使君有后顾之忧'。余言'余本为军人,政治非所

---

① 时报,1911-11-22。
② 申报,1911-12-21。
③ 申报,1911-12-15。

能,军事或有一知半解,故乐在军队。一旦出军,望为接济'。彼此互商良久。始别。临行谓余曰'军事倥偬,俗礼可不必讲,君准备大忙,不必言回谒礼'。余后竟未答谒。雪楼仁厚长者,言辞敦恻,余甚敬之。当南京为张勋所据,大局震动,余力筹攻守方法,屡电雪楼请兵拨饷,莫不应允。及黎君乔山设法举雪楼为海陆军总司令,雪楼曾到镇江一次,相见极殷恳。并云'君所与乔山电,我曾见之'。揆其意,似甚以余为然者。盖当乔山专函寄余,言举雪楼并规余数事,余复电中有'述庆肺腑,先生知之甚深,外间讥议,述庆断不敢出此也'云云。雪楼以督抚威望,一旦宣告独立,东南局势为之一变,有功民国多矣。"[1]最终,在程德全的感召以及张謇、黄兴、宋教仁等"东南要人,本党英俊"的共同压力之下,林述庆之镇军按约定开出南京北伐,程德全以南京为统一全省军政的努力初见成效。

孙中山归国后被举为南京临时政府大总统。程德全以其苏州和平光复,传檄而定江苏大部府县、组建江浙联军攻克南京等功绩,被孙中山任命为南京临时政府内政部长。程在接到任职书的当天就辞江苏都督而推荐庄蕴宽出任代理都督:"程都督奔走沪宁诸要公,既不克分身来苏,加以积劳成疾,以致政躬不豫,遂荐庄蕴宽以自待。各界均表同情,即以为代理江苏大都督。"[2]庄虽然是常州人,但长期在广西等地任职,在江苏反而缺乏政治基础。特别是庄虽然在广西也仿效程德全举行了和平光复,但他在广西缺乏军队内的实力,所以广西光复后他只能以北伐为名,将广西政权交给绿林出身的陆荣廷而只身到上海。程德全荐举其自代,是考虑到庄与革命派的钮永建等人有师生之谊,与立宪派的赵凤昌等人有常州同乡之谊,这样,庄就能得到革命派与立宪派的共同支持。庄在任上也是殚精竭虑,为江苏革命政权之巩固做出了努力。但由于整个南京临时政府的费用几乎由江苏一省支持,庄也感到力不从心,在临时政府解散后,亦提出辞职而为袁世凯政府批准。

南京临时政府解散后,程德全到上海准备出国游历,但江苏各界特别是立宪派领袖张謇一再向袁世凯举荐程德全是安定江苏的最佳人选。于是,袁世凯北洋政府在1912年4月再度任命程德全为江苏省都督。程德全再次扶疾上任,并宣布:"首宜以恢复秩序为唯一之方针,一面求教育普及,养成人民自治资格,以期臻乎共和国民之程度。""恢复秩序"首先就

---

[1] 扬州师范学院历史系.辛亥革命江苏地区史料[M].南京:江苏人民出版社,1961:472.
[2] 郭孝成.江苏光复纪事.辛亥革命(七)[M].上海:上海人民出版社,2000:9.

要调和立宪派与革命党之间的关系。程德全发起"政见商榷会",期待"政见无不同者,合之为一;其有异者,相互进于善","一问题起,必萃集全国之聪明才力以解决之","自由研讨,互换智识"。① 而对于民国政府初期政党多如牛毛,不少人根本不懂现代政党的理念,今天入甲党,明天入乙党,甚至一人入数党的现象,程德全深恶痛绝:"近日所谓政党,不过一二沽名之士以党名为符号,而一般无意识之人从而附和,自命政党,叩以政见,毫无所有。"②并且进一步说明自己之前"脱除共和党和党籍实由于此,后之组织政见商榷会亦由于此"③。程德全认为,在政党意识如此缺乏的情况下,不能沽名钓誉,照搬西方的政党制度,而要实事求是地组织"政见商榷会",通过政见商榷会的沟通形成共识,以有效而切实地巩固民国政权。应当说这是实事求是的稳健可行之策,遗憾的是,中国历史没有给程德全这些理性主义者实践其理性的民主共和之路的时间与空间。

袁世凯掌权后,为了扩充其在南方的势力,多方笼络握有实权的地方官僚士绅,"当时程德全是江苏都督,就成为袁的拉拢对象,袁曾示意与程

1912年4月8日,赵凤昌先生在上海哈同花园宴请卸职来沪的孙中山先生后合影。
前排左起:赵凤昌、汪精卫、张謇、蔡元培、谭人凤、程德全、孙中山、唐绍仪、陈其美、熊希龄、黄郛、于右任、胡汉民

① 致大总统及地方议会宣告就任.程雪楼先生书牍(卷上):2.
② 复张国淦论党政.程雪楼先生书牍(卷上):13-17.
③ 江苏都督府往来密电.程德全致黄兴电.1912-6-25.

有师生关系,接着袁克定又要和程结为兄弟"。但是程深知袁氏的用意,所以"程都虚与委蛇,没有明确表示"①。

面对革命党的"去袁"斗争以及袁世凯的"内阁制",程德全并没有倾向任何一方,同时他对双方争论的"国会制定宪法问题"提出了自己的看法,他此时仍然认为,"宪法必由国会起草,表面虽似合共和原理,而实质上其弊甚大","国会中立法事件,极为纷繁,再益以最重之宪法草案,其不能得宽闲之时间,静一以求之,是可断言者";并且还认为,宪法起草"由各省都督联合呈请大总统向参议院提议,仿美国各州推举代表之例,由各省都督,各举学高行修识宏才俊之士二人,一为本省者,一为非本省者,集为宪法起草委员会。草案既立,然后提交国会,再行决议"②。应当说程德全的这一思想是符合民主法治精神的,也是切合当时实际的,所以很快得到了各省都督的响应,"程都督发起宪法研究会,已得十七省赞成"③。但新组建的国民党却指责程德全"有害当避之时装死,而稍有利可图之时则复生"④。在北京的国民党本部则公开否认宪法起草委员会。程德全循着宪政而要求集众力研究准备新宪法的思想,初衷上并没有倒向袁世凯的意向,但是他被袁世凯利用,作为否定南京临时政府"临时约法"的一个舆论试探,这就必然引起革命党内激进派的反对。现实中的政争与理想中的共和反差如此之大,是程德全始料未及的。作为一个务实的政治家,他只能随时局的变化尽量缓和各方矛盾,以维持大乱之后来之不易的和平发展机遇,但是天不从人愿,随后发生的"宋教仁案"彻底打碎了程德全理性的共和、宪政之梦。

五、"二次革命"中的程德全

"宋案"发生在属于江苏管辖的上海车站,这必然会对江苏的时局产生重大影响。作为当时的中间派负责此案的江苏都督程德全力图尽量缓和革命党与北京政府之间的矛盾,极力调和南北,维持平衡。案件的发生使得国民党内部分歧增大,据当事人回忆,在讨论怎样处理这一案件时,大家讨论来讨论去,原则只有两点:"用法律起诉,抑用武力革命?起诉难

---

① 胡觉民.苏州光复和程德全.辛亥江苏光复.江苏文史资料(第四十辑),1991:58.
② 时事新报,1912-12-26.
③ 时事新报,1913-01-27.
④ 民全报,1912-12-31.

以有效,显然可知。称兵则是非成败两方面。从是非方面看,国民党不假他途而即用武,是否合法?从成败方面看,积极主战的人以为革命党用两支手枪夺过城池,辛亥有先例。郑重估计的人,以为袁氏非清室暗弱可比,而革命已筋疲力尽。人心之趋向亦与辛亥不同。辛亥是举国一致的光复,此时是两派政权的得失。"①

在"宋案"问题上,孙中山起初主张以法律手段解决事端,"昨日以来,与党之有力者,决意无论如何按照正当之手段诉诸世界之公议。即考虑使议会按照预期集会,一开头即弹劾袁之丧失立场,而假若我党主张政党内阁方针得到贯彻,则陈述大总统乃一傀儡而已,任何人均可当之"②。而在孙中山接触到日驻沪总领事有吉明以后,他又明显表现出武力讨袁之意,他认为"袁奸谲不足恃,尤以近来鉴于袁愈益讲求收揽权力之策,若现在不能敌彼,则他日彼之势力愈益巩固,势将难以抗衡"③。于是,他一面派人赴各省联络军人,一面还派陈其美、戴天仇来与黄兴辩论。他甚至想借日本政府的援助来反袁。与此相对的则是黄兴,"黄先生鉴于掌握兵权的人既不肯在此时出兵讨袁……遂主张暂时不谈武力解决,只好采取法律解决的办法,要求赵秉钧受审"。同时黄兴还认为"依靠外援反袁,是不容易得到国人谅解的,而且袁世凯反可以此为借口向欧美各国求援"④。国民党内很快就形成了以孙中山为首的激进的军事讨袁派和以黄兴为首的循法律解决"宋案"的稳健派。这两派的争论不可避免地影响到时在江苏的程德全。

程德全一心想要维护国家的和平与统一,维护来之不易的共和政体与社会秩序的稳定。但民国初建,南与北之间的信任关系十分脆弱,各派政治力量之间的权益斗争难以调和,这也是程德全在南京临时政府解职后,准备出国考察的原因。而张謇等立宪党人则认为,程是能稳定江苏政局且各派都能接受的唯一人选。"雪有志去,一出殆不可留,何人可替?有拟及铁珊者,有拟及思缄者。拟铁珊者,以思缄为本省人,本省人之觊觎此席者多,思缄处之,谣诼仍不免耳。一二月后,苏财政将大困。"⑤这

---

① 沈亦云.亦云回忆[M].中国台湾:传记文学出版社,1971:82.
② 陈明译.日本外务省档案(第268号).转引自陈锡麟.孙中山年谱长编(上)[M].北京:中华书局,1991:792.
③ 转引自陈锡麟.孙中山年谱长编(上)[M].北京:中华书局,1991:796.
④ 李书城.辛亥革命后黄克强先生的革命活动.辛亥革命回忆录(第1集)[M].北京:文史资料出版社,1981:206-207.
⑤ 张謇.致袁世凯函.张謇全集(第一卷)[M].南京:江苏古籍出版社,1994:253.

就是张謇等人极力向袁世凯推荐程德全的根本原因。但"宋案"的发生再次将程德全推到了风暴的潮头浪尖,他面临着艰难的抉择。

程德全深知"宋案"举一发而动全身,事关重大。如果不及时破案,势必会引起革命党的怀疑与反对,激怒其中的激进派,武力伐袁一触即发;如果深究案件,则会影响到袁世凯北京政府的公信力。面对两难,程德全最终还是采取了坦诚为公的态度,不仅迅速破案,将凶手武士英、指使者应桂馨捉拿到案,还将所查案情及时通告于民,公之于世。其中有应桂馨与北洋政府总理赵秉钧的秘书洪述祖的来往电报,洪的电报上有"毁宋酬勋"四字,洪是"宋案"的幕后,而其顶头上司赵秉钧与袁世凯亦成为可疑对象。而袁一方面批准赵秉钧辞职,另一方面信誓旦旦地要求彻查此案,听候法律解决,其幕僚张一麐致电程德全说:"政府对于此事,无论牵连中央何人,但有确据,均可按名审判,绝无丝毫袒护之意。希迅速向英厅索取证据,专人带京,以便呈请究办,阅后仍交来人带回归档。此事系为穷究主谋,释疑团以安大局起见,舍此无别法也。"①但这种在北京审判的要求被程德全婉拒,而革命党人也更加不信任袁世凯,武力"讨袁"呼声日益强烈。面对一触即发的危局,程德全仍然希望各方冷静下来,以国计民生为重,保持和平,他通电表示,"政府固无谋叛之心,民党亦无造反之意,二者若有其一,德全愿受斧锧以谢天下。愿我同人,以国家为重,以人民为心,各自审其权限,各自尽其职守。毋听谰言,毋逞臆说,毋为逆亿之术,毋作忿激之争"②。并密电袁世凯,要求袁"密谕内外执政,禁止浮言,屏绝密电,以释群疑而安大局"③。在致章士钊的电报中,程德全强调"对于'宋案',只宜平心静气以求解决,对于大局只宜处以稳静之态度"④。

程德全始终没有放弃调和南北双方的矛盾,中间派的主要倾向是希望社会安定,全民共和,程德全尽量同情国民党方面的民主要求,但不赞成武力讨袁。程德全认为,当时"人心厌乱,大多数心理,总欲维持现状,故热病虽深,尚不易于传染,昨日晤西林、铁珊,俱以设法维持为言"⑤。同时,程德全还对革命党中的激进分子严加防范。面对袁世凯的再三压

---

① 江苏都督府往来密电.张一麐致程德全电.1913-04-09.
② 民立报,1913-05-20.
③ 江苏都督府往来密电.程德全致袁世凯电.1913-04-07.
④ 江苏都督府往来密电.程德全致章士钊电.1913-04-08.
⑤ 江苏都督府往来密电.程德全致张一麐电.1913-05-04.

力,程德全表示,"谨遵大总统令,以爱惜人民、维持大局为宗旨。如有匪类潜滋、乱徒窜入,以及一切扰民治安之举动,自当严密惩治,并责成军队极力防维"①。但程德全只是对游民会党分子进行了镇压,如参加过辛亥革命的会党骨干张尧卿、柳人环等人密谋进攻江南机器局时,程在得到陈其美的情报后当即予以镇压,维护了上海与江苏政局的稳定。

在革命党阵营中,黄兴是主张以法律解决"宋案"的,但是激进的孙中山、陈其美却准备以动员下级士兵暗杀上级长官的办法发动南京兵变讨袁。而南京很多军官曾是黄兴的下级,为了缓和革命派内部的矛盾,黄兴不得已而主动提出到南京发动讨袁起义。黄兴与程德全私交甚好,到南京后即软硬交加地迫使反对武力讨袁的程德全同意自己的计划,并将他与时任江苏省省长的应德闳均列入讨袁宣言名单。程德全对黄兴说:"袁世凯这样残杀,我自然同意讨袁的。但是出兵要饷要械,总而言之要钱。"黄兴将此要求电告上海陈其美,答称有两列车钞票运来,但运到的钞票是已经因接济民军而倒闭的信成银行的无用钞票,这使程德全大怒,"讨袁我和诸君完全同意,不过把废票当军饷,军官和士兵拿了枪械向民间购食用品,老百姓苦死了"。程德全并表示:"这样害民的事,即使出兵,也不能打胜仗。诸君!害民事我决不做,我辞职"。②对于武力讨袁,程德全内心里极不赞成的,迫于形势他不得不勉从黄兴所请,但在18日见报的讨袁通电文告中,程德全仍表示拥护中央只因"今政府自作昏聩,激怒军心,致使吾苏形势岌岌莫保",出师讨袁,始因"各师之请,本职所存","惟力是视"。③ 宣告独立后,程德全即以陈其美运来废钞为由而辞职要求回沪治病。"程雪楼君坚欲离宁赴沪",理由是"精神疲苶,断不能治事,急需调养",并拒绝挽留,表示"此身行动自由,乃各国固有之权,苟一息尚存,今日必行"。④ 内心并不赞成"二次革命"、江苏独立的程德全,在17日给袁世凯电中仍然坚持现今中国应以和平为生、应以国民为计。他认为,"中国自民军起义,推翻清室,国民所争者,不过民生、民族、民权,现在均在幼稚襁褓之际。兼以蒙氛未靖,万事棘手,若互相分割,是自陷沦亡"。同时指出,双方战争是违民愿所为,电称"李烈钧年少气粗脑筋简单,甘为祸首,挑起南北恶感,将来定无面目能见家乡之父老。诸君素

---

① 江苏都督府往来密电.程德全致国务院电.1913 – 05 – 06.
② 黄炎培.八十年来[M].上海:上海文汇出版社,2000:96 – 97.
③ 民立报,1913 – 07 – 18.
④ 黄炎培.辛亥革命史中之一人——程德全.人文月刊,1930(1):20.

明大义,忽为其所愚,而同陷于民污云"①。这个电报才是他的真实思想。所以,他在得到黄兴同意,与应德闳二人离开南京到达上海后,就向全国发表通电,表明南京之独立是他出于不得已,并布置苏州的军队对南京保持警戒,由此而与革命党人的"二次革命"划清界限,做了最后的切割。

在袁世凯的北洋系与孙中山革命党之间,立宪派是一股中间力量。对于这股中间力量,袁世凯是极力拉拢的。革命派中的有识之士孙中山、黄兴、宋教仁、陈其美也是注意团结的。但是革命派中的游民会党分子却喜乱不喜静,而且,他们认为革命后各省的军政府都督对他们扰乱社会秩序的行为进行镇压是忘恩负义,所以,他们在湖北制造了南湖暴动,并一次一次地发动针对中间派黎元洪的暴动,最终将中间立场的黎元洪逼到袁世凯阵营之中,使北洋军进入湖北,从而使辛亥革命中南方革命政权下的湖南、江西、安徽、江苏等省都受到北洋军的直接军事威胁。江苏的会党分子也曾发动过"洗程会",但程德全在将之镇压下去后不事株连,未引起会党分子的过分反弹,从而维护了江苏政局的稳定。

游民会党分子没有坚定的政治信仰,他们往往以个人的利益为追求,有奶就是娘。所以,应桂馨在与洪述祖接上关系后,很快就背弃了他曾经参加过的革命党人,而对宋教仁进行了刺杀。此后,曾加入青帮的陈其美也遭到他曾经的属下、同为青帮成员的张宗昌的暗杀。会党其实是为了他们一己私利而在北洋军阀与革命党人之间纵横捭阖,"二次革命"其实是会党分子挑起的,给国民党带来了严重失败与内部分裂的悲剧。历史的吊诡就在于,袁世凯也为其镇压"二次革命"的迅速成功冲昏了头脑,搞了个洪宪帝制,给了孙中山国民党东山再起的机会。否则,孙中山的中华革命党可能还需要很长的时间才能结束国外的流亡生活。

对于"二次革命",立宪派张謇、梁启超、蔡锷、程德全等人都持反对立场,而对袁世凯北洋政府的统一是认同的。所以,在袁世凯镇压了国民党的"二次革命"后,张謇、梁启超、蔡锷等人纷纷奉袁之命北上与袁政府合作。但由于程德全毕竟参加了南京独立,所以袁世凯对其有不信任之心;而且,程德全从南京出走后,又通电与黄兴等革命党人进行切割,并布置苏州对南京予以警戒,这就使革命党人对其也十分不满。他极力调和南北,结果却是南与北均对其不满。他苦心孤诣的努力化为乌有,最终他对当时中国的政治彻底失去信心,遁入空门,逃禅静修成为他人生的最后选择。

---

① 江苏都督府往来密电.程德全致袁世凯电.1913-07-17.

六、匡时无术合禅逃

1900年8月10日,程德全为拒绝俄军迫使他出任傀儡——黑龙江将军一职而投江自尽。"昏迷间,为俄兵十余人泅水捞救得苏。于是留居俄帐者,凡五昼夜。"在冰冷彻骨的江水中多时,救起后又只是在帐篷中住宿,程德全的腿脚关节从此留下宿疾。8月20日俄军又欲押送程德全去彼得堡,"二十五日至海拉尔城,此城向非繁盛,自经兵焚,居民一空,室庐残破,不堪栖止。而俄兵之屯住于此者尤伙。余至,遂无可安置,俄人畀余一毳幕,俗所谓蒙古包也。余偕同伴数人寝兴其中,卧起皆席地,躬亲炊汲,艰苦尤状。而朔地早寒,闰八月二日,大雪弥天,狂飙振野,沙砾乱飞,人马瑟缩,余迭更患难,早置生死于度外,然终日困踬颠连于冰天雪窖中,严寒砭骨,往往僵卧至不能转侧"。在此严寒之下,程德全病倒了,"凡住蒙古包二十有一日",在俄国红十字会的帮助下,他住进了"城内新修医院"。在医院住了几天后,因北京开始和谈,俄军即应红十字会之请而将程德全一行放回齐齐哈尔。而经此近一个月"终日困踬颠连于冰天雪窖中,严寒砭骨,往往僵卧至不能转侧"①的折磨后,程德全留下了严重的腿疾。1907年10月,时任黑龙江巡抚的程德全就因此而向清廷呈上"恳请开去署缺另简贤能"的辞职奏折。奏折说:"德全自夏间赴沈,即患腿疾。嗣于回江后,屡愈屡发,均未敢冒渎宸聪。良以为时方艰危,为臣子者不应稍耽安逸故也,惟自八月以来,所患增剧,跬步维艰,阅事稍多辄觉精神颓惫。据西医云,风湿入里,病根已深,非另换水土息心静摄,万难有效。德全年未五十,受皇太后、皇上逾格恩施,决不应稍萌退志,惟江省为东陲要区,现当朝廷注意扩张,德全病势日增,万难撑持,诚恐稍滋贻误,转负国恩。"②在程德全多次提出辞职要求后,清廷派东三省总督徐世昌查实,徐于1908年2月回奏称:"该抚腿疾未逾,亦属实在情形。可否赏假数月,回籍就医?如奉旨允准,即希请旨派员署理。"③这样,程德全才得以于1908年从黑龙江到上海寻医就诊。《李超琼日记》载:"(6月)初三日丁巳阴小雨。辰间出城,谒前黑龙江巡抚云阳程雪楼中丞(德全)于法界之鸿发栈。见其两足不仁,步履甚艰,其请假尚系实情。与晤谈久

---

① 李兴盛等主编.程德全守江奏稿(上)[M].哈尔滨:黑龙江人民出版社,1999:744.
② 李兴盛等主编.程德全守江奏稿(上)[M].哈尔滨:黑龙江人民出版社,1999:676.
③ 李兴盛等主编.程德全守江奏稿(上)[M].哈尔滨:黑龙江人民出版社,1999:704.

之。于边徼治理之大端,颇皆得要。人谓其习尚骄傲,似亦不然。殆病后起居不便,致召疑谤谒?"①这个严重的腿疾从此伴随程德全下半生,严重地影响了他的日常工作与生活。辛亥革命中他扶疾主持了苏州的和平光复,但在攻克南京后,其腿疾之严重使他不得不辞职到上海治病。"二次革命"中,他从南京出走时,也是以腿疾之名到上海治病的。"二次革命"失败,程德全对中国的政治失去信心,而其腿疾亦始终未愈,他就再次以此向袁世凯北洋政府提出辞呈。1913年9月3日,袁世凯批准了程德全的辞呈。从此,程德全退出了江苏乃至中国的政治舞台。

程德全虽然自1913年9月退出政坛后才开始正式研究佛典的,但他与佛学却有着很深的历史渊源。

程德全家族是宋代理学大师二程兄弟的后代,而二程兄弟之理学实出于佛学。程颐为其兄程颢所作的《明道先生行状》中说:"先生为学,自十五六岁时,闻周茂叔论道,遂厌科举之业。慨然有求道之志。又泛滥于诸家,出入释老者几十年,返求六经而后得之。"②程学与佛学的这种内在联系,使程氏族人自湖北迁到云阳,生活稍一安定,"复思梁武十里一庵,五里一寺之风。此地庵寺俱无。三姓同修庙宇,捐田亩,以完寺业,以奉香火,更名兴佛寺"。程德全的高祖载秀公中了秀才后,在重修宗祠时又在宗祠边修了一个寺庙,名为沙门寺。这个沙门寺就在程德全的祖屋之旁。程德全的母亲也是信佛之人,在程德全幼时可能经常带他到寺中,所以,程德全数十年后在辽阳无量观时回忆:"儿时每寐,即至梵刹。无量观音者,千山百寺之一也。至则途径迂回,楼阁高耸,一如梦中景象。拈香顶礼,怅触良久。"③正是由于程德全有着这样的回忆,所以,近人喻血轮在《绮情楼杂记》中载有这样的民间传说:"辛亥革命任江苏都督之程德全,四川云阳人。其母信佛,某岁有黑龙江某寺僧,道行甚高,因朝峨眉路过云阳,病甚,程母留与医与饭之,僧始得到峨眉圆寂,为感程母恩,遂转生为程。程生而颖慧,弱冠入泮。——但程至齐齐哈尔后,忽有异感,觉是处景物,皆所素悉。顾此生实未一履此土。胡为稔熟如是? 甚以为怪。——及辛亥革命,程被推为都督,卸职后,径至常州天宁寺为僧,似已还其本来面目矣。"④喻的这个记载其实是民间根据程德全《六十自述》中

---

① 李超琼.李超琼日记(手稿).苏州工业园区档案中心藏.
② 转引自钱穆.中国学术思想史论丛(卷五)[M].合肥:安徽教育出版社,2004:111.
③ 程世模主修.云阳程氏家乘(卷二).重庆云阳档案馆藏.
④ 喻血轮.绮情楼杂记[M].西安:长安出版社,2011:44.

甲午年间到辽阳无量观音寺中感到与梦中所游有似曾相识之感而演绎出来的。不过,这些也可以说明,程德全因为家族与母亲的原因,从小就与佛教有着不解之缘,这种不解之缘使程德全到苏州上任不久即带头募捐重修寒山寺。他在《重修寒山寺碑记》中说:"我世宗宪皇帝之序寒山诗也,曰'真乃古佛,直心直语'。呜呼。尽之矣。读寒山之诗,知道法明于天下后世。读世宗上谕,知治法行于天下后世。皆古佛直心直语也。今世政治家訾宗教,宗教家亦訾政治。不知废政治,则宗教为无用矣,离宗教,则政治为无本矣。寒山子云'报汝诸人,各各努力'。夫政治、宗教,虽各有异,而要其终始,总不出'各各努力'之一言。"①从中可以看出,程德全对于政治与宗教在治国理政上的相辅相成关系是看得很清的。政治需要宗教从精神道德层面上的支持,政治才有准则;宗教也需要政治予以护持,才能有所发展;宗教为政治之本,政治为宗教之用,这就是程德全对于宗教与政治的理解。正是循着这样的理解,程德全在退出政界后即回归本原,逃禅归佛。

作为一个曾经叱咤风云的政治人物,程德全逃禅学佛经历了一个逐步深入的过程。据其《六十自述》言:"六年学道费商量,法性无明计短长,穷人孤露今交运,倩人扶助返家乡。"并于此诗下自注:"盖自癸丑,由叶伯高教阅内典,甲寅皈依天宁冶公,裘葛屡更,毫无受用,惭悚奚如。"②可见,这个时期的程德全虽然开始阅读佛典,并皈依常州天宁寺住持冶开和尚,法名寂照,但于佛典之精华还是不甚了了。其原因正如其挚友宋小濂所言:"公近年栖心觉境,固知非痴念情缘,不能解脱者,然犹斤斤焉为妻子计,正以微尘不净断,不能无少挂碍。一有挂碍,便难解脱。如以不了了之,遗下烦恼与人,岂我佛慈悲普度之意? 以是之故,即不能一了百了。庶人我无间,同游极乐世界。此公之妙谛,愿公家人皆默参之。题竟为说偈曰'有我即有人,无人亦无我;携手彼岸登,是为大解脱'。"③1918年在宋小濂、叶尔恺等多年挚友的帮助下,程德全与夫人对家中所有的财产进行了处理,将家乡的房产与数十亩土地全部捐献给沙门寺,对上海、扬州、苏州等地的动产与不动产也做了处理,由此,程德全彻底了却了尘世的挂碍而一心向佛。

---

① 程德全.重修寒山寺碑记.性空主编.寒山寺志(卷二).寒山寺藏.
② 程世模主修.云阳程氏家乘(卷二).重庆云阳档案馆藏.
③ 程世模主修.云阳程氏家乘(卷二).重庆云阳档案馆藏.

1920年,程德全出资购苏州穿心街原中军衙署,重建报国寺。同时,为了中国佛教的发展,他上书当年东北的老上司、时任总统的徐世昌,要求对北洋政府原定的《内务部请明令保护佛教庙产致大总统呈》进行修改,"遂以意见书面呈大总统。既蒙俞允批交内务部集议。十年(1921年)春,方始修正为二十四条。详审斟酌,有利无弊。仍呈请大总统,以教令公布施行"。徐世昌很快予以批准,这就是1921年5月20日颁布的《大总统公布修正管理寺庙条例令》。这个新的条例不仅将原来的31条修减为24条,更为重要的是对有关佛教寺庙的权益予以明确保护。程德全自此而后,"凡有涉及损害佛教利益者,程氏无不尽全力以赴,力请当道维护之。民国以来中国佛教得绵延不绝。实赖政界耆宿多方庇护。其功德实不可忽焉!"①程德全离开政界后,实践了他的政治、宗教各各努力的理想,即利用原来在政界的影响力而做佛教的护法,为中国近代佛教的发展做出了重大的贡献。

　　1924年,程德全为家乡的沙门寺请购了一套《频伽藏经》。这是历代大藏经中唯一的有句读、适合现代人阅读的佛教经典。1925年,程德全又斥资1800元到北京购请到《永乐北藏》并赠送给时属云阳(现属万州)的弥陀院。这套大藏经共1621部,6361卷,7186册,636函,合计30余箱。"迨安抵沪滨,天气炎酷,为七八年来所仅见。而雪老诚诚恳恳,力疾步行,日光当午而不避,汗湿衣襟而不顾。身先家中人等开箱检对,过目无讹,选地存储,有条不紊。以七十老人振作精神,不辞老瘁,力任其艰,诚非他人所可及也。"②这套《永乐北藏》后由弥陀院主持德高和尚派其徒三德和尚到上海请接,护送回云阳,现藏重庆图书馆。

　　1926年4月,程德全以白银1400元购得木渎法云寺。7月,程德全作《木渎法云寺记》,对自己由儒入佛、勘破生死的历程做了全面的回顾。"德全少时讽白虎通德论,'死之言澌,精气穷也'。吻昕寤而仰思。知大块载我以形,终将息我以死,大伤人之不可免于死,辄思不鹿鹿死。其后读宋明儒书,尤好高景逸之言,见高子从容死于止水,谓然叹曰:死得其道哉!"。此一时期程德全还是儒家的生死观,"不鹿鹿死",而应当像明代东林党人高景逸一样"死得其道",所以,在庚子年间,为抗拒俄军的威迫,他就学高景逸投水自杀以明志。其后"遭辛亥、癸丑诸变,时时思得当以死,而卒不得可死之缘。匪死之艰,盖以死而无利于国,无益于民,吾虽

---

① 释东初.中国佛教近代史[M].台北:"中华佛教文化馆",1974:506.
② 陆秦.《永乐北藏》题识.重庆图书馆藏.

贸大名以去,其实固无殊夫鹿鹿以死也"。这种以儒家之个人杀身以求仁之死,虽然可以"贸得大名",但其实还是"无利于国,无益于民",还是一种"鹿鹿而死","于是洞明生死流转之故,吾人精气虽穷,而有不随之而穷者在"。这就是人的精神生命,也就是真正能超脱肉体生命局限的灵魂所在。这种超越肉体生命的局限就是宗教的真谛之所在。程德全悟透了生死之大义后,"甚欲于山颠水涯,求阿练若,为入三摩地便",以便更好地修禅向佛。友人为之提供了木渎法云寺的情况后,"偕来相度,幽寂适人。谓曾君曰:此吾未生净土前之化城也。——德全既发四弘誓以学佛,固将直趋佛地,则庸唯法云地,即金刚喻定现前,苟未至第二念弃舍四事解脱道起,吾视之犹化城也。自今以往,当被铠精进。其敢忽忽以生,鹿鹿以死哉!"程德全也确实从此在佛教上"被铠精进","八月十六日受沙弥戒于常州天宁寺之法云坛,十七日进比丘戒,二十日圆菩萨大戒,法名寂照"①,成为一个真正的佛教信徒。

程德全皈依佛教后是十分虔诚的。据杨绛回忆:"我九岁(1920年)家居上海时,贴邻是江苏某督军的小公馆。——这位督军晚年吃素念佛,每天高唱南无阿弥陀佛,我隔窗看得见他身披袈裟,一面号佛,一面跪拜,老人不停的下跪又起身,起身又下跪,十分吃力。他声音悲怆,我听了很可怜他。该是他在人间的'战场上'造孽多端,当年他把灵性良心撇开不顾,垂老又良心发现了。"②对于一位60多岁、腿有宿疾的老人来说,每天做跪拜向佛的动作当然是十分吃力的。而且,由于信仰虔诚,感情投入,9岁的杨绛都觉得"声音悲怆"。当然,杨绛当时年幼,她以为程德全是因为当年在战场上"造孽多端",把灵性良心撇开不顾,所以老来忏悔。其实,程德全一生无论是在黑龙江还是在江苏,固然在此行政之中也杀过人,如在黑龙江杀了些打着义和团旗号打家劫舍的匪类,在江苏镇压"洗城会"时杀了蒯氏兄弟与柳人环,但从整体而言,程德全所救之人远远超过其所杀之人。所以,程德全晚年虔诚地吃素念佛,固然也有忏悔的一面,而更多的是他的悲天悯人之心未息,他是在为当时国势不强、民生多艰而祈祷。而且,他继续着其辛亥革命时最先提出的"五族共和"的主张,其悲天悯人之心不仅是对于他经历过的川、黑、江数省汉满同胞,即使他从未履迹的西藏同胞也在其关怀之列。对此黄炎培有回忆:"德全病

---

① 黄炎培.辛亥革命史中之一人——程德全.人文月刊,1930(1):20.
② 杨绛.走在人生边上:自问自答[M].北京:商务印书馆,2008:18.

巫,招我去语我:中国是五族一家。中间藏族人民受英国人压迫,极度痛苦。我病自知不起,你年青,必须努力解决这一问题。德全旋殁。"①1930年4月30日,程德全于上海家中圆寂。《黄炎培日记》载:"程雪老昨逝世。十日前,其夫人刘先故,至是,无甚疾痛,安坐诵佛声中怛化。遗言不得做水陆道场,不得分讣,不得开吊。雪老一生慈善,总算圆满了。"②程德全与其刘夫人晚年均为虔诚的佛教徒,相隔10日即双双逝去,而且是"无甚疾痛,安坐诵佛声中怛化",真可谓功德圆满。

七、结 语

从1910年5月到江苏任职,到1930年4月在上海圆寂,程德全走完了人生的最后20年历程,这也是他一生中最为辉煌的20年。在这20年中,他由一个主张君主立宪的立宪派官僚,毅然决然地转向共和立宪,主导了苏州的和平光复,为辛亥革命开创了一个非暴力革命、五族共和的新模式。这个模式不仅极大地减少了暴力革命对社会经济与秩序的破坏,更重要的是其"五族共和"的口号维持了中华民族的团结,维护了中华疆域的完整,而且也为袁世凯反正、清帝逊位的"光荣革命"提供了一个仿效的样板。辛亥革命后民国一个阶段的发展,基本上是在苏州和平光复的模式上进行的。所以,程德全是名副其实的民国开国元勋。

"二次革命"中,程德全极力调和南北,其理性主义精神无疑是正确的,而且,他对形势的分析也是客观、中肯的。即如果武力讨袁,国民党是以卵击石,来之不易的南方数省政权会被袁世凯轻易夺去。所以,为国民党计,循法律方式解决"宋案"与五国借款问题,是最好的办法。但他的这一理性主义谋划不为国民党孙中山、陈其美等激进派所采纳。黄兴虽然开始时赞成程的主张,但在孙中山、陈其美的压力之下放弃了自己的理性主义主张,屈从孙中山到南京举行"独立",并迫使程德全、应德闳参与"江苏独立"。程德全两天后离开南京,与黄兴的"讨袁独立"决裂。而最终"二次革命"也如程德全所料,不旋踵而败,国民党在南方数省政权全部丧失,孙中山、黄兴亦公开分裂。程德全由此对南与北的政要彻底失去信心,"匡时无术合禅逃"就成为他最好的结局。

---

① 黄炎培.八十年来[M].北京:文史资料出版社,1982:64.
② 中国社会科学院近代史研究所整理.黄炎培日记(第三卷)[M].北京:华文出版社,2008:228.

程德全与民初政潮

辛亥革命后,南京临时政府成立,程德全被任命为内务部长,虽未到任,却因此辞去了苏督一职。苏督一职,由庄蕴宽(思缄)代理,驻节苏州。

南北统一后唐绍仪组阁,程德全没有入选,南京临时政府结束后,程没有公务在身,准备出洋游历,但时局尚不允许他超然事外,他的本心也尚未厌倦政治。不久,程德全即复出担任江苏都督。本章主要叙述和分析民国元年、二年间,程德全在江苏都督任上对当时政治风潮的态度和策略。程德全作为享有声誉的中间派地方军政长官,在一年多的时间里,力求维持一个平稳的政局,但终于无法实现。"二次革命"后,他黯然脱离了政治舞台。

一、江苏政局的统一

在南京临时政府行将结束之际,江苏都督庄蕴宽因财政困难,多次要求辞职,并推举程德全复任江苏都督。

当时,临时大总统袁世凯正网罗南方政界名流,听说程德全准备游历海外,便劝他先行进京。孙中山卸职后来到上海,也曾劝程暂缓启程。庄蕴宽既决心辞职,江苏省议会(议长张謇)及各界纷纷推举程德全继任,负责南京临时政府军事善后的南京留守黄兴也"请其出面维持"。程德全在江苏是各派可以接受的人物。当时江苏人士提倡地方自治,排斥外省人,程虽然是四川人,但和张謇一系关系良好,因而得到江苏人士的有力支持。袁世凯的北洋系在南方没有根基,不能不借重张謇来制约同盟会,自然也就支持程德全。同盟会中枢人士对政权采取退让政策,因而对支持辛亥革命、在政治上介于同盟会和袁系北洋派之间的程德全在江苏执政持欢迎态度。很快，袁世凯即于1912年4月13日任命程为江苏都督。

4月22日，程德全自上海前往苏州，"扶疾受命"就任苏督。几天后，即4月30日，他就以治病为名前往南京，其着眼点主要在于扩大苏督行政权力，统一全苏政局。

辛亥革命后，江苏政局分立的情况相当严重。扬州军政分府徐宝山在通电中说："江苏一省有军政府三，苏州、上海、清江是也。有分府二，扬州、常州是也。有留守府一，南京是也。论阶级，则以留守为至尊，然号令仅行于军队，而不及省外行政范围。论名分，即以江苏都督为最正，然权限且不能及于分府所辖之各属，遑问清江与上海。以故数月之间，统系不明，政令歧出。"南京留守府是袁世凯为安抚南方革命军队而特设的，管辖南方各军和南京一府地面，负责裁遣整编，只是个临时机关。上海本非军事重镇，由于陈其美在上海发动起义成功，支持了江苏和浙江的独立以及南京临时政府，上海遂成东南锁钥。但国家已统一，自无保留沪军都督的理由。清江浦原是前清江北提督的驻地，辛亥革命时，蒋雁行出任江北都督，据苏北以观望形势。这时候，江北一些团体和士绅纷纷要求江北分省，与江南分离，但得不到望重一时的江北名绅张謇的支持。

早在南京临时政府结束前，张謇即于3月30日致电王潜刚："蒋雁行人本老实，利用之者架弄立江北省，包揽一切，大为劳累。宜由洹上或段君密电纠正之。"同时，他又致电袁世凯："临时政府，行即交代。苏都督亟应移驻宁垣，以资震慑。"江苏省议会也通过了苏督移驻南京的决议。显然，张謇是在谋划接替南京临时政府，统一江苏全省政局。

但南京既设留守一职，苏督自不便即时移宁，何况苏州士绅为自身利益计，也反对苏督驻宁。所以，程德全以养病为名前往南京，是避免眼前冲突、谋求长远利益的政治运作。他在向袁世凯报告赴宁的艳电中说："宁属士绅迭经电请德全驻宁，省议会亦经议决于南京设都督行辕，德全此行藉可慰绅民之请，兼唔商黄留守筹划一切。"他计划按医嘱赴宁三星期，于5月19日回宁。但后来在5月致袁的漾电中，他透露说："德全此次赴宁，本不拟即归。"显然，程有意驻节南京来指挥全局。

袁世凯在任命程德全出任苏督后，即支持程控制全江苏。因此，已经向袁表示效忠的徐宝山准备向苏督移交权力，于4月16日通电表示："谨先自请取消扬州分府以为中央统一先从省治统一之倡。"不久，袁世凯于5月1日断然发布命令，取消江北都督府，调蒋雁行进京，同时任命程德全的亲随部下刘之洁出任江北护军使兼充第19师师长,接管江北军权。袁的命令显然是为了加强张謇、程德全一系在江苏的政治力量,以便于他们控驭江苏地区的革命党人。这同袁世凯在南方其他省区以护军使、镇守使名义分割都督权力的做法正好相反。

江北临时议会和一些团体反对袁世凯的命令。他们甚至拒绝刘之洁前来接统军队。对此,程德全态度十分强硬,于5月12日发布《布告江苏父老书》,要求各界尊重苏督权力。他强调说:"若谬托于共和,不明法律,不审权限,窃窃自攘其权利,争所不应争,竞所不应竞,以为伸张民权,其为误会错失,与放弃责任者一也。"刘之洁遂于5月17日带兵赴任。自此,程德全掌握了江北的军政权力。

南京留守府的存在是袁世凯的一块心病。北方的非同盟会舆论界一直在抨击南京留守拥兵割据,妨碍统一。但程德全与黄兴相处并无芥蒂,程对结束南京留守府的问题十分慎重。

袁世凯在设置留守一职时并没有赋予留守财政权力,留守府所属军队的费用须财政部供给。当时国家财政困难,袁世凯和共和党系的财政总长熊希龄屈从列强监督中国财政的要求,力图取得大借款以财力制约全国。但黄兴强烈反对丧权辱国的大借款,拒绝接受银行团的垫款,主张实行国民捐和不兑换纸币,从而和熊希龄发生激烈冲突。财政部以此断绝了对留守府的拨款。黄兴没有军饷也就无法掌握军队,被迫于5月13日提出辞职。

黄自请求辞职,正中袁世凯的下怀。不过袁没有力量直接接收留守府,不能不谋求张謇的支持。他密电张謇询问取消留守机关的善后办法:"现派蒋次长作宾来宁,与黄面商善后方法。至黄留守裁撤后,驻江苏地面之军队,应归苏都督接管者,有三师二旅及各项独立团、宪兵及警卫队、守卫队等,名目繁多,性质复杂。苏都督接管以来,自必胸有成竹,其病体能否耐劳,意中有无长于军事人员,堪资臂助,事关重大。有无密本电商,请执事即日面询雪楼,务求妥善,预为布置,并将商定办法密电。"

程德全刚刚接任苏督,立脚未稳。在政界,他表面上没有树敌,但和同盟会毕竟是异己的政派。他看到黄兴政治态度消极,并不构成威胁,因而希望用更稳妥的办法来统一江苏政局,避免因操之过急而激起反抗。他曾亲自劝黄兴留任。在答复袁世凯的征询时,他强调指出:"南京留守本非常设机关,克强亦有三个月告竣之说。德全在宁,亲见克强办事情形,实系处处力求收束,并无积极思想。即使三个月不能完竣,大抵五月为期,断无不了之局……但虑蒋君一到,留守即将各事立刻交出,失之太骤,非事势所宜。可否密谕蒋次长,于抵宁之日,宣布钧意,以此番来宁,专为抚慰赞助起见,并非交接。闻克强与蒋君至好,必乐引为己助,似此则一面可以促事实之进行,一面可以释军心之猜虑。两三月后事竣取消,大局宁帖,可操左券。"

当时同盟会领导人孙中山、黄兴等人虽然对袁世凯表示信任,但南方的许多革命党人仍对袁存有戒心,希望整军备战。对此,程德全自不能掉以轻心,而必须加以安抚。

黄兴提出辞职,使江苏的政局趋于复杂。一批激进的革命党人强烈反对黄兴离职,认为这将影响革命党人在江苏的政治地位。据《民立报》5月26日报道,陈其美曾亲赴南京劝阻黄兴,但没有得到黄的同意。为此,他还同蒋作宾、李书城到苏州和程德全商量。

显然,黄兴辞职必将使陈孤立无援,陈其美不得不加紧活动。苏州虽然在程控制之下,但陈其美同苏州革命党人一直保持密切联系。当时,驻扎在苏州的先锋营,系辛亥革命时由同盟会员柳成烈、朱葆诚等所组织,朱葆诚任先锋营团长兼第二营营长。柳因革命结束,也从山东回到苏州,住在蒯际唐、蒯佐同兄弟家里。据胡觉民访问记录,陈其美早就密谋利用先锋营取程自代。黄兴行将辞职,政局大变,苏州革命党人便组织"洗程会",准备"由陈其美预备军火一批,由小轮装运来苏后,即由四十六标配合先锋团发难,驱除程德全后由陈其美兼江苏都督职务"。程德全在南京不断接到苏州军队不稳定的报告,不得不于5月19日返苏震慑,部署应变。

5月30日,程德全接到江苏籍参议员杨廷栋从北京发来的密电报告:"陈英士(其美)暗中增兵,确否,乞严防。或不至大决裂,苏州地方密图自保。"程为政十分老练、冷静,他复电说:"颍川(按:当暗指陈其美——引者)增兵事恐误传,计其财力,当无他虑。"程已掌握充分的情报,悉知先锋营的活动和部署。据程事后报告,先锋营"官长目兵,连日在留园附近,并所驻之虎丘等处秘密开会,定于元月一日起事,兵分三路,袭取省城"。

于是,程德全于31日晚率先行动,逮捕了蒯氏兄弟和朱葆诚等骨干,迫令先锋营缴械遣散,并自任审判长,枪决了蒯氏兄弟,仅柳成烈逃脱。事变平定后,程德全不事张扬,避免株连,捕获文件、名册阅后即行焚毁,以安定人心。当陈其美明电询问柳的下落时,程平和地答复说:"敝处本不知柳成烈踪迹,芻案亦未闻及。特闻。"这样,程德全的都督地位就十分巩固,难以动摇了。

正当程德全在苏州紧张地部署对付先锋营的时候,黄兴正面临缺饷兵变的危险,他如坐针毡,坚决要求辞职。南京临时政府结束之后,革命党人各行其是,步调十分凌乱。先锋营的密谋,只是地方上少数人的事,与黄兴无关。蒋作宾在南京鉴于黄兴的处境,向程呼吁说:"宾再四思维,留守不即解职,拨款万难办到,军队林立,嗷嗷待哺,无米之炊,岂能久待。若我公来宁,接收机关既易,号召不同,对于中央款项或有调停之法。务望我公力疾来宁,妥筹善后,不胜待命之至。"大约接到此电之后,程德全就同意接收留守府了。显然,他并没有把先锋营的威胁看得十分严重。

5月30日,袁世凯电令程"即日到宁接收,已嘱蒋次长协同赞助"。翌日,袁发布正式命令:"所有南京留守机关,候德全到宁接收后准即取消。"同时,按事实任命了第1军军长柏文蔚、第2军军长徐宝山,将第1军、第2军及第3军之第8师归陆军部直辖,"其余分驻江苏地面之各项营队,凡向隶留守府者,均归江苏都督程德全接收管辖"。同一天,袁世凯通知程德全派王芝祥督办南京整理军队事宜,"与该督会商办理"。

王芝祥原为第3军军长,经唐绍仪和同盟会方面商定,并经直隶咨议局选举,应任命王为直隶都督,但袁世凯拒绝任命,私下向王疏通后派回南京。在北京的江苏政客不明袁的意图,杨廷栋致电程德全说:"黄留守如取消,中央拟以王芝祥接统,然王仍同盟会,不如令思缄为之,秉三(即熊希龄——引者)议以确实之接济,或能应手。"江苏的清末立宪派—共和党系希望排除异己,独揽政权。对此袁世凯表示支持,他向程解释说:"此次派王芝祥前往南京整理军队,因该督病根未除,命其助理,实非于取消留守以后又设特别机关,望仍按照迭电,俟苏州乱端初平,即往南京接收,毋因督办有人,至生瞻顾。"由此表明了对程的倚重。

袁世凯的命令发布后,同盟会内少数人表示反对,希望任命黄兴为江苏都督。但这些异议当然动摇不了袁的决心和程的地位。6月14日,程德全前往南京,黄兴于同日通电解职。陈其美孤掌难鸣,于7月31日交卸沪军都督一职,由程德全到沪接收。于是,江苏政局归于统一。

以张謇为首的清末立宪派—共和党系在江苏地区拥有广泛的政治、经济基础,程德全主要是这一系推戴的政治代表。他们参加了辛亥革命,因而扩大了政治影响。当时,袁世凯的北洋系受到南方革命党人的抵抗,对江苏的控制鞭长莫及,而南方革命党人在政治上软弱,在经济上又缺乏支持。因此程德全在张謇一系支持下乘虚而入，暂时掌握了江苏政权。当然，程为政有魄力，宽严有度，开诚布公，也是他获得各方面支持的重要原因。

程德全复任苏督时宣布了自己的政治主张："首宜以恢复秩序为唯一之方针，一面求教育普及，养成人民自治资格，以期臻乎共和国民之程度。""恢复秩序"是当时各界的普遍愿望，然而当时的政界却屡生摩擦和冲突。程德全既以"恢复秩序"为其施政方针，在党派冲突问题上也极力主张调和。

早在南京临时政府成立之前，程德全和章太炎等人就筹组中华民国联合会，后改为统一党。程与章政见不合，到1912年5月间就另行发起创设超党派的政见商榷会，"期以融洽党见，消弭党祸"，此举得到黎元洪、黄兴等的赞成。5月20日，他宣布脱离共和党（这时统一党和民社等正合组共和党），并声明："德全对于国事，则以统一为职志，对于各党，则以联络为方针，而太炎率性径行，持论孤僻，于会事进行，无时不受其影响。嗣联合会改统一党，原冀其顾名思义，少敛圭角。德全又尝劝以遇事平心，勿逞小忿。而太炎褊中狭度，绝不见听。于是又联合黎副总统等组设政见商榷会，为沟通南北，调和党派之计。"

程德全对当时的党派纷争十分不满，希望超脱。一个月后，党争激化，程在给黄兴的一封长电中说："近日实无所谓政党，不过一二沽名之士，以党名为符号，而一般无意识之人，从而附和，自命政党，居之不疑。叩以政见，毫无所有。德全前之脱除共和党籍，实由于此，后之组设政见商榷会，亦由于此。"政见商榷会的组织并没有成功。后来，程德全在给张国淦的一封信中说："与者星散，一会之后，难以赓续。"当时，张正筹建民主党，程告诫他说："智识幼稚，如吾国是，则党派实不应发生太早，由此点思之，吾国至少非有五年或十年之预备，不可言党也。"程准备重新发起政见商榷会，"一问题起，必萃集全国之聪明才力以解决之"，"自由研究，互换智识"。

民国初年有一个令人困惑的问题：共和制度既然已经成为政界公认的政治制度，那么为什么政党政治只是造成了政界的混乱，而不是促进了国家的建设呢？怎样才能让它正常地、有益地运转起来呢？程德全的解释和解决方案正反映了中间派的善良愿望。当时许多人也希望从完善政党组织和国家法制着手，但问题在于，当时的政党斗争只是个假象，共和党、进步党与同盟会或国民党的斗争掩盖了袁世凯的北洋军政集团和同盟会、国民党内外革命党人的斗争。这是推翻共和制度和保卫共和制度的斗争。对此,当时许多人一时认识不清。

当时,袁世凯力图超然于政党之上来驾驭政局,施展权术。他曾写信给柏文蔚说:"至加入党籍,上年(1912年——引者)中山、克强诸公,亦曾力劝。惟因入甲党,则乙党为敌,入乙党则丙党为敌,实不敢以一己之便安,而起国中之纷扰……俟将来政党真正稳固,或不能终守不党主义,今则尚非其时也。"袁世凯作为超然于党派之上维持秩序的力量,同程德全的期望似乎是合拍的。既然袁世凯表示承认共和,也就承认与其他政派分享政权,中间倾向的程德全就能表示满足。为了维持秩序,程德全在自己难以完成的情况下不能不仰仗袁世凯的支持,因而对中央表示拥护。

江苏地区是辛亥革命时期革命党人政治、军事力量的主要集结区。南京临时政府虽然已经结束,群龙无首,但江苏的革命传统和力量仍然存在,江苏也因此成为袁世凯关注的主要地区。北洋势力既一时难以南下,袁世凯自然愿意与中间派系的程德全合作,全力支持程,以抑制革命势力的再起和发展。后来,沈中孚、张一麐在致张一麐电中说:"光复以来,与中央关系密切者,苏省为最。"反映了双方的依存关系。

程德全在接收留守府时就曾向袁世凯表示:"留守宣布取消,宁事万分紧迫,明知不名一钱,冒昧接收,必无善果,然若迟延不去,不唯负我大总统维持大局之盛意,抑非德全此次扶病任事之初心。"这里,虽然主要是防止军队非革命性的哗溃,但也不排除是为了以财力控驭有革命传统的军队。

程德全既希望维持秩序,当然不赞成革命党人激烈的反袁倾向和革命传统。但是,他比较真诚地愿意同从事建设的革命党人合作,对他们要求民主的倾向表示同情。他对于革命党人掌握的具有革命传统的军队,主要是进行安抚,很少用强力排斥。他在袁世凯的支持下,虽然吞噬着革命党人既有的政治实力,但主要是利用革命党人本身虚弱的地位,乘隙取而代之。因而,程德全和革命党人之间保持着辛亥以来的良好关系。唐绍仪内阁风潮发生,同盟会主张政党内阁,程对黄兴表示赞成:"惟有一意赶速组成政党,以为政党内阁之准备。如邀鉴许,幸早图之。德全极愿随我公之后,竭尽知能,以承提挈,并请告中山、精卫、英士诸先生商榷为幸。"这是很友好的表示。不久,张振武案发生,北方放出谣言,诬指黄兴联张密谋刺杀黎元洪,发动"二次革命"。程当即发表通电为黄辩白,并要求袁世凯"究出伪造之人,依法重惩,以谢黄君,而解中外之惑"。

陈其美虽是程德全潜在的劲敌,也是张謇一系江苏共和党人最为忌刻的人,但程基本上也能以大度处之。先锋营事件时期,在当时全国和平声中,以程之威望,倒程在道义上一时难以成立,程对此事并未实施株连,较快地平息了事态。唐阁风潮中,程主张唐绍仪回任,在上述致黄兴电中表示同陈其美的主张"不期而合",以示友好。在陈其美不能不交卸沪军都督时,双方交接顺利,并无冲突。程德全致电袁世凯说:"前沪军都督陈其美,去年起义,大有功于民国,现复自愿取消,尤属力顾大局。闻该都督拟于取消之后出洋游历,应恳大总统命令前往东西各国考察工商情形,并由中央优给旅资,以便启行。"后来,他在江苏政务方面同陈仍有合作关系。

民国元年间,政治风潮连绵不绝,南北交相指摘。程德全为此一再进行调停,呼吁和平、秩序和安宁。他在一封通电中说:"大局危机,间不容发,所误者只一疑字,所缺者只一信字……德全窃愿我全国同胞,以前种种如昨日死,以后种种如今日生,精诚相孚,腹心相示,泯南北之畛域,捐新旧之猜嫌。愿各政界、各政党以和平之心气,成坚忍之功能。勿薄躬厚人,勿党同伐异;各言论家以诚意为指导,以真理相商榷,勿抱薪以救火,勿止沸而扬汤。更愿南北两方政客,勿惮道路之修阻,务为实地之调查。此往彼来,互相考验,见闻既确,疑沮全消,联络进行,斯无隔阂。"应当说,程德全的调和愿望是比较真诚的。

程德全比较真诚的调和精神,最充分地体现在对江苏军队的整编问题上。当时,黎元洪也是中间派的一个领袖,但他越来越倾向袁世凯,排斥辛亥革命党人,在湖北内部一再激起风潮。程德全在基本政治倾向上虽同黎元洪大体一致,但程为政胸怀比较开阔,处事比较公正。当程德全和革命党人都主张和平建设的时候,他能够比较公平地对待原属于革命党的部属。

例如,驻徐州一带的第9师,原属柏文蔚的第1军,后来划归江苏,新任师长冷遹系同盟会员。陈幹所部39旅同驻徐州,与第9师屡生冲突。陈旅本系闲杂部队,军纪不好,而陆军部以种种借口要予以保留,对此,程德全致电袁世凯和陆军部,愤愤地说:"窃谓苏省军队从前十五六万,陆续裁遣,数以过半。即冷遹归并一、九两师,亦裁去不下八千余人,从未闻有祸民之举。何独于区区一旅(指陈旅——引者)而听其蕴毒养痈。唯望毅力主持从速解决。"

扬州绅士杨幕时、段书云反对革命,在程德全面前肆意攻击参加辛亥

125

革命的徐州驻军。为此,程德全断然撤销了杨的江北民政次长的任命,并申斥说:"德全在苏一日,杨幕时、段书云均不令预闻本省政事,俾无所施其挑拨播弄之伎俩。全以身许国,患难生死,均所弗计,唯一息尚存,不忍见中原大局受崩离之祸耳。"

在整编驻在南京一带的第3师、第7师时,第3师师长陈懋修倾向拥袁,第7师师长洪承点则坚持同盟会的立场。程德全先编组成两独立旅,两师长都去职。都督府承政处长张一爵向张一麐、唐在礼陈述整编情形说:"三、七两师,雪老到宁时,已有归并之说。数月以来,互相标榜,兼存党见。甲力图归并乙,意气不投,成见相持,激成水火。幸赖雪老魄力雄厚,手腕灵敏,且处事持平,绝无偏袒。"后来,又整编为江苏第1师,任命章梓为师长。章梓是江苏地区革命党的重要领袖,但系文人,不懂军事。陆军部以章非军校毕业为借口,表示反对。程力排众议,坚持任命。陈其采曾向陆军部次长蒋作宾陈述程的意见说:第1师情况复杂,"尤非熟谙本省军队情形,与各机关感情素洽者充任师长,调处一切不可。故仍请查照前电,任命章中将梓为该师师长,以期易收成效"。

当时,陆军部一而再、再而三地向程德全推荐军事人选,要求予以重用,意在向江苏军界安插北洋派可以利用的人。对此,程曾措词严厉地批评说:"此间军官,党派之意见尚小,留学生与非留学生之意见甚大。失意之军官,不免任意造谣攻击,而军部听信哄心谗言,不加辨察,专为一面之词。如张一麐也,尹同愈也,已迭次为言,今又及朱先志矣。夫此数子者,非谓其竟不可用,但用以与军队对抗,致酿风潮,则殊觉不必。况朱现为堂长,尹为团长,并为尝不用耶。"

程德全并非不知道南方军队中的革命传统和反袁情绪,但是他希望用安抚的方法尽力化解这些矛盾,而不希望激化矛盾。因此,他一方面表示拥护中央,也就是反对革命;另一方面,也反对北洋派独揽政权压迫革命党人、激化矛盾的无理行为,同情革命党人的民主要求,保护了革命党人的一些既得利益和合法要求。他希望维持一个和平的政局,渐图国家的进步和改良。

二、处理"宋案"与消弭革命

1913年3月,国民党代理理事长宋教仁在上海遇刺,延至22日晨伤重不治去世。程德全于21日刚得到宋遇刺消息,即致电黄兴询问详情。袁世凯也同时指令程德全:"但望宋君转危为安,即为万幸。目前总以购线缉凶、限期破案为第一要义。克强同行受惊,嗣后出入应由执事派宪兵多名妥为保护,以昭慎重。"宋去世的消息传来后,程深感政界风潮必然扩大,要求袁世凯注意善后。他说:"宋教仁君竟因伤殒命,其身后一切,应请大总统注意优待,并请就宋君皓电所陈各语恳切布告,以慰死者之愿,而安生者之心,庶谰言不至发生,实于民国前途大有关系。"宋临终前发电要求袁"开诚心,布公道,竭力保障民权,俾国家得确定不拔之宪法"。程同情宋的主张,而袁对"恳切布告"的表面文章也没有去做。

不过,袁世凯发布了缉凶的命令:"应责成江苏都督、民政长迅缉凶犯,穷究主名,务得确情,按法严办,以维国纪而慰英魂。"程既奉袁的严令,又接到黄兴的请求,遂于3月25日亲自前往上海,处理这个关系全国政局安危的大案,这时候的他面临的问题是非常棘手的。

当时,"宋案"要犯应桂馨、武士英已被英、法租界当局逮捕。不久,内务部秘书洪述祖与"宋案"有牵连的内幕披露出来,一时间南方反袁舆论高涨,程德全"弥觉心危"。他向袁陈述说:"近闻都城谣诼繁兴,甚且有各省联合反抗中央,业经有人举发之说,此间亦有中央密令某某军队戒备之说。"他要求袁"密谕内外执政,禁止浮言,屏绝密告,以释群疑而安大局"。他表示,自己处理"宋案""一切手续务取严密沉静态度,庶免传闻异辞,混淆观听"。他在致章士钊的电报中也强调说:"执事将与暂子诹说前途,鄙人不敢赞成。现在谣诼四起,猜忌迭出,此种言谈,无裨事实,徒滋误会。愚见对于'宋案',只宜平心静气以求解决,对于大局只宜处以稳静之态度。"他明确表示希望以静止动。

为了平息风潮,程德全十分关注"宋案"的司法审判问题。当时,向英、法租界当局交涉引渡的问题尚不严重,关键在于内地司法机关如何接收和审判。这是关系到能否把"宋案"纳入法律解决的轨道,从而避免革命的重大问题。

袁世凯方面一度曾企图掌握"宋案"的司法审判权。在国务会议上,司法总长许世英"以兹案关系甚大,拟提京交大理院公开审判,以期水落石出"。张一麐也致电程德全说:"政府对于此事,无论牵连中央何人,但有确据,均可按名审判,绝无丝毫袒护之意。希迅速向英厅索取证据,专人带京,以便呈请究办,阅后仍交来人带回归档。此事系为穷究主谋,释疑团以安大局起见,舍此无别法也。"程深知此中利害,并未答应。

在"宋案"的司法审判方面,程德全大体同情和支持国民党方面的要求。据4月14日《民立报》报道:"孙中山先生与程雪楼都督、陈英士君等商议,以此案关系重要,与寻常杀人案件有别……亟应组织特别法庭办理。昨晨已由程都督拍电向袁总统及内务、司法两部商议组织特别法庭及地点。"《民立报》于第二天继续报道说,袁世凯曾复电表示"所拟组织特别法庭,望速筹办",而程即拟委黄郛(膺白)为特别法庭主裁。4月16日、17日,程德全从法、英租界当局分别接收了武士英、应桂馨及有关证据,并立即同江苏民政长应德闳、黄兴以及公证人伍廷芳、王宠惠,上海地方检察厅长陈英等一起会同检查证据。

袁世凯本人在表面上同意组织特别法庭,但北洋派显然难以插手在上海的审判,于是袁就假手司法总长许世英来制造司法障碍。4月17日,司法部致电上海地方审检厅,强调说程拟组织特别法庭,"与约法、编制法等不符,碍难照办。本部斟酌再四,仍应由该厅负完全责任,审理所有一切"。袁世凯方面一贯无视法律,而这时候却一本正经地借助不完善的现有法制和所谓司法独立的原则来干扰"宋案"的公正审判。

4月21日,程德全会同应德闳连发两电致袁世凯,详陈组织特别法庭的理由,并请任命伍廷芳为主任;另又致电张一麐,请其设法疏通。程、应对袁表示:"南中人士均主公开审判,以息揣测,而免延缓。即局外一般心理,亦多以案情重大,若必拘牵法律,按照普通审判手续办理,迂回曲折,易生障碍,正恐政府廓然大公之心,转不能昭示全国。故法庭组织决宜采用陪审制,公开审判,尤宜克日成立,迅速开审。"

这里,程德全把公开而又公正的审判看成平息革命党人的愤怒、消弭革命的必要措施,因而不赞成"拘牵法律,致误事实"。鉴于特别法庭的组织一时无望,在黄兴等人的敦促下,程德全、应德闳于4月25日午夜发布通电,摘要公布了"宋案"证据,续后又影印公布了有关证据。"宋案"证据的公布虽然不能改变党派关系的基本格局,但毕竟对袁世凯不利。

黄兴于4月26日直接出面致电袁世凯要求组织特别法庭,他措辞强硬地指出:"此案词连政府,据昨日程督、应省长报告证据之电文,国务院总理赵秉钧且为暗杀主谋之犯,法院既在政府藩篱之下,此案果上诉至于该院,能否望其加罪,政府无所阻扰,此更为一大疑问。"黄兴与虎谋皮,当然不可能成功。袁世凯严词拒绝了组织特别法庭的要求,且不准许世英辞职。袁在批文中说:"民国初建,巩固法权尤关重要,岂容以顾畏人言遂存退卸。所请辞职之处,碍难照准。"

黄兴由于仍力图在法律范围内解决"宋案",不能不谋求妥协,程德全则居间向双方疏通。最后,司法部复电确定妥协方案:"一、初审由上海地方审判厅审判,由部电知该厅,按照证据秉公审判,毋偏毋倚;二、初审判决,如有上诉,本部即呈请大总统于江苏暂设大理分院,或派旧员或新任用,均无不可,决不至提京审讯。"结果,"宋案"陷入了司法程序的泥淖,始终无法进行审理。

  鉴于"宋案"司法问题的交涉告一段落,程德全便于5月3日离开上海返回南京。对于程在上海的处境,在北京新创刊的《国报》上有一篇文章批评说:"程都督、应省长之通电,宣布证据,举世视为最重要之文件,国民党亦视为奇货可居,诚可骇笑。此则不能不叹息于程都督之庸懦无能,其左右侍从,又绝无可恃之人。应省长虽云较可,然国民党人不甚重视,故主张无甚力量。当检查证据后,即由黄兴处拟一电稿,送请程都督阅发,其末尾所云,较今日之稿,饬文多至十倍,全是法庭判决书中口吻,说明袁、赵为主使犯云云。程阅之无语,应力持不可,以为现仅宣布为止,如下判词,他日何必再有审判,故语气须虚而不实。又有国民党人蔡某,从旁力为周旋,乃商量改窜至四次,始将尾语删除殆尽。未'词意均有所属'之'所属'二字。尚用'秉承'字样。程都督不欲再争,即振笔签字。应与蔡、陈诸人力争'秉承'二字太落边际,请改'牵涉'二字。黄怫然曰:'如此是有意为政府开脱',坚不允改,磋议竟日,始改'所属'二字……程都督在沪不能自由发言,又无机会回宁,其所受痛苦不可言状,日惟硬留应省长为伴。迨法庭问题决,始能有可行之势。"

  《国报》以攻击南方革命党人为职志,但这篇报道还近乎情理。从前述程致冷通电也可看出,程在沪滞留主要是出于黄兴的要求,当然,程不是被挟持的。他尽量满足国民党方面在法律范围内的要求,正是为了消弭国民党内外的革命倾向。在此期间,外间关于程的猜测和谣言十分盛行。据说"都中有南军北伐之信,苏都督已为南军势力所禁制",又有程要求辞职的传闻。程深感谣言愈出愈奇,一面致电冷遹否认辞职消息,一面请尚在南京的应德闳设法解释。应与庄蕴宽、罗良鉴、章梓等商量后决定,一面由庄出面致电袁世凯说明:"宽在此目击各军情形,确受都督指挥,绝无他意。雪老情性公所夙稔,纵有萤言,中央岂为所惑。惟应有表示,以息浮言。"一面由江苏三师长联名声明:"闻京中有苏军北伐之谣,至为怪诧,军人以服从为天职,师长等禀承都督指挥,一意维持地方秩序,其他政事概不预闻。"

  尽管如此,袁世凯方面对程德全的处境仍然十分担心。程刚刚离开上海,张一麐立即致电程探询实情:"日来沪上浮议愈唱愈高,势成热病。

公在沪,中央虑受要挟,公离沪,尤恐无人维持。究应何等解决,祈密示转呈。"可见,袁世凯对于程德全的矛盾心理,也说明程作为一个中间派,是双方争取的对象。

然而在民初的社会政治环境中,中间派的主要倾向是希望社会安定,他们可以同情国民党方面的民主要求,但不赞成武力反袁的倾向。程德全答复张一麐说:"人心厌乱,大多数心理,总欲维持现状,故热病虽深,尚不易于传染。昨日晤西林、铁珊,俱以设法维持为言。"维持现状也就是设法平息反袁的革命倾向。所以,当袁世凯再三电令程德全缉拿"暴徒",动用"亲信军警"镇压反袁集会时,程德全当即表示:"德全谨遵大总统令,以爱惜人民,维持大局为宗旨。如有匪类潜滋,乱徒窜入,以及一切扰乱治安之举动,自当严密惩治,并责成军队极力防维。"

不过,程德全的话在当时主要是针对革命党人中的激进派在游民社会中的反袁活动而言的,还不是针对革命党人军政骨干中的反袁活动。6月底以前,他还不赞成北洋军队以武力对付南方。他一再拒绝陆军部向上海制造局调拨军火的要求,反对在江苏设置镇守使。他说:"此间军队费尽许多心力,始就安帖,值此大局扰攘之际,骤来一镇守使,诚恐军心惶惑,转滋不靖。"

程德全仍然致力于调和南北分歧,劝说革命党人放弃武力反袁的主张。5月8日,程德全收到黄兴转来李烈钧征询政见的电报,当即复电详加劝慰:"今之大多数人民不知政治为何物,但两年来尝受痛苦,不愿再有纷扰,此为普通心理。吾辈一言一动,当在法律范围之中,倘过于激切,酿成暴动,转贻反对者口实,夫大多数人民反对,未有不败亡者也。德全在苏言苏,元气未复,商业凋敝,饷不足以赡兵,兵不足以御侮,一有警耗,盗贼蜂起,地方糜烂,鹬蚌相争,强邻干涉,如吾辈者,不独身败名裂,直万世之罪人已耳。总之,政治不良,革政治之命可也,若酿成分裂之祸,因以革民国之命,则不可。国民党惨淡经营,得有今日,诚非易易,更须稳立脚步,求政治上最后之胜利,切不可激于忿愤,为孤注之一掷。"程德全的立场诚然与国民党内的革命派不同,但分析毕竟是入情入理的。当时,黄兴、李烈钧等人正在争取黎元洪、蔡锷、程德全等中间派参加反袁,但都遭到拒绝。在他们中间,程德全表示了最大的善意,所以李烈钧复电说:"良药苦口,义正词挚,当铭左右。'宋案'以法庭为归束,借款待国会之解决。政潮当易平定,人心或可安宁。"说明程德全的规劝显然对李烈钧产生了影响。

尽管孙中山的战斗动员一再受到挫折,革命党人越来越倾向于谋求妥协的办法,北洋派却愈益加强了对南方革命党人的攻击。北洋军人甚至直接点名攻击黄兴、李烈钧、胡汉民,一时函电纷驰,信口雌黄。北洋第6师也应黎元洪的请求开进湖北,前锋到达武汉,兵逼江西,风潮仍在扩大。为此,程德全于5月16日发布致各界的长篇通电,呼吁和平。他感情激越地说:"黎副总统元电至诚恻怛,持论公平。至谓起衅之因,悉由一疑字,斯言最为确当。德全以为非去疑不足以弭争,敢僭为申其词曰:政府固无谋叛之心,民党亦无造反之意,二者若有其一,德全愿受斧锧以谢天下。愿我同人,以国家为重,以人民为心,各自审其权限,各自尽其职守。毋听谰言,毋逞臆说,毋为逆忆之术,毋作忿激之争。"然而,程在通电中也强调:"既受江苏人民付托之重,只知保卫地方,维持秩序。凡有煽惑兵队,扰乱治安之举,无不以军法从事。"在调和之中,程显露了他的倾向。

当时,江苏军界虽然倾向反袁,但力持稳重,保存实力。因而,程德全对江苏政局有恃无恐。5月11日,他曾致电张一麐说:"目下江苏情形,他无足虑,惟妙手空空,哗溃堪虞耳。"袁世凯当然了解程德全所处的环境,因而不能不对程进行安抚,以防不测。张一麐在15日的复电中转告程:"主峰佩公不为异说动",尽管财政困难,仍"对苏省特别顾惜"。5月31日,袁世凯在接见庄蕴宽详谈江苏形势后,致电程德全说:"北方军人附和之电,大都不能设身处地,致多意气,以公明恕,尽可一笑置之。思缄言,南方诸师长力顾大局,精白其心,实为庆幸,望转告嘉佩之诚。倘有游词,必电知以明虚实,使利用者无从媒孽,易于抵制。至饷项必视力所能至,内外同处困难,决不忍袖手漠视也。"

5月30日,参加过辛亥革命的会党领袖张尧卿、柳人环联络工党领袖徐企文,策动进攻上海制造局。事前,袁世凯方面即获得张尧卿等活动的密报,曾令程德全捕拿。黄兴、陈其美一方面阻止张、柳利用黄、陈的名义组织队伍,另一方面也派黄郛向程报告。程德全严密布置,挫败了这一事变,并逮捕了徐企文。李烈钧也在程的要求下配合行动,逮捕了逃往南昌企图依靠李烈钧庇护的柳人环。程德全在各方配合下平息了这起具有反袁政治色彩的游民肇事,稳定了政局。看来,一场革命正在烟消云散,中间派的政治主张正在获得成功,各方合作的政治局面仍可和平地维持下去。

然而,事态的发展恰恰相反。由于革命党人地位虚弱,袁世凯强化了高压政策。赣督李烈钧、粤督胡汉民、皖督柏文蔚先后被免职。北洋军队以上海制造局事件为借口,于7月6日派出一团兵力进驻上海制造局。程德全已无法阻止北军南下。同时,北军正进占江西九江地区。革命党人忍无可忍,只好孤注一掷,起兵反抗。程德全调和党争、维持秩序的政治规划在两极的夹击下失败了。

当李烈钧于湖口起义之后,黄兴也从上海前往南京,于7月15日晨率江苏军界领袖带兵闯入都督府,请求程德全宣布江苏独立,出师讨袁。程被迫附和,旋于7月16日晚离宁赴沪。黄兴网开一面,无异纵虎归山。程德全到上海后即着手与袁世凯联络,在苏州组织行署,召集忠于自己的江苏第2师诸部,并对反袁诸部进行策反,破坏讨袁运动。但程德全深知,南北平衡破坏,北军大举南下,自己也就失去了立足之地。7月28日黄兴离宁出走,南京宣布取消独立。尽管如此,程德全没有响应各方的呼吁前往南京善后,却向袁世凯请求辞职。

作为中间派,程德全们在政治平衡的天平上有时具有举足轻重的力量,然而由于他们缺乏必要的实力独行其是,因此不能不在两股强大的政治势力中间寻求生存之道。平衡不免打破之时,他们不能不有所选择,但一旦与他们结盟的一方取得了全面的胜利,兔死狗烹,中间派的地位也就岌岌可危了。他们期望国家安定的善良愿望,也变得十分渺茫。

程德全在政界崛起较晚,缺乏基础,但他毕竟是一个很精明的人,能够审时度势,主动引退。当张勋、冯国璋诸部攻占南京、大肆烧杀抢掠之时,袁世凯于9月3日免去了程德全的江苏都督职务,由张勋继任。

从此,程德全退出了政界,万念俱灰,闭门诵佛。

江苏都督程德全安抚会党政策的失败

　　辛亥革命的过程中,革命党人曾利用会党的力量来推翻清朝政府。但即使在革命过程中,革命党人也深感会党首领难用,对会党的利用并没有构成真正的革命力量。民国成立之后,全国统一,无论是属于哪一政治派系的各省都督都面临着会党破坏社会秩序、破坏社会经济建设的问题。因此,如何解决会党的问题就成为政治领袖们十分关心的一个问题。许多省份,例如,同盟会—国民党都督执政的江西和共和党都督执政的浙江对会党进行了严厉的镇压。但孙中山等革命领导人则提出了改造会党的主张。以此主张为基础,在对实际政治形势进行权衡之后,亲近共和党的江苏都督程德全采用了安抚会党的政策。但程德全安抚政策实行的结果却为袁世凯利用会党来对付国民党人提供了方便,安抚政策只能归于失败。

一、应桂馨创立共进会

　　孙中山卸去了临时大总统职务后,已经不需要担负执政者所要担任的重任,不久他回到广东规划自己所要进行的社会事业。1912年5月6日,孙中山在广东中国同志竞业社欢迎会的演说中提出了改良会党的主张:"洪门所以设会之故,系复国仇,倡于二百年前,实革命之导线。惟现下汉族已复,则当改其立会之方针,将仇视鞑虏政府之心,化而为助我民国政府之力。我既爱国,国亦爱之,使可以上感下孚,永享幸福,此求自立之真谛也。洪门因避鞑孚查办,故将所有号召及联络处秘而不宣。今既治溥大同,为共和之国,自不必仍守秘密。可将从前规矩宣布,使人知之,此去局外猜忌之理由也。人贵自重,须知国无法则不立,如其犯法,则政府不得不以法惩治之。惟自纳于范围之中,自免此祸,此相安之理由也。"①他对改造会党的问题未免想得简单了一点。

在孙中山归国出任临时大总统期间,担任过孙中山的卫队长、转任南京临时政府庶务科长的应桂馨也是会党的领袖。他在辛亥革命前受到过时任沪军都督陈其美的关照,在革命中为陈其美所用。但在南京政府工作时,却因有贪污伙食费的嫌疑而遭到斥革。应桂馨很有点鬼才。他看到当时社会上种种改良会党的言论,即乘机因缘附会,在1912年6月间筹划联合青帮、红帮、公口三帮组织国民共进会,简称共进会,此举得到了陈其美等的支持。《中华国民共进会广告》说得冠冕堂皇:"我同志等,于推翻专制时,切同袍之大谊,坚扶汉之初衷,有挺身任事者,热心毅力,固属可泣可歌,其伏处草茅者,拨乱保安,亦自有声有色。乃自大功告成,转觉涣处四方,对于社会之设施,不能不集思以广益。是以本会发起,就各地原有同志,实行联合,共议进行,以期交换知识,增进道德,维持国内和平,振兴各项实业,聚兹民气,蔚为国光。"②沪军都督陈其美被列为发起人的首席。应桂馨在为共进会立案呈沪军都督文中说:"组织纯粹民党,实行取缔会员,各处支部成立后,不准在外私开香堂,另立码头,剪除其旧染之习惯,免致与民国法律相抵触。总期力图改良,维持国内和平,增进国民道德。业经三党公觉。"③宋教仁被应桂馨指使武士英暗杀后,陈其美回顾当时的想法说:"当时,余亦为之赞助。因青、红诸帮,革命出力不少,以黑暗之境,导入光明,取名共进,亦此主义。"④

二、共进会滋事问题的提出

陈其美于1912年7月31日交卸了沪军都督的职务,准备出国考察,一时无所事事。9月6日,黄兴、陈其美应袁世凯的邀请离沪北上,于11日到达北京,与袁世凯等有关当政者商谈国事,至10月5日离京南返。

就在陈其美北行后大约个把月的时间内,湖北和浙江都发生了共进会滋事的问题,有关当局对共进会产生了极大的疑虑。但两者性质有所不同。

---

① 孙中山.孙中山全集(第2卷)[M].北京:中华书局,1982:358-359.
② 民立报,1912-06-23.
③ 申报,1912-07-21.
④ 民立报,1913-03-29.

在湖北,9月15日,武昌发生了马队暴动事件。这是一个政治事件。起因是武昌起义三杰之一的张振武在北京被突然捕杀。事后得知,原来是黎元洪向袁世凯指控张振武密谋不轨,要求袁世凯予以捕杀。袁世凯即令军政执法处突击拘捕,不经审讯,立即枪杀。在上海的一批激进的湖北籍革命党人策划推倒黎元洪,为张振武报仇,于是组织了这次暴动。应桂馨及共进会也参加了这次暴动事件。

在浙江,共进会滋事则主要表现为治安问题。据《申报》1912年10月3日报道:"杭垣自国民共进会成立后,势力日行膨胀,居民颇形不安,浙军政府虑其妨碍治安,业已密饬卫戍司令官预为戒备。"浙江都督朱瑞曾发布晓谕共进会文:"照得本都督批阅九月十二日杭城日报新闻栏内,载有浙省共进会机关部,系合青、洪、公口三帮而成,在提倡者之意,无非希望其改良旧习,同作号百姓。无知若辈习惯性成,兼之党徒众多,品类混杂,见斯会之可明目张胆,也愈加横行。嘉、湖一带,公然开堂散布,持某房头、某部长名片,拜客索取会金。即省城附近,亦难免有此种举动。似此肆无忌惮,小则扰乱治安,大则酿成巨患。并另据访函,以该会员等仍循旧习,如开山堂,分票布,叩头打千,茶坊酒肆,种种鬼鬼祟祟不正当行为,岂堂堂皇皇之党会有若是不开通之作为耶。又如行办家法,堂供一案,执法两旁,令犯者长跪于地,不与分说,便木棍乱殴,再用白刃刺股、穿耳种种酷刑,比之最专制之刑律,亦莫有过此者。此种私刑吊打之作为,岂不藐视国家法律、违背司法独立耶!若不严加改革,实行整顿,恐将来之流弊,有不可问者,报纸所载如此。查国民共进会宣布宗旨,原欲增长道德,改良习惯,至期共进文明,若如该报所述情形,显系借党会名义,敛费图财,其种种贪残惨酷之行为,不特于社会为蟊贼,亦于该会为罪人,行政官厅与该会团体,均无所用其姑息。报纸代表舆论,为本都督及该会进忠告,本都督有保护人民之责,亟应明白宣告,以免匪类,免使人心惶(惶)骇。正在核办,适据该会以九月六日当众议决,自九月二十日以后,不准私开香堂,散放票布,设有违背约法,故犯事情,无论何人,均许扭送官厅究办,第恐不肖会员及冒充入会者,假本会名义,在外招摇,敛钱惑众,为此呈请转饬民政局通饬各知事,如遇开堂放票各节,均应严行查禁,尽法惩戒。等语。是该会所持宗旨,亦甚正当,岂容愚昧之徒,籍名煽惑,致滋事端。除通令各属一体查拿惩办外,合行出示晓谕。为此示仰诸色人等凛悉:尔等须知,结社、集会,虽为法律所不禁,然亦不得逾越法律,扰及治安,自示之后,凡于前项籍会招摇,开堂卖票等情,一经觉察,无论是否该会会员,均按所犯之罪状,照律从严拿办,决不稍从宽贷。凛此,切切。特示。"①显然,浙江共进会所涉及的是刑事案件,朱瑞对共进会问题尚在观察之中。

鄂、浙两督就本省发生的事件向中央政府做了报告。当时,黄兴、陈其美尚未离开北京,袁世凯在和黄兴、陈其美谈话时要求陈"南返时,便中调查共进会'闹事'的问题"②。毕竟,陈其美和共进会之间有着某种联系。黄兴和陈其美于10月10日到达南京。江苏都督程德全已得到各方面的通报,袁世凯10月2日也有指令:"此次凌乔等煽乱鄂中,机关虽破,上海巢穴犹存。该犯供词,有先据武昌,次图江宁,进攻北京,等语。希即设法防范,以杜勾煽。此间已饬海陆军部会议办法矣。"③按黎电中指出:"此次鄂中马队暴动,系何海民、王宪章、凌乔即凌大同、张越、许郁文、应夔臣、姜金标等主谋,以凌乔为总指挥,机关本部设在上海,王宪章又在三洋泾桥同兴轮船卖票局组织秘密机关,意在先据武昌,次图江宁,进攻北京。"④应夔臣即应桂馨。程德全与陈其美谈起共进会事,陈表示:"该会当初组织之主张,固属纯正,近乃大反本旨。"⑤同时他又表示:"应聪明有才,若驾驭有方,亦可用。"表达了安抚的主张。但此时陈其美本人已无公务在身,回沪后"与应亦不相往来"。

与此同时,袁世凯政府内务部秘书洪述祖也南下活动,通过张绍曾(共进会列名发起人之一)介绍,认识了应桂馨,表示要介绍应桂馨到南京见程都督,洪述祖自己则先期至宁与程会商取缔秘密结社方法。据陈其美在"宋案"发生后说:"一日应忽来电话,谓由洪述祖介绍到宁见都督等情,应恐有意外事,不敢往,由余电都督请饬应将共进会内容切实整顿。"⑥现查得陈其美10月15日电如下:"南京程都督鉴:应公晚车晋省会事,请与研究取缔方法,聚散动关大局,乞垂注。其美删。"⑦

尽管发生了共进会滋事的问题,但洪述祖代表中央政府,陈其美代表江苏地区在野的国民党,都有安抚共进会的政策倾向。

---

① 申报,1912-10-04.
② 民立报,1913-03-29.
③ 江苏都督府秘书处密件密电室藏抄件.中国第二历史档案馆藏.
④ 又据陆军部铣电,苏督府文件.
⑤ 陈其美谈话,民立报,1913-03-29.
⑥ 陈其美谈话,民立报,1913-03-29.
⑦ 江苏都督府秘书处密件密电室藏抄件.中国第二历史档案馆藏.

三、程德全的安抚政策

10月16日,洪述祖带领应桂馨到达南京,谒见程德全。程德全在清末即以敢作敢为见称,辛亥时以江苏巡抚(驻苏州)反正,出任江苏都督,得到张謇的全力支持,最后统一了全江苏的行政,为政富有魄力,手腕灵活。他经再三权衡后,决定对应桂馨和共进会采取安抚政策。接见应桂馨的当日,程德全即向袁世凯报告说:"查青、红、公口三帮,向系秘密行动,自共进会发现,则皆明目张胆,视为当然。长江一带,上溯湘蜀,党羽孳繁,遍地皆是。武汉一处,蓄意更剧。侦其行为,似为欲报复而后快。前奉大总统命令,秘密结社,本可即行解散,但共进会原以改良秘密结社为名,其实多数失业游民,藉共进会名目,以肆其煽乱之技。若仅解散会名,亦属无益,必先安抚其首领,再解散其党徒,庶几隐患潜消,不致大有骚动。日前内务部员洪述祖来宁,迭次商量办法,今晨洪述祖挈应夔臣来宁谒见,当即晓以利害,勖以大义,应亦自承情愿效力,设法取缔。凡共进会如有违背法律、扰害治安之事,愿负担保之责。其有以会中名义开山堂、放票布者,官府查拿惩办,彼亦侦察密报。至武汉党徒,亦令其赶速设法密为解散。现已委应夔臣为驻沪巡查长,令其带罪图功,以观后效。如仍不知悔悟,再查看情形,从严办理。惟去年上海光复后,应夔臣垫用款项实属不赀,据称亏累十七万余,即孙中山汽车,亦应所制[置]备。其他概可想见。其党徒原望孙中山、陈其美量予位置,今皆不克如愿,仍复聚而不散。察其情形,似每月给三千元不能应付。此间因财政支绌,现仅许给巡查公费一千元,其余能否由中央筹给,容洪述祖到京,将详细情形面陈。"①

第二天,程德全也向陈其美做了通报:"应君昨来谒见,诸已面详,并派为驻沪巡查长,仍恳大力随时维持一切为感。"②

民国初年的政治形势方面,袁世凯虽然取得了中央政权,但他的直接统治的势力范围还限于北方,革命党人在南方还拥有庞大的军政势力。而参加南京临时政府的张謇、程德全一派则介于两者之间。袁世凯为笼络程德全,对江苏行政(包括财政)给予特别关照。接到程德全的报告后,袁世凯当即予以批准,并在财政上予以支持,他在10月28日复电说:

---

① 江苏都督府秘书处密件密电室藏抄件. 中国第二历史档案馆藏.
② 江苏都督府秘书处密件密电室藏抄件. 中国第二历史档案馆藏.

"苫筹周至,操纵咸宜,造福江域,诚非浅鲜,莫名慰佩。不敷之二千元,可由中央拨付。惟此人迭接武昌文电通缉,须加特赦。统俟洪述祖回京,再商办法。"①

洪述祖回京向袁世凯报告后,按照袁世凯的指示,于10月24日通知程德全,为应桂馨取消通缉令办理相关手续:"应事请公电黎取消缉令,中央再加委任。总统属电达。"②

黎元洪接到程德全的政策通报后,也接受了对共进会的安抚政策,于26日答复程德全,表示同意取消应桂馨的通缉令:"应夔臣既愿效力自赎,并能担保共进会无违背法律、扰害治安之事,且赶速设法解散武汉党徒,是其悔过自新,实为难得。尊处办法极是。敝处以前通缉之案,自应取消。"③

当天,黎元洪即通知各地取消了对应桂馨的通缉令。程德全的安抚会党政策于是成立。

四、江浙两省的政策分歧

在江苏都督程德全对共进会采取安抚政策的时候,浙江都督朱瑞却对共进会采取了严厉镇压的政策。据报道,10月中旬,"金华巨匪管伟,假共进会名义,设立分部,大开香堂,散卖票布,种种不法行为,节经该处军队访查确凿,禀明朱都督惩办在案"④。11月初,"匪首彭进,仗共进会声势,在嘉禾县(嘉兴、秀水合并后一度名嘉禾)一带横行不法,经嘉防水陆两统领查实拿获,禀奉朱都督电饬正法"⑤。嘉属一带的共进会被解散后,湖州人士也要求解散当地的共进会。

为此,应桂馨曾多次写信给朱瑞为共进会辩护,其中一信说:"设立分部,本会例呈官司存案,如非当地正绅,概不委托。今新昌又出假会放票情事,请照前令枪毙以警众。鄙见不分党与会,只论匪不匪,取缔手续,祈与阙麟书、杭辛斋君研究办法。"⑥

12月初,朱瑞复信给应桂馨予以严词批驳:"足下组织共进会之初,

---

① 江苏都督府秘书处密件密电室藏抄件. 中国第二历史档案馆藏.
② 江苏都督府秘书处密件密电室藏抄件. 中国第二历史档案馆藏.
③ 江苏都督府秘书处密件密电室藏抄件. 中国第二历史档案馆藏.
④ 申报,1912-10-26.
⑤ 申报,1912-11-08.
⑥ 民立报,1912-11-12.

其宗旨在改良三帮,用意未尝不善,但当就旧有三帮洗濯而淬励之,俾得勉为良善。今乃推波助澜,遍设党会,驱无知之愚民与亡命为伍,入鲍鱼之肆,久而与之俱化。是莠者未进为良,而良者先变为莠。无怪乎匪势蔓延,荆榛遍地……仆与共进会并无嫌隙,惟为地方秩序计,则一路哭何如一家哭。足下辈明达君子,既不能以一篑而障狂澜,当以桑梓治安为前提,幸勿为若辈鳃鳃过虑也。"①

对于朱瑞反映的浙江共进会情形,袁世凯曾于11月20日致电程德全查询:"应夔臣前称情愿效力自赎,如该会有违背法律、扰乱治安之事,愿负担保之责。是以准销前案,酌予委任。近据浙江朱都督电致浙代表称,浙省绅民报告,共进会违法之事,无日无之,即沪、苏一带人民无不以该会是惧。等语。应某既自担保,乃任该会肆行不法,民不安枕,天良何在。应由执事密查情形,应夔臣是否实行取缔,该会果否有不法情事,盼复。"②

12月5日程德全致电答复说,"查应夔臣投效以来,于苏境伏莽尚能力求消弭","第应夔臣曾认担保之责,自未便任其诿卸"。③ 但朱瑞于12月7日、黎元洪于12月11日也先后致电程德全,对共进会问题进行诘问。朱瑞且于12月11日明令解散了浙省的全部共进会:"近据杭、沪各报所登载、调查员所报告、各处绅商人民所禀诉暨各路统领、管带、各县知事所密禀,几无一处无该会会员之扰乱,更无一案不与该会有关系。小者恃强敲诈,愚弄乡民,大者开堂放票,聚赌敛钱。甚至明目张胆,谋为叛乱。谣诼纷起,闾里恐慌,致令良善人民,未入会则迫胁堪虞,已入会则拖累难免,荆榛遍地,左右为难……本都督若再姑容,必致酿成大患。本都督为大局安危计,为本省秩序计,所有浙江各属之共进会,决计概令解散,以弭巨患而保治安。"④

与此同时,袁世凯的秘书张仲仁(张一麐)给在江苏都督府供职的弟弟张雨葵(张一爵)密报共进会在上海的活动:"闻上海北浙江路老庆隆首饰店,系王金发股东,有朱云生向该店定制银质镀金帽章六千块,托言北京定制,并嘱该店收存模字,尚有数万块续制。其帽章为首炉式。又据探报,上海法租界有共进会秘密演说,军备已具,乘机推到京鄂。等语。

---

① 申报,1912-12-07.
② 江苏都督府秘书处密件密电室藏抄件. 中国第二历史档案馆藏.
③ 江苏都督府秘书处密件密电室藏抄件. 中国第二历史档案馆藏.
④ 申报,1912-12-13.

两说互勘,恐该党有蠢动情形,乞密呈雪老,设法访查,并密告陈交涉使,妥慎防范。南京军队不乏该会中人,秘之。"①

但程德全仍坚持他的安抚政策,并于12月12日接见了来南京陈诉的应桂馨。然后,一方面他自己复电给张一麐:"沪上秘密党徒行动,时有密探报告,已严为防范,并筹消弭之法。至朱云生订制帽章一事,闻尚无甚关系。容详查再奉闻。应夔臣昨今两日在宁,面饬严为取缔。惟据黎、朱两督来电诘询,应夔臣担保不力,亦经派人密侦应之行为。如果尚有不法,自当随时电请大总统核示办理。"②另一方面,则授意张一爵致电张一麐:"应夔臣充任稽查后,时常接洽。昨日来宁,谈及浙境不靖,应负连带责任,以卫治安。渠言:雪老开诚相晤,非常感激,至浙督办法,不问其匪不匪,只问在会与否,不经法庭裁判,一律军法从事,颇为愤懑。现在浙省共进会虽已实行解散,但来日方长,后患更深,浙省治安难负责任。云云。当经雪老再三驳饬,渠言:不设共进会,此辈散漫无稽,更难约束,拟仍设立,嗣后浙督拿获匪类,须送审判,照法律办理,以重人道主义,则浙省尚可设法维持。云云。渠定于谏日乘京浦快车北上,面谒总理,请示机宜,自可得其大概。雪老并非以应夔臣为可恃,惟该会党岂能歼灭干净,纯为保持现状计,不得不用此人,以为笼络弭患之术。前中央派洪述祖来商,亦表同情。总之,雪老纯为弭乱起见,并非见好党徒,亦非以邻为壑。况现在鄂、浙两省共进会均已解散,而匪乱仍复不止,足见处事不可无术,若仅取消会名,或徒事诛戮,均非根本解决之道,亦非釜底抽薪之法。请先转达总理,候渠来京时,竭力牢笼,能使江浙一律办理,非惟地方之福,亦大局之幸。且江浙毗连,办法两歧,雪老亦觉为难。特先密陈,乞注意。"③

从上述可知,尽管浙江在镇压共进会,但程德全仍坚持自己对共进会的安抚政策。

五、袁世凯政府收买应桂馨

12月16日,应桂馨自南京偕张尧卿乘快车北上,洪述祖亲自赴天津带他进京。程德全安排应桂馨进京,原期贯彻自己的安抚政策,但是袁世

---

① 江苏都督府秘书处密件密电室藏抄件.中国第二历史档案馆藏.
② 江苏都督府秘书处密件密电室藏抄件.中国第二历史档案馆藏.
③ 江苏都督府秘书处密件密电室藏抄件.中国第二历史档案馆藏.

凯政府却另有不可告人的目的。应桂馨在北京先后受到赵秉钧和袁世凯的召见，赵发给他密电电本，让他与洪述祖单独联系，而袁世凯更亲自批准发给他5万元的活动经费，名义上是解散共进会之用。当时中央财政几乎没有收入，仰赖外债，度日维艰，而袁竟不惜浪掷巨款给区区一个会党头目。应桂馨遂在京大肆招摇，出入酒馆妓院，举止十分阔绰，他的诸多表现不能不引起人们的诧异。原来，袁世凯在安抚共进会名目下进行的种种活动，完全改变了原拟的方向。他要利用这个会党头目来破坏国民党的国会竞选活动，破坏国民党按照共和制的原则执掌国家政权。应桂馨随洪述祖南返之后，又于2月5日到达南京，这时的他已不再是当初卑躬屈膝的戴罪之身，而是身怀袁世凯政府特殊使命的神秘人物。程德全发现应桂馨形迹可疑，急忙于2月6日致电袁世凯的秘书："昨应夔臣来见，言多离奇散烁，又呈阅于中央来往电文，更觉支离，亦莫辨其真伪。总之，此人万不可靠。从前电请大总统赦免，令其戴罪图功，乃是当时一种政策，近来颇有招摇僭妄情形，敝处已随时严密查察，仍请中央注意。"①

然而，袁世凯方面则反而把注意力放在南京的会党活动，似有转移目标的嫌疑。如2月27日张一麐致电程德全："据探报，九龙会匪，在南京之首要，一、肖光礼，一、沙回子，又有肖爵仁，系前清江南候补道，往来湘、鄂、江、皖、上海等处，形迹甚秘。其军队中已入该匪范围者，为混成第二旅所余一团，为福字营，为第七师第二十六团，为岑西林卫队第一营，请设法解散，以减其势力。以上所探各情皆确。祈注意。"②

对此，程德全大不以为然，复电说："承示控报各节，至纫关注。敝处于宁沪组设密探机关，于各营队、各党会均有人暗中侦察，迭电所询，皆为有因，但大半系事在数月之前，早经敝处缉办，或解散者。亦有纯属虚声，并非实况者。盖侦探捕风捉影，藉此邀功，亦所有(不)免。敝处每日均有报告，某兵士如何，某会党如何，不一而足。但实在扰乱治安者，节经严密查拿，处以军法，仍一面妥为防范。一年以来，幸能无事。至谓某团不可靠，亦属实情，本拟早日取消，因款绌未能即行，目前防范侦查，尚觉周到，当不至有巨患，可纾廑念也。"③

某团可能即指福字营，系陈其美手下又一会党领袖刘福彪率领，程德

---

① 江苏都督府秘书处密件密电室藏抄件. 中国第二历史档案馆藏.
② 江苏都督府秘书处密件密电室藏抄件. 中国第二历史档案馆藏.
③ 江苏都督府秘书处密件密电室藏抄件. 中国第二历史档案馆藏.

全接收沪军都督府后,为便于控制,将其调往南京。程德全万万没有想到,袁世凯政府会利用应桂馨这一会党头目,以不可告人的暗杀手段来对付进行和平、合法政治活动的国民党人。

六、"宋案"发生后安抚政策的失败

1913年3月20日晚,国民党代理理事长宋教仁在上海沪宁铁路车站遭暴徒枪击负伤,延至22日晨伤重不治去世。是日,袁世凯发布明令:"应责成江苏都督、民政长迅缉凶犯,穷究主名,务得确情,按法严办,以维国纪而慰英魂。"①与此同时,国民党领袖黄兴也请求程德全前往上海,于是,程德全即于3月25日前往上海处理"宋案"。

在程德全到达上海之前,租界当局根据国民党人提供的线索,已经逮捕了凶手武士英、主使人应桂馨,并在应家搜获了大量证据,其中有应桂馨和洪述祖的往来电,表明国务总理赵秉钧授意洪述祖指使应桂馨暗杀宋教仁,袁世凯本人也涉嫌参与此事。武士英则是应桂馨收买的凶手。于是,国民党人一致主张反对袁世凯,孙中山回国后即倾向于发动"二次革命",武力讨袁。

程德全到上海后,倾全力处理"宋案",力图安抚国民党人的反袁情绪,调和国民党人与袁世凯政府之间的矛盾,消弥革命。但是,他利用应桂馨安抚会党的政策已被袁世凯政府扭曲。在国民党人反袁情绪高涨的形势下,程德全已顾不上安抚会党,相反,为防止国民党人利用会党暴动,他越来越集中力量警惕和镇压会党的活动。5月6日,程德全致电国务院:"德全谨遵大总统令,以爱惜人民、维持大局为宗旨,如有匪类潜滋,乱徒窜入,以及一切扰乱治安之举动,自当严密惩治,并责成军队极力防维。"②不久,"二次革命"爆发,程德全也黯然下野。

---

① 政府公报,1913-03-23。
② 江苏都督府秘书处密件密电室藏抄件.中国第二历史档案馆藏.

百年善缘结善果
——程德全与寒山寺百年善缘

程德全与寒山寺的百年善缘始于1910年他调任江苏巡抚,驻节苏州之后。

一、程德全重修寒山寺

程德全的祖先是在明朝洪武二年(1369年)由湖北麻城迁到重庆云阳的移民。湖北麻城地接禅宗四祖、五祖长期宏法的黄梅,是佛教盛行之地,麻城也因此成为元末白莲教红巾军起义的源起之地。徐寿辉、陈友谅、明玉珍均起于麻城、圻春等地,佛教中的弥勒佛就是他们起义的精神动员之利器。明玉珍后来率部平蜀,自号蜀王,四川因此成为以麻城为中心的湖北移民的一个首选之地。程德全的祖先应良公、应海公与同行的殷、李二姓三个家族33人就是在这一大背景下迁移到重庆云阳的,他们自然而然地将佛教的信仰带到了云阳。"经两代,复思梁武十里一庵、五里一寺之风,此地庵寺俱无,三姓同修庙宇,捐田亩,以充寺业,以奉香火,更名兴佛寺,犹是有教无类之意。"①随着人口的繁衍,三姓分散居住在云阳、万县,但佛教传统始终保持。程德全的父母对佛教都很虔诚,从而影响到幼时的程德全梦中常到寺庙,以至数十年后程德全在甲午之役中随军到达辽阳无量观寺时,有似曾相识之感。"儿时每寝,即到梵刹。无量观者,千山百寺之一也。至则途径迂回,楼阁高耸,一如梦中景象,拈香顶礼,怅惘久之。"②其家乡民间也有他是东北某老僧在去四川峨眉山进香

---
① 程世模主修.云阳程氏家乘(一).重庆云阳档案馆藏.
② 程世模主修.云阳程氏家乘(二).重庆云阳档案馆藏.

途中病逝于程家而转世之说。

　　正由于程德全自幼对佛学与佛教有着很深的渊源，所以，1910年5月他到苏州"接篆视事"后不久就偕同布政使陆钟琦等人发起重修寒山寺的活动。程在《重修寒山寺碑记》中说："天下起衰振废之心，砭愚订顽之旨，与崇德报功之典，常相因也。——今世政治家訾宗教，宗教家亦訾政治。不知废政治，则宗教为无用矣，离宗教则政治为无本矣。寒山子云：'报汝诸人，各各努力'，夫政治、宗教，虽各有异，而要其终始，总不出'各各努力'之一言。呜呼，德全于政治、宗教之相维系，愧未能达其蕴。而备员斯土，不敢不以起衰振废为心。是役也，继前贤之绪业，感东邻之向风，而尤惊心动魄于'各各努力'之言，盖努力以从吴中士大夫之后，则吴中之衰废或可振也。努力以从天下士大夫之后，则天下之衰废或可振也。事各努力，事皆可成，人皆努力，人皆可用。礼古佛之心，奉先皇之谕，以上慰今嗣皇夙夜求治之至意者，将于是乎始。"[①]显然，程德全是将重修寒山寺这一"崇德报功"之举与其在政治上的"起衰振废、砭愚订顽"结合在一起；借寒山子"各各努力"之言，激励自己与属下"各各努力"，"以从吴中士大夫之后，则吴中之衰废或可振也"。其立意在于"体古佛之心，奉先皇之谕"，其立志则在于"天下之衰废或可振也"。以天下为己任的士大夫情怀，就是程德全上任不及半月就急急以重修寒山寺为务的本心所在。佛学与政治，程德全此时是将之合为一体的。

　　除了"起衰振废、砭愚订顽"这一政治需求之外，程德全上任不久就大力重修寒山寺的一个重要原因是：杜绝外人觊觎，维护国权。寒山寺因为地处大运河之要道，唐代高僧鉴真等人都由此赴日传法，而日本不少遣唐使、学问僧如空海等也经此到长安、洛阳、扬州等地求法，寒山寺与张继《枫桥夜泊》一诗因之传遍日本。俞樾在《新修寒山寺记》中说："寒山寺以懿孙一诗，其名独脍炙于中国，抑且传诵于东瀛。余寓吴久，凡日本文墨之士，咸造庐来见，见则往往言及寒山寺，且言其国三尺之童，无不能诵是诗者。"正由于寒山寺在日本有如此大的影响，甲午之后，日本乘军事上战胜之威，力图对华进行文化上的侵略，而寒山寺因战乱破坏久未修复，"光绪丙午（1906年），稍稍谋兴复，工未半辄止"，一批日本人便欲借此而张其国威于中华、张其国威于佛教，而提出了由他们来重修寒山寺之要求。对此，民族主义极为强烈的程德全急谋抵制，1910年6月10日致信

---

① 性空主编.新修寒山寺志（卷二）·寒山寺藏.

盛宣怀、瑞澂、张謇等清廷大员和巨商大贾,劝募重修寒山寺捐款,信中特别强调"有日僧假募捐重建之名,意在越俎而谋",为抵制日僧的这一图谋,他不得不抢先发起国内捐款,大力重修寒山寺,"以复旧观,杜异族之觊觎"。这就是程德全上任伊始抢修寒山寺的另一动机。

全面修复寒山寺所需资金甚巨,这也是前任江苏巡抚陈夔龙 1906 年发起重修寒山寺"工未半辄止"的一个重要原因。程德全为筹集修复资金,除了自己带头捐款之外,还说服时任两江总督的张人骏,两人联名发起"募修寒山寺启",启文强调:"顾恢闳旧规,非轻功可举;而取诸公者,又力无所藉。是必谋众以集,事无妨工,变无匮财,庶几此义耳。"①经程德全如此苦心筹划,江苏省督、抚两院所属官员在总督和巡抚的带头下,纷纷捐款相助,再加上张謇等一批巨商大贾的捐助,程德全解决了资金问题,寒山寺重修得以顺利进行,第二年春"全寺落成。于是殿宇庄严,水木明瑟,亭延秋月,楼对春山,霜钟应门,兰舟牵岸。凡夫层轩杰阁,曲榭回廊,因寺为园,罔不毕具。其规模之宏远,能使游观者视听一新"②。千年古寺由此获新生,程德全借佛教之崇德报功,而力图政治与社会的起衰振废之理想,也由之得以部分实现。

二、程德全对寒山寺文化内涵的开发

作为一位对佛学、佛教、儒学、道学均有深研的士大夫官僚,程德全修复寒山寺,有着借佛学之崇德报功,而改革政治与社会,使之起衰振废之目的。在整个寒山寺重修过程中,程德全不是简单地修复其旧貌,而是力图开发寒山寺的文化内涵,并通过一些硬件与软件的建设将这些内涵充分发掘、显示出来,使游客能在游览中得到感悟,从而达到以宗教文化与政治之"各各努力","天下衰废或可振"之理想。

程德全首先极力彰扬寒山寺与寒山子的关系,他在《重修寒山寺碑记》开首就论证寒山寺得名于寒山子,"苏之有寺也,始见于张懿孙《枫桥夜泊》一诗",即"姑苏城外寒山寺,夜半钟声到客船",而对于以前的"普明禅寺"则一笔带过。提出寒山寺得名于寒山子后,程德全认为"唐宋以降,吴越之间,无复能作丰干饶舌者矣。寒山诗曰:'子期辨此音';又曰:'杨修见幼妇,一览便知妙'。寒山该一乘宗旨,作为山歌,以警世之顽

---

① 叶昌炽.寒山寺志[M].南京:江苏古籍出版社,1986:13.
② 性空主编.新修寒山寺志(卷二)·寒山寺藏.

愚,敬非天禀聪明,孰能合中西儒释,而一以贯之者乎"。丰干是识得寒山内涵文化之人,所以"饶舌"向天台刺史告知寒山、拾得的前世今生。但自此而后则无人识得寒山内涵之文化,也无人再作丰干之饶舌了。而程德全慧根卓著,与千年寒山有内在的相通,深识其"该一乘宗旨,作为山歌,以警世之顽愚"之用心所在,深为感佩,认为是"能合中西儒释,而一以贯之"的文化巨人。中国佛教认为寒山、拾得为文殊、普贤二位菩萨转世,道教认为这二人为"和合二仙",而清雍正皇帝则敕封寒山、拾得为"和合二圣"。佛、仙、圣,中国儒、道、释三教合一的文化最高品位集中到寒山、拾得二人身上,他们二人实际上成了中国文化的人格符号。程德全认为,寒山子"合中西儒释",是深得寒山子文化符号人格化的意蕴的。由是,程德全大笔浓书"古寒山寺"四个大字的门匾,悬于寒山寺山门。从山门内左侧台垣上题彰显寒山诗意的"妙利宗风"四字石碑,并撰写楹联以突出寒山子与寒山寺的文化联系:"遁迹笑丰干,从知舌粲莲花,地近虎丘曾讲法;宗风传刺史,幸得诗钞贝叶,劫余龙寿共藏经。"①

为突出寒山寺之文化内涵,程德全还着力阐扬雍正皇帝对寒山诗的褒赞:"我世宗宪皇帝之序寒山诗也,曰:'真乃古佛直心直语。'呜呼之矣。读寒山之诗,知道法明于天下后世;读世宗上谕,知治法行于天下后世;皆古佛直心直语也。"佛家之道法,皇帝之治法,均在寒山子"直心直语"的白话诗中。而这些白话诗的根本,就是让世人"各各努力","德全独念先皇之称古佛,而枨触于砭愚订顽之苦心,如闻夜半钟声,悠然不绝。愿与海内外有志之士,同起听之也"。为此,程德全在修复寒山寺的过程中专门在山门外修造了一个六角御碑亭,程亲自执笔恭录雍正皇帝《寒山子诗序》于碑的正面,恭录乾隆皇帝的《霜钟晓月》七律诗于碑的背面。雍正皇帝在《寒山子诗序》中对寒山诗体之争做了一个断语:"朕以为非俗、非韵、非教、非禅,真乃古佛直心直语也。——如二大士者,其庶几乎正信调直,不离和合因缘;圆满光华,周遍大千世界。"寒山诗之真谛即在"和合"二字,"和合"即寒山诗的根本内核。由此而生寒山子的性实之和合一体。"性空行实,性实行空,妄有真无,妄无真有;有空无实,念念不留;有实无空,如如不动。是以直心直语,如是如是。学者狐疑净尽,圆证真如,亦能有无一体;性行一贯,乃可与读二大士之诗。否则随文生解,总

---

① 叶昌炽.寒山寺志·附录[M].南京:江苏古籍出版社,1986:13.

无交涉也。"①雍正皇帝也可谓寒山子的千载知音。

程德全将雍正皇帝的《寒山子诗序》御碑亭竖于山门之前,以突出寒山子和合文化的内涵,意犹未尽,又从清末大儒俞樾处借得《寒山诗集》并从中摘抄36首,书写为《寒山子诗》,分刻4块石碑,每石33行,3行为一首,末一石附跋12行,嵌于寒山、拾得殿内壁间。以突出寒山寺与寒山子诗的文化脉传。

程德全注重寒山寺文化内涵发掘的最突出创意是在大雄宝殿后面修建一座二层藏经楼,并在藏经楼的一层修建了"寒拾殿"。这在全国的寺庙中可能是唯一的。即使是传说寒山、拾得曾长期生活的天台国清寺,也没有为寒山、拾得修建专门的殿堂。《寒拾殿》内塑寒山拾得像,寒山右手握荷枝,拾得双手捧净瓶,童子脸,刘海发,袒胸赤足,相视嬉笑,予人以欢乐、吉祥之感,寓和合、欢喜之意。寒山寺和合文化的内涵由此得到一个物质的平台外显,从而能得到更好的宏扬与传播。

在修复寒山寺过程中,程德全之所以能够将寒山子所代表的和合文化内涵通过各种形式彰显出来,实得益于其莅苏就任后各项机缘之和合,正如其在《寒山子诗集跋》中所言:"庚戌夏孟,予移抚三吴。政事余暇,稍稍历览古迹,以存守土之责。时方有重建枫桥寒山寺之议,甚盛举也。未几,赵大令梦泰,以罗两峰绘寒山、拾得像来视,郑中翰文焯亦以旧绘寒山像为贶,最后复得《寒山子诗集》于俞阶青太史。千数百年流风逸彩,萃集一时,不禁为之欢忻赞叹。释氏所谓因缘者,殆类此吁!"②程德全对寒山子以白话诗之"古佛直心直语"劝世人"各各努力",以振天下之衰废,实现社会和合之文化深有体悟,有心彰扬,由此发心善愿,所以,天从人意,机缘和合,得赵梦泰、郑文焯、俞樾等人之助,收集到寒山、拾得之画像、诗集,程德全将之刻石并布置在寒山寺大雄宝殿后、寒拾殿等殿堂之内,成为寒山寺和合文化内涵的表现形式,供游人香客膜拜。

三、程德全晚年皈佛

寒山寺修复完毕不久,辛亥革命爆发。程德全在对清廷绝望后,由"君主立宪"转向"共和立宪",投向革命。他在北洋军攻下汉口的1911年11月5日宣布苏州"和平光复",并传檄全省"和平光复",又以苏州藩

---

① 寒山子诗集.寒山寺佛学图书馆藏.
② 寒山子诗集.寒山寺佛学图书馆藏.

台所储之数十万银两组织江浙联军,在北洋军攻下汉阳的翌日攻下南京。革命党人失之"西榆",得之"东隅",首义之地武昌虽岌岌可危,但东南半壁转为革命党人所有。而东南为中国财赋集中之地,清廷之漕粮、军饷绝大多数得之于此,南京一下,清廷即无法与革命党人作持久战,只好逊位于袁世凯。南北和谈亦因之而成,辛亥革命得以收竟全功。程德全亦因之被孙中山任命为中华民国第一任内政部长。

孙中山让位袁世凯后,南京临时政府解散,程德全准备赴欧美游历,但南北要人均加以劝阻,认为程是江苏都督的最佳人选。袁世凯即任命程为江苏都督。程在任都督期间,励精图治,妥善处理了"洗城会"事件,从而保证了苏州社会秩序的稳定与经济的发展。

1913年"宋教仁案"发生后,程德全一方面迅速组织力量破案,并向社会公布案件情况,一方面苦心调和南、北双方,主张以法律程序解决"宋案",而不可操切用兵。但激进的革命党人不听程德全之劝,贸然发动武装讨袁,结果如程所料,不匝月而惨败,国民党在南方省份政权全部丢失,孙中山、黄兴等人再次流亡海外。程德全心灰意冷,从此退出中国政治舞台,遁入空门,1914年皈依常州天宁寺冶开大和尚门下,号素园。从此青灯古佛,"浮幢佛刹漫遨游",将全副精力投入佛法的宏扬与佛教的复兴之中。1919年7月,程德全、王一亭、陈子修、邓心安诸居士与印光法师见面,广说净土、因果等事,宣扬佛法;1920年程德全出资购苏州穿心街原中军衙署,重建报国寺;1924年春在上海请了一套《频伽藏经》捐献给他舍宅修建的云阳沙门寺;1924年4月,身为中华佛教维持会董事的程德全,在报纸上发表题为《程德全为上邑寺院请命》的文章,要求北洋政府依法保护佛教庙产;1925年夏,出资购《永乐北藏》,从北京运至上海,后转交藏于云阳弥陀院;1926年4月,以白银1400两购得苏州木渎法云寺,作为自己学法与弘法之地;1926年8月16日,于天宁寺受沙弥戒,17日进比丘戒,20日圆菩萨大戒,法名寂照。1930年4月29日驾鹤西去,《黄炎培日记》载:"程雪老昨逝世。十日前,其夫人刘先故,至是,无甚疾痛,安坐诵佛声中怛化。遗言不得做水陆道场,不得分讣,不得开吊。雪老一生慈善,总算圆满了。"①

程德全于1930年"安坐诵佛声中怛化",但他与寒山寺的善缘并未终

---

① 中国社会科学院近代史研究所整理.黄炎培日记(第三卷).北京:华文出版社,2008:228.

结,在 21 世纪中再次延续而成一段佳话。

四、善缘再续

2012 年春,程德全的族孙程立全在上海参加"世界程氏宗亲会"后,受程德全四女程世娴之嘱,来苏州拜祭程德全夫妇骨灰,并到寒山寺观看程德全所题碑刻。寒山寺监院法荣法师在接待中,与程立全说起寒山寺文化研究院研究人员承担了江苏省社科基金"程德全与苏州'和平光复'"的课题,于是,双方进行了深入的会谈。程立全邀请寒山寺文化研究院去重庆云阳程德全家乡考察。

2012 年 11 月,寒山寺文化研究院姚炎祥院长一行 5 人到云阳程德全家乡进行文化交流与考察。在程德全出生地——云阳九龙乡,他们看到当年程德全舍宅修建的沙门寺早已荡然无存,程德全修建的程氏宗祠也破败不堪,整个云阳县城有很多张飞的塑像,却未见程德全的塑像。寒山寺文化研究院在与云阳市市长、宣传部长等座谈时,即向云阳市政府建议在云阳市区建造程德全塑像,同时建议修复程氏祠堂,并以此为中心建设"德全公园",让云阳人民知道家乡曾出过这样一位抗俄民族英雄和参与创建中华民国的元勋。云阳市政府对寒山寺文化研究院的建议十分重视,当场决定在云阳市文化广场建立程德全塑像,筹资修复程氏宗祠,与寒山寺文化研究院合作,进一步推进程德全研究。

2012 年 12 月 30 日,应寒山寺文化研究研究院之邀,程德全嫡曾孙程可行一行到寒山寺文化研究院交流。寒山寺方丈秋爽大和尚与之进行了会谈。秋爽大和尚再强调说:寒山寺会永远记住令曾祖父程德全重修寒山寺的功德,"程德全是虔诚的佛教徒","寒山寺能有今天,要感谢程德全,不能忘记程德全"。他还热情地说:"今天,我们的缘分就接上了,希望你们常来常往,走动走动。"秋爽大和尚还给程可行一行介绍了当年程德全在寒山寺接待客人的地点以及御碑等遗迹。程可行十分感动地说:"此言出自寒山寺方丈之口,还是当着我们后人的面说的,分量非凡,可以藉此告慰先人。"

2013 年 9 月,寒山寺文化研究院举办第七届和合文化论坛,这次会议还专门组织了"程德全研究"分会场,来自云阳、黑龙江、江苏等地的专家学者以及程德全后裔 20 余人参加了分会场的活动。这是程德全逝世 80 余年以来中国第一次举办以程德全为专题的学术讨论会。在这个会议的基础上,2013 年 12 月,云阳市召开了"程德全研究汇报会",由寒山寺文化研究院研究人员对参会的重庆市社科联理事、云阳市中层干部做了程德全历史功绩与研究现状的主题报告,收到了很好的效果。参会的重庆社科联负责人说:2011年辛亥革命100周年纪念时,我们想找一个具有全国影响的人物都没有找到,最后只好把张培爵找出来作为代表。程德全对辛亥革命有如此大的贡献,我们过去都不知道,现在知道了,一定要大力宣传。在他们回重庆汇报后,2014年3月,重庆市政府拨专款210万元修复程氏宗祠,并决定在两年内,拍摄一部两集的程德全专题纪念电视片。在寒山寺文化研究院的推动之下,程德全的历史功绩终于得到了其家乡政府与人民的认同。

五、结　语

100多年前,程德全修复寒山寺,与寒山寺结下了善缘;100多年后,寒山寺文化研究院促进了重庆市政府对程德全历史功绩的认同,当地政府并拨专款修复了程德全故居所在地的程氏宗祠。百年善缘由此延续,并结下善果,成为佛教文化的一段佳话。

第二编

程德全的师友朋辈群体

中国的行省制度始自元代,即"行中书省"之意,这一职能部门其实就是中央政府在一个较大区域的全权代表。但为了防范行省的尾大不掉,明清以来又设置了司法之按察使(臬台)、财政之布政使(藩台),以分其权。清代又创建督抚同城制度,使同城督抚互相牵制、互相制约。但毕竟一省督抚是一方诸侯,全省的军政事务均由其进行最后处理,所以在一些督抚不同城的省份,如程德全任职的黑龙江、江苏,巡抚就是一省的最高长官。

作为一省的最高长官,巡抚既要对全省军政事务进行统筹管理,还要对中央各部进行汇报与沟通。这就需要一个执政的团队,同时还需要一些政界的朋友,以便与中央各部乃至邻近各省进行必要的信息沟通与交流。由于清代督抚主要由科举出身,所以,清代督抚大员的政治团队与对外联系中,往往以其科举中的"同年"(如曾国藩与李鸿章之父、李鸿章与徐致靖父亲徐伟侯等)、"师生"(张之洞与杨锐、翁同龢与张謇、梁启超与蔡锷等)、"同门"(李鸿章与俞樾、张謇与徐仁铸等)等关系网络结成团队,互相援引,相互支持,互通信息,互商政策。这种科举网络形成的政治团队对于督抚们的行政是十分重要的。但是,出生于重庆大山之中的程德全只是在科举的最基层考试中得到过生员的功名,没有参加过举人、进士这样的省级、国家级考试,所以,他没有科举网络的中上层资源可用。但由于其谦虚好学,诚实守信,"性沉厚忠勤,日坐公厅治事,事无巨细,必集僚属反复讨论,有来谒者必见,见必深谈,委曲详尽,虽终日不厌。其待僚属也务积诚相感,以故人皆用命。或事有不如意者,无疾言厉色,必沉思以究其所以然。往往中宵不寐,甚至失眠"①。这种忠义文化的亲和力就使程德全无论是在北京求学,还是在黑龙江、江苏行政都结交了一批志同道合的师友、幕僚,形成了一个以其为核心的政治团队。正是在这个无形的政治团队的帮助下,程德全才能由国子监的一名捐贡生而进入东北,从而出将入相,建牙黑龙江,巡抚奉天、江苏。

程德全的政治生涯是从北京国子监起步的,黑龙江、江苏是其政治生涯中的两个高潮。所以,在程德全一生的师友群体中,对其影响与帮助最大的也是这三个时期的师友群体。同时,限于篇幅,我们只能从这三个时期的师友群体中各择出与其关系最为密切、对其影响最大的三个人物来简要地加以介绍。

---

① 程世模主修.云阳程氏家乘(卷二).重庆云阳档案馆藏.

程德全任官前的师友

程德全在1903年被慈禧太后、光绪皇帝召见前,其实并没有真正担任守官之职。甲午战争时期,他因为在依克唐阿幕府中建有功绩,经依克唐阿保举以安徽候补知县身份分发安徽候补,但一直没有实缺。于是再次应寿山约,到黑龙江寿山幕府中任职。虽然寿山任其为营务处总办,但实际上还是寿山的私人幕僚。直到慈禧太后、光绪皇帝接见他时,他还只是一个候补知府。所以,慈禧也无法让他直接当一省的主官,而只能让他以副都统的名义署黑龙江将军。

1903年之前的程德全虽然没有担任过实际官职,但他在这段时间所结交的师友朋辈群体为其后来进入仕途奠定了坚实的基础。

一、程德全与叶尔恺的交往

(一) 总角之交 京城相会

前面说过,程德全出身于重庆云阳大山丛中一贫困塾师之家。但他与江南文化却有着不解之缘,其中一个重要的原因就是他与江南杭州仕宦之家的叶尔恺有总角之交。叶尔恺对程德全一生中的从政、逃禅等重大选择均有极为重要的影响,可以说是程德全师友朋辈中对其影响最大的人物之一。

叶尔恺(1864—1937年),字伯皋,一作伯高、柏皋,又字悌君、悌群,浙江杭州府仁和县人(今杭州)。光绪十八年(1892年)壬辰科第二甲第四十三名进士出身,选翰林院庶吉士。光绪二十年(1894年)散馆,授翰林院编修。光绪二十三年(1897年),授陕西学政。后任云南提学使,权布政使①。辛亥革命后到上海做寓公。

叶尔恺出身于浙江仁和县一个书香之家,叶姓在当地是名门望族,以书香传世,族中子弟屡中科举,仕宦人才频出。据顾廷龙主编《清代硃卷集成》所载叶尔恺的履历,叶尔恺的伯父叶庆暄是道光十七年(1837年)丁酉科举人,甲辰(二十四年)大挑一等,任河南鄢陵县知县,历署柘城、内乡、泌阳、光山、遂平、固始等县知县②。叶尔恺的父亲叶庆浔亦有功名在身。"父庆浔,官四川云阳令,因家于蜀"③,长年在四川云阳任职,遂将家眷从杭州接来,在四川安家。青少年时代的叶尔恺经常往来于杭州、四川之间,与杭中诸友及川蜀名士多有往来。正是在这段时间程德全与叶尔恺相互结识并结下终生友谊。

据叶尔恺在民国三年(1914年)为程父所作墓志铭中记载:"向德全从先君子游,与尔恺交三十余年矣"④,以此算来,二人在1884年之前就已结识。据民国二十四年(1935年)编纂的《云阳县志·官师》上载,叶尔恺之父叶庆浔于同治十年(1870年)、光绪二年(1876年)、光绪十二年(1886年)三次担任云阳县令。"德全则为儒,至二十八岁始青一衿,旋补廪生,乙酉科乡试未举,以不欲伏处家乡,乃赴北京。"⑤程德全28岁(1887年)考上生员,旋补廪生,都是在叶庆浔任内的事。清代的县令对县内的秀才有督导学业的职守,县令会从其督导的生员中选择优秀者为"廪生",每年给予四两银子的津贴。所以,叶庆浔实为程德全的恩师,这也是程德全"从先君子游"的内涵。在这个过程中,程与"家于蜀"的叶家子弟交往是非常正常的。虽然在二人的著作中迄今保留有文字记载的交往唱和并不多,但二人的交情实在不浅,而且叶尔恺在程德全重大的人生选择之中往往出现并成为指点其迷津的师友。

(二) 义结师友　感惠共勉

"余私念贫无已时,亲无以为养。则殚力功令之文,思得微禄。吾父

---

①　沃丘仲子,沈云龙主编. 当代名人小传(下)[M]. 新北:文海出版社,1986:143.
②　吴建华. 徽州叶姓的源流——兼论区域姓氏研究与中华姓氏学、宗族史、谱牒学的关系[J]. 中国社会历史评论,2009(10).
③　沃丘仲子,沈云龙主编. 当代名人小传(下)[M]. 新北:文海出版社,1986:143.
④　程世模主修. 云阳程氏家乘(卷一). 重庆云阳档案馆藏.
⑤　程德全被弟控告. 申报,1928-11-18.

方授经于外,余亦负笈从。岁莫一归,以修脯资家,时时苦不给"①,"光绪十四年(1888年),遂决意赴北闱,经亲友之馈赠,凑成一百五十两,遂以百两留作家用,以五十两为川资,及抵北京,惟余二十九两,旋悉廪生例不能入场,乃捐一贡生,费银二十八两。听余仅一两,何能维持生活,幸宿于会馆,丐食于友人处,皆不需费,而考期未届,遂为教读,月待束修二两"②。在北京求学期间,程德全过着半读书半家教的艰苦生活。其中的"丐食于友人处"的友人所指不明。但此时的叶尔恺正在北京准备进士考试,"馆于西交民巷喜通胡同内阁吴子清家,每月四金,幸学徒只一人,功课亦清简"③。叶最终于1892年的壬辰科考上二甲第四十三名进士出身,选翰林院庶吉士。程德全回忆"住京三载,时与仁和叶君伯高等纵谈"④,这个纵谈的地点不在四川会馆即在程德全"丐食"之处,所以,程德全"丐食"的友人很可能就是叶尔恺。因为从未出过远门的程德全在北京除了叶尔恺外,目前的史料中还没有发现他有曾经熟识的友人。但由于资料不全,目前只能存疑。

叶尔恺家学渊源,素以学问渊博著称。更难能可贵的是,叶尔恺不仅精于国学,且能"涉猎时务书",博古通今,融汇中西。他注重新学,关心国家大事,有感于民族危机的加深,于列强对我国边疆的觊觎之心有深刻的警醒。叶在与汪康年等友人的信函中曾多次提到时局状况:"总理衙门传言日俄将构兵,俄人行文欲假道于我黑龙江,恐未能答应也","南皮相国有悬车之意,继之者未知为谁,外间臆度钱、徐二公,枢处必得其一矣","天下大乱之来,其先必由于是非混淆,赏罚不明……甲申以来,十年之内政事尤不可问,及至今日,溃败决裂,而当事诸公犹日日盼和,以为和议一定,可仍遂其泄沓之私,孰知三年之艾,蓄已无及哉!"⑤西方列强对中国的侵略和蹂躏不断加剧,而朝廷腐败苟且的弊端又令叶尔恺痛心疾首,这都促使他在更深层次上思考国家、民族的出路问题。叶尔恺并不局限于自身的功名荣禄,他视野开阔,与江浙诸多名士多有往来,其中尤与维新派人士汪康年、汤寿潜等人过往甚密。在思想上叶尔恺接受维新思想,推崇西学,对时务经济颇多关注,于新学一道亦颇有研究。

---

① 程世模主修.云阳程氏家乘(卷一).重庆云阳档案馆藏.
② 程德全被弟控告.申报,1928-11-18.
③ 汪康年师友书札(三)[M].上海:上海古籍出版社,1987:2455.
④ 汪康年师友书札(三)[M].上海:上海古籍出版社,1987:2505.
⑤ 汪康年师友书札(三)[M].上海:上海古籍出版社,1987:2456-2467.

同在京城的程、叶二人经常聚在一起读书论道,畅谈国事。双方过往甚密,友谊日深。随着与叶尔恺交往的不断加深,程德全对他的学识见地越来越钦佩,认为其诗文策论卓尔不凡,非时流可及。其汇通中西、博古通今的学问素养亦使程德全受益匪浅,程德全一有机会就虚心向叶尔恺请教。

　　叶尔恺对程德全的影响是深远的,这主要体现在两个方面。其一,在思想上,叶尔恺是程德全经世致用思想的重要启蒙老师,也是促使他接受维新思想的引导者,对其价值取向的影响是不可忽视的。最突出的一个具体表现是,叶尔恺促使程德全关注时务,关心边疆危机问题。事实上,程德全在未入京之前,僻居四川云阳大山,对边疆形势的关注与了解是不多的,更谈不上"熟悉之至",他对黑龙江形势及其边事夷情真正投以关心是在与叶尔恺深入结交之后。程德全对此曾言道:"住京三载,时与仁和叶君伯高等纵谈,谓有清发祥东省,今边事之亟,亦莫若东省。"①正是与叶尔恺的这些师友交往,促使程看到东北时局的危机,使他开始关注边疆危机,研读边疆地理历史典籍,由此为他此后20年在东北治边筹边的政治生涯奠定了理论和实践基础。这种思想上的影响也促进了程德全思想的转变,从此他不再只囿于个人的科举功名,转而关心时事,关心国家民族的危亡。秉持着经世致用的思想,为迫切地探索救亡图存之道,具有移民文化基因的程德全本身就具有与时俱进、开拓求新的特质,叶尔恺对新学思想的倡导又使程德全认识到新学的重要性,并初步具有了维新意识。

　　其二,在人脉上,叶尔恺是程德全交往友朋的引荐者,无形中为程德全搭建了一个更高层次的交往平台,为其以后的生活、仕途提供了更为广阔的发展空间。叶尔恺家族在江浙一带是名门望族,他本人也是颇有名气的饱学之士,与许多江浙知名贤达之士都保持着密切的联系,汪康年、沈增植、汪大燮、汤寿潜等人都是其好友。程德全通过叶尔恺结识了大量的文人、学者、官员,其中不乏像汪康年这样的著名维新之士。光绪二十三年(1897年),叶尔恺之弟叶尔璟在致汪康年的书信中特意向汪引荐程德全:"程雪楼师拟到申访兄晤谈,当知所蕴,如纯以西法绳之,失嘉士矣。"②由此一事可以得知,程德全正是通过叶尔恺兄弟的引荐方有机会结识汪康年。叶为程开拓了新的交往圈,为其搭建了交往平台,丰富了人脉关系,是程德全初次走出云阳大山之后与江浙沿海文化精英结交的首位引荐者。

---

① 程世模主修. 云阳程氏家乘.(卷一).重庆云阳档案馆藏.
② 汪康年师友书札(三)[M].上海:上海古籍出版社,1987:2517.

此外,叶尔恺还是程德全阅览抄阅边疆史志图书的提供者。叶尔恺是江浙一带著名的藏书家,非常喜欢收集图书,尤其是关于边疆图志方面的书籍。在京时,叶与友人经常相互借阅、抄阅,并为彼此收集购买珍贵的图书,且乐此不疲。他曾经多次托汪康年购买图书,"托兄购上下江舆图各一套","《元秘史》尚未竣事,近有人在李茗农学士处借出《皇舆西域图志》全部,系抄本,所绘图与《新疆识略》等书又有异同,洵可宝贵"①。而且叶尔恺对于这些边疆图志也颇有研究,"西域考古录之图,乃新疆南北及西藏两图,既有《新疆识略》、《西藏图考》等书,此图有无,亦不足较"②。自从开始关注东北边疆等地形势后,程德全便费尽心机四处搜集相关书籍,在其《六十自述》中有"欧力东渐寇已深,边陲往碛费搜寻"的诗句,追忆了自己当年费心搜集东北地区书籍的情景,"凡刊行者购阅,刊本难得者,重价购之,钞本如《黑鞑事略》、《高丽秘史》、《耶律文正》、《西游录》等则手钞之"。这些书籍中有很大部分即来自于叶尔恺的藏书。程德全研究东北问题非常刻苦,叶尔恺赞赏他刻苦学习的精神,为他提供了许多支持和帮助。一次,程德全听闻"军机处有吉林希赞臣将军咨到州判曹廷杰查边一百二十条附以图说,由叶伯高托人袖出,余一夜录竟"③。

由于叶尔恺的支持,程德全得以饱览大量珍稀书籍,其中多以边疆图志、边疆民族历史志略为主。这些难得的书籍并非是旧式文人考取功名的必读之书,但对注重经世致用的有识之士来说却是真正的实用之书,弥足珍贵。这些书籍极大地开阔了程德全的眼界,改变并完善了其知识结构,使他得以洞悉边事夷情,为此后充任东北多位满族将军的幕府做了充分的知识准备。

(三) 两地牵念 地远心近

光绪十七年(1891年),程德全受人推介去黑龙江做幕僚,开始了数十年的游幕生涯。程、叶两人自此分别,程德全远去东北,叶尔恺仍留在京城。两地相距千里之遥,通信不畅,书信往来困难,二人很难有频繁的联系。但数年后,他们却在机缘巧合之下再次相遇。

光绪二十二年(1896年),中日甲午战争结束后,因军务大定,程德全

---

① 汪康年师友书札(三)[M].上海:上海古籍出版社,1987:2454.
② 汪康年师友书札(三)[M].上海:上海古籍出版社,1987:2454.
③ 程世模主修.云阳程氏家乘(卷二).重庆云阳档案馆藏.

向依克唐阿将军请假回四川原籍省亲。程德全亲历这场中日之战,战场上的溃败使他心情沉重、郁郁愤懑,苦苦思索战争失败的原因,"回马辽阳暗自伤,夙世依稀识不得","时事日非不可为,白云亲舍久暌违"。在回四川途中,心情郁闷的程德全却与回四川省亲的叶尔恺在湖北不期而遇,"相遇汉皋如梦里"。得遇多年未见的挚友,程德全郁闷的心情一扫而空。欣喜异常之余,二人遂一起买舟偕行,一同返回家乡云阳。程氏诗云"相逢故友欣难得,携手扬帆蜀道归"①,正所谓他乡遇故知,喜悦的心情溢于言表。程叶二人一同乘舟返乡,途中难免对时局世事一番感慨,更对刚刚结束的中日甲午之战多有感触。程德全由前线归来,切身经历了这场战争,叶尔恺向其详细询问战争情形,"皆言非不可战,无如统帅先逃,军心自然溃散"②,两人对此都是痛心疾首。

短暂的相逢之后,两人又将奔赴异地。回乡后不久,程德全即接家眷一起去安徽任候补知县,叶尔恺省亲结束后也要返回京城。光绪二十三年(1897年),程又赴奉天投依克唐阿将军幕府效力,而叶尔恺新授陕西学政,于是年九月离开北京到陕西上任,两人再次异地相隔。

其后程、叶两人一直分隔两地,没有多少机会共聚一处,不多的书信往来也未有留存。直至晚年两人都寓居上海,才有机会再次相聚。民国建立后,叶尔恺迁居上海,居家学佛,卖字为生,以遗臣自居。程德全退出政坛后,亦息隐沪上。晚年程德全心向佛学,又得叶尔恺指教,"自癸丑由叶伯高教阅内典"③,跟随叶一起潜心研究佛学,直至1930年程德全逝世,二人的交往才画上句号。

纵观程、叶一生的交往,在长达近40余年的友谊中,聚少离多,其交往多集中在两人青年和晚年两个阶段,其他绝大多数时间分隔千里,因路途遥远只能以书信保持联系。但是,他们还是地远心近的一对亲密师友。正如叶尔恺所说:"然以吾辈数十年之知交,虽地角天涯,消息不通,终冀一朝聚首,罄数年之积愫,盖乾坤可毁,情谊不可磨灭。"④叶尔恺与程德全为总角布衣之交,二人亦师亦友,惺惺相惜,对对方学问与人品都很欣赏,双方又是十分重视情谊之人,所以,程德全贵显之后,其父亲去世之祭

---

① 程世模主修.云阳程氏家乘(卷二).重庆云阳档案馆藏.
② 汪康年师友书札(三)[M].上海:上海古籍出版社,1987:2466.
③ 程世模主修.云阳程氏家乘(卷二).重庆云阳档案馆藏.
④ 程世模主修.云阳程氏家乘(卷一).重庆云阳档案馆藏.

文以及家庭中之分家事宜均请叶尔恺为之主持,可见程对叶信赖之深。

程德全对于当年叶尔恺在其落魄京师时所予以的帮助一直铭记在心。叶尔恺是程德全经世致用思想的重要启蒙老师,也是他初步接触维新思想、发生重大思想转折的启蒙之人。程德全还通过叶尔恺结识了大量江浙沿海之文人、学者、官员,开拓了新的交往圈,丰富了自己的人脉关系。最为突出的一点是,程德全正是得到叶尔恺的提示才开始关注东北危机,转而费力搜寻书籍专攻东北史地,会晤了在京候差的黑龙江旗人寿山,这都为他今后在东北的一番作为提供了契机。若没有叶尔恺及其朋友圈的交往,程德全很可能就与同时代的众多贫寒学子一样,沿着科举之路,皓首穷经地走下去,以一介寒儒了此终生。程德全与叶尔恺之间的师友关系,对程德全一生的影响是关键而深远的。

二、程德全与依克唐阿的交往

(一)受知满将军 东北展长才

程德全在北京受叶尔恺指点,集中精力攻研东北史地,知识结构与视野大为开阔,其对东北的史地知识得到了驻防东北的满族将军文全、寿山、依克唐阿等人的赏识,从此进入东北,一展长才。"(光绪)十七年(1891年)考后不售,乃出关赴黑,受聘于某姓,仍为教读,而束修每年计二百两";"幸于场中获交黑龙江某都统之子,故散场后,随之出关,入都统幕"①。此处所说的某都统即为当时黑龙江副都统文全,程德全除了为其子女教读外,还被聘入幕,协办黑龙江全省《会典舆图》。该图绘制成功后,程德全得到文全的上级、黑龙江将军依克唐阿的赏识,进入依克唐阿幕府。

依克唐阿(1832—1899年),字尧山,扎拉里氏,满洲镶黄旗人,吉林驻防。少壮从戎,著战功于数省。早年曾带兵讨伐捻军,四处征战剿匪,"每战皆为军锋,歼贼甚众"②,被清廷赏加法什尚阿巴图鲁勇号。历任墨尔根城副都统,署黑龙江将军,调补黑龙江副都统。光绪十五年(1889年),被擢升为黑龙江将军。五年后,甲午中日战争爆发,依克唐阿率军赴朝鲜战场迎敌,因作战勇猛、奋勇杀敌而被称为"虎将军"。

---

① 程德全被弟控告.申报,1928-11-18.
② 赵尔巽主编.依克唐阿传.清史稿(卷四六一).列传二四八[M].北京:中华书局,1977.

东北为清廷的发祥地,还是满族及其先世的故乡。清朝将东北视为其"根本之地",先后设盛京将军、吉林将军,康熙二十二年(1683年)为反击沙俄入侵,又正式设黑龙江将军衙门,一改历代在此地区所行的羁縻之策,正式派将军,设首府,驻八旗,收赋税,将之纳入国家行政管理体制,至此第一次真正实现了中央王朝对盛京、吉林、黑龙江地区即东北的完全统一。在东北三将军中,黑龙江将军居于特殊地位。首先,黑龙江将军所辖之地与中央王朝政治中心相距遥远,无论是远古还是清以前,无论是清代与沙俄划界前还是划界后,黑龙江流域都被称为我国东北的"极边"之地,交通不便,鞭长莫及,一旦发生不测之事,难以迅速得到中央王朝的指令,如需支援,也难以迅速到达。这使黑龙江将军之处事,较之盛京、吉林两将军更难。其次,这里的自然条件虽说资源丰富,但气候更严酷,冬季漫长而寒冷,生存条件远不如盛京与吉林两地优越,以致地广人稀,除从事游牧、渔猎业的等少数民族外,长期以来在此定居的汉族人极少。这又使黑龙江将军为政之难,难于盛京与吉林将军。再次,更难更具危险性的是,黑龙江与沙俄为界,直面野蛮、贪婪也更具侵略性的沙俄,所以黑龙江将军的处境远比盛京和吉林将军更严峻。黑龙江是名副其实的边防重地,在此任职的一代代将军置身于边防最前线,负有守土之责,而办理外交、解决与沙俄的各种边务问题,又需要更多的历史知识与世界视野,所以,黑龙江将军在东北三将军中是责任最为重大、任务最为艰难的。

依克唐阿将军在黑龙江任内是比较有作为的:他上奏朝廷,提出通肯开荒有利无弊;整顿吏治,对于职官蒙混领款等分别惩处;整饬新军,认真训练,整顿军纪,使黑龙江练军日见精强;剿灭匪患,稳定社会,率官军剿贼获胜,擒斩积匪百余人①。光绪十五年(1889年),黑龙江珲春地区400人联名捐资为其立德政碑,碑文百余字,颂其丰功伟绩。

(二) 编撰《舆图》 崭露头角

地图是一个地方行政的基本工具。但东北地僻人稀,特别是黑龙江省,邻边西伯利亚,气候严寒,人烟稀少,长期处在自然游牧的生态之中,没有定居的居民与地图。以致雅克萨战役之后,康熙皇帝打了胜仗,在与俄国人谈判时却没有地图证明中国疆域的确切点在何处。康熙皇帝受此刺激,便任命一批西洋传教士担纲搞了一个《皇舆全览图》。这个项目在

---

① 周喜峰.依克唐阿传[M].哈尔滨:黑龙江教育出版社,2013:81.

全国设了600个观测点,按西方经纬度的方法对全国进行了全面的测量,然后画出地图。但这个耗时数年的全国地图中,东北部分十分空疏。两次鸦片战争后,一批有识之士开始认识到东北,特别是黑龙江对于中国领土主权的重要意义,注意研究东北之史地,如程德全、叶尔恺等。他们丰富的东北史地知识引起了负有东北、黑龙江守土之责的依克唐阿将军的重视。于是,他通过文全将程德全援引入幕,由程负责黑龙江《会典舆图》的绘制工作。《依将军奏保片》中提到:"程德全于光绪十七年由前黑龙江副都统文全函聘,办理交涉事件及该城《会典舆图》。"①

光绪十五年十一月,黑龙江将军依克唐阿接到会典咨文,被要求主持黑龙江舆图测绘之事,但第一版《会典舆图》不够详尽,必须重新进行勘测绘制。为使舆图绘制精细,依克唐阿认为需要再行分派人员到各地勘察,以期获得较为准确的数据。至是,光绪十九年(1893年),为更好地完成《会典舆图》的编绘工作,依克唐阿四处物色人才。因为勘察工作事务繁重,加上地处偏远、人烟稀少,采访难以维持,而且有些难觅人迹的地方更是无法抵达,这其中还有季节性因素的影响,因此依克唐阿一时之间难以物色到可用之才。

这时,依克唐阿留意到瑷珲城的《会典舆图》绘制精良详尽,询问之下,方知是文全幕中的程德全负责绘制的。由此依克唐阿对这个年轻人有了初步的印象。依克唐阿认为,程德全正是他四处物色的可用之才,于是将程招揽入会典局,同时又对省局人员做了调整:任命巴彦布总理其事,程德全充任会典局会办,帮办廖彭、寿春,以上三员负责操办通省图说、沿革事例各件②。

程德全受任这个差事后十分尽心,勤勉有加,"黑龙江地方辽阔,山川边卡界址繁多",但程德全带领其他各员分工明细,"嗣将省局各员分作两拨,其精于测绘者携带机器分往各城周历履勘,其博通文艺弹见洽闻者,在局责成操办图说并沿革事例各件"③。自调办黑龙江全省《会典舆图》这项工作以来,程德全不辞劳苦,认真负责地勘察走访黑龙江多处地域,既为舆图的编撰工作搜集了丰富的实地资料,又以实地的调查资料与原来学习到的史地知识相互印证,使理论与实践相结合。参与这项工作,也增加了程德全对于东北尤其是黑龙江省地理、历史、文化的全面了解,

---

① 程世模主修.云阳程氏家乘(卷二).重庆云阳档案馆藏.
② 冯建勇.恩泽传[M].哈尔滨:黑龙江教育出版社,2013:65.
③ 张凤鸣,高晓燕,刘刚.屠寄和《黑龙江舆图》的测绘[J].北方文物,1987(1).

从而为其后来数十年在东北地区的发展奠定了坚实的基础。

《黑龙江舆图》的编撰过程曲折艰难。由于当时江省缺乏测绘人才，而且甲午战争爆发后黑龙江省骤然面临事急寇深之患，遂无暇顾及舆图的测绘，此项工作一度停顿因而未能完成。但这次程德全负责会办《会典舆图》的编修工作，令依克唐阿将军看到了他出色的办事能力与组织协调能力，对这个年轻人印象很好。事后，文全、依克唐阿均以此为程请功。

（三）甲午战场　竭力筹战

光绪二十年（1894年）七月，中日甲午战争爆发。62岁的黑龙江将军依克唐阿"以倭人欺压朝鲜，请亲率马队八营入咸镜道进剿"①，七月初十，从齐齐哈尔奔赴朝鲜前线。左宝贵军平壤失利，清军一路溃退至鸭绿江边，日军占领朝鲜全境。朝廷命依克唐阿部移驻九连城。日军一连数次猛攻九连城，依克唐阿与四川提督宋庆率领众军殊死抵抗，之后由于长甸、蒲石河口一带防务空虚，清廷命依克唐阿"前往堵御，叠复蒲石河口、古楼子等处"②。

正当依克唐阿在前线御敌时，恰在北京的程德全接到了依将军急召他至朝鲜前线效力的紧急电报。程接到电召后，"直赴九连，至则无容足地"③。程德全到九连时，正值战况激烈，程立即单骑赴营，冒着枪林弹雨，火速赶往依军军营。及至见到依将军后，向其"痛陈时事，愿效驰驱"④。这一举动令依克唐阿将军非常感动。翌日，依军开赴蒲石河，"依克唐阿与战于蒲石河，连克蒲石河口、古楼子"⑤。

依克唐阿将军以其英勇善战得到国内有识之士和爱国将士的拥戴，很多官员和将士都自愿投身到他的军队之中杀敌报国，一时间投报军营者云集，"橐笔争先到九连"⑥。其中就有程德全的至交好友、正白旗人寿山。但是因清军武器装备落后、军事策略陈旧，"毅军、盛军、镇边军相继失利，日本联陷九连城、牛庄、旅顺、大连湾、凤凰城、营口厅"⑦。凤凰城之战尤其惨

---

① 清德宗实录（卷三百四十四，光绪二十年秋七月庚辰）[M].北京：中华书局，1986.
② 王钟翰主编.依克唐阿传.清史列传（卷五十九）[M].北京：中华书局，1987.
③ 程世模主修.云阳程氏家乘（卷二）.重庆云阳档案馆藏.
④ 李兴盛等编.程德全守江奏稿（外十九种）[M].哈尔滨：黑龙江人民出版社，1999：694.
⑤ 依克唐阿传.清史稿（卷四六一）.列传二四八[M].北京：中华书局，1977.
⑥ 程世模主修.云阳程氏家乘（卷二）.重庆云阳档案馆藏.
⑦ 王钟翰主编.依克唐阿传.清史列传（卷五十九）[M].北京：中华书局，1987.

烈,程德全好友寿山之弟永山"每战冲锋陷破敌,奋不顾身,身受多伤立时殒命"①。永山牺牲后,寿山继续率部英勇战斗,在二月二十日的汤仓之战中,"寿山身受枪伤,裹创力战,奋勇可嘉"②。寿山的才智和英勇得到依克唐阿的钦佩和赏识,在依克唐阿的培养和提拔下,寿山后来成为著名的黑龙江将军。

程德全对永山的牺牲很悲痛,也钦佩好友寿山的英勇顽强,多年后他在《六十自述》一文中仍对当年情形念念不忘:"三千满卒攻难克,警报田营又退兵。永山战殁寿山创,回马辽阳暗自伤。"③

而后,依克唐阿奉旨防守辽阳,率军进攻海城,"叠次力战,擒斩甚众"④。清廷为褒奖依克唐阿的奋勇力战、勇猛顽强,擢升其为镶黄旗汉军都统,不久后,于光绪二十一年(1895年)八月任命其为盛京将军。

依克唐阿将军在甲午中日战争中一直冲杀在最前线,坚守阵地毫不怯战畏葸,可以说是清末少有的勇猛良将。清廷在中日甲午战争中虽然失败,但依克唐阿将军的威名被人颂扬。

在中日甲午战场上,程德全一路追随依将军转战数城,目睹老将军为保家卫国冲锋陷阵的英勇之举,受到了很大的激励。程德全受依将军器重,得以"理画前敌军事",参与依军历次重大决策。他在军幕中为老将军尽心尽力襄赞军务,筹备战守。依克唐阿很看重程德全在战场上的优异表现,对程德全能在瞬息万变的战场上镇静应付与勤勉治事的良好素质评价颇高,亲上奏折为其请功,奏称:"臣屡经查核,深知该员才优学粹,器识宏深,而与边事夷情尤能洞悉窾要。此次出征,该员单骑赴营,痛陈时事,愿效驰驱。迄计数月以来,随奴才于枪弹风雪之中,指画山川,尽力筹战,凡有赞助,无不动中机宜。"他认为程"人品学术,洵为艰苦卓绝,有守有为之士"。

在依克唐阿将军的大力举荐下,程德全先被清廷"先行传旨嘉奖",接着又于光绪二十二年(1986年)五月被授予同知衔候补知县,分发安徽。光绪二十三年(1897年)二月,已调任盛京将军的依克唐阿再次为程德全上奏《送引见片》:"上年二月,该员因军务大定,请假回四川原籍省亲,现在来奉,呈请给咨,赴部掣签引见。查该员年力富强,留心吏治,并

---

① 寿山传.清史稿.列传二百五十四[M].北京:中华书局,1977.
② 清德宗实录(卷三百六十二),光绪二十一年二月丙寅.
③ 程世模主修.云阳程氏家乘(卷二).重庆云阳档案馆藏.
④ 王钟翰主编.依克唐阿传.清史列传(卷五十九)[M].北京:中华书局,1987.

无经受未完事件,自宜速饬赴引,俾得及时自效。"①程德全至此才正式有了一个候补的官衔。尽管清末"候补"者多如过江之鲫,但有了这个头衔,就有了一个顶戴,可以出入官场,算是一个准官员。

程德全正是受到了依克唐阿将军的赏识,才得以正式步入仕途。依克唐阿历任黑龙江将军、盛京将军。作为一方封疆大吏,拥有实权,是依克唐阿将程德全带进了东北中上层官僚的权力中心,将其推介于东北满洲官员,程德全才有了一个更高的发展平台。依克唐阿赏识程德全的学识才干,对这位青年后进一再大力提携,为其上奏举荐。这使程从一个未有半分公职的普通文人幕僚得以提升为候补知县,虽然是候补,但也是真正开始步入仕途。另一方面,依克唐阿比程德全年长近30岁,在程德全看来,他既是一位威严的将军、上司、幕主,更是一个敦厚的师长、忘年之友。依克唐阿虽是一名武将,但他"勇而有谋,性仁厚,不嗜杀,每有俘获,不妄戮一人"②。依克唐阿的忠勇精神、温厚品性对程德全有着较深刻的影响。

三、程德全与寿山的交往

(一) 京城相识 义结金兰

寿山(1860—1900年),字眉峰,隶汉军正白旗,汉姓袁。咸丰十年生于瑷珲,其父是吉林将军富明阿,其七世祖是明末辽东督师袁崇焕。光绪三年(1877年),寿山以六品荫生在瑷珲城学习当差,光绪五年(1879年)冬,因办理中俄联系事务出色而得到光绪帝的赏识,赏五品顶戴。

寿山是在父亲的严格教育、抚养和影响下长大的,父亲的言传身教使他逐渐形成了忠君爱国、爱民如子的思想。这也是寿山后来在甲午战争中请缨前线杀敌、英勇作战,在庚子之役中力主抗战、兵败以身殉国的思想根源。

寿山在父亲富明阿病逝后于光绪十一年(1885年)被循例召回京,由此举家迁居北京,开始了在京候选的生活。从光绪十一年到二十年,在京当差候选的10年期间,寿山的生活极为清苦。其父生前虽是封疆大吏,

---

① 李兴盛等编.程德全守江奏稿(外十九种)[M].哈尔滨:黑龙江人民出版社,1999:694、695.

② 依克唐阿传.清史稿(卷四六一).列传二四八[M].北京:中华书局,1977.

但为官清廉,没有留下多少家产,寿山"生性豁达,又不屑治家生产"①。为实现像祖辈那样建立显赫功勋的理想,寿山把希望寄托在科举考试上,"刻苦学习,钻研八股文章","折节读书,欲以功名自奋"②。

就是在这样的情形下,一次偶然的机会,程德全结识了同在京师备考候选的寿山。在北京国子监读书的程德全得浙江名儒叶尔恺指点,视野大开,正在专攻东北史地,"凡刊行者购阅,刊本难得者,重价购之,钞本如黑鞑事略、高丽秘史、耶律文正、西游录等则手钞之"。当他得知寿山是祖籍黑龙江的在京旗人时,便专程去拜晤寿山"咨访东事"。最初,寿山见到程德全读书十分刻苦,很是佩服。后来经过多次接触,寿山发现程德全平日非常留心搜集有关东北的资料,这令他深以为奇。在与程德全的交谈中,寿山更惊叹程对东北地区的地理风貌、边情形势熟悉之至,他惊讶道:"君到过几次,何熟习乃尔?!"二人大有相见恨晚之慨,因此缔交。正所谓"逢人为访金源事,一语才交契两心"。

寿山认为,程德全如此熟悉东北问题,是不可多得的经世之才,遂向黑龙江副都统(即瑷珲副都统)文全推荐程德全。文全得知后专程函聘程德全,邀请程北上瑷珲入其幕府。程德全家境贫寒,出川至国子监读书也是想谋求新的生计。但旅居京师两三年,生活依然饥寒交迫,"落拓长安不可居,远寻斥侯偏驱车"③。养家糊口是他不可推卸的责任,而且程德全此时已不再对科举抱有多大希望,更希望能有机会一展抱负。他认为这是一个难得的机遇,于是决定去东北做幕僚。光绪十七年(1891年),程德全赴瑷珲入文全幕。文全热情地接待了程德全,待其为上客,对他的才识十分欣赏,甚为倚重,令其协助办理交涉事件。这是程德全步入仕途的前奏。

程德全与寿山遂就此分别,但二人都不曾想到三年后竟在异国他乡不期而遇。

(二) 战场相逢 同袍共泽

光绪二十年(1894年),中日甲午战争爆发,黑龙江将军依克唐阿自请赴前线作战,程德全追随将军同赴辽东九连城。寿山本在京候选,但当

---

① 寿将军家传[J].齐齐哈尔文史通讯,1983(2)40.
② 黄维翰.黑水先民转[M].长春:吉林文史出版社,1987:302.
③ 程世模主修.云阳程氏家乘(卷二).重庆云阳档案馆藏.

得知辽东前线失败的战况后,义愤填膺,投笔从戎,请缨前往黑龙江军营效力,得到批准后立即只身一人轻骑简从昼夜兼程赶赴战场。寿山恰好受委任在依克唐阿军营任步兵统领,与程德全竟于千里之外的辽东战场相遇。二人同随依克唐阿将军在前线御敌,朝夕相处,情谊日益深厚。次年,由于程德全从军期间,"于枪弹风雪之中,指画山川,尽力筹战,凡有赞助,无不动中机宜"①,因此经依克唐阿奏保,被授予同知衔候补知县,分发安徽。

寿山在战场上作战勇敢,与日军展开拼死搏斗,屡立战功,甚至在负伤后也坚持杀敌。凤凰城一战中,寿山之弟永山战死沙场,"每战冲锋陷破敌,奋不顾身,身受多伤立时殒命"。永山牺牲后,寿山强忍悲痛,继续率部英勇战斗,在汤仑之战中"身受枪伤,裹创力战,奋勇可嘉"。程德全亲身经历了这场惨烈的战斗,战友的牺牲令他非常悲痛,战争结束时程感叹道:"永山战殁寿山创,回马辽阳暗自伤。"

寿山这种马革裹尸的牺牲精神,同样受到依克唐阿将军的赏识,依克唐阿赞佩寿山"谋勇兼优,洵属不可多得",并奏请清廷奖励寿山:"现值军务吃紧,急应成就将才,破格奖励,以当干城。"清廷为表彰寿山,采纳依克唐阿的建议,"著以知府分省补用"②,接着又于光绪二十四年(1898年)八月,擢升寿山为黑龙江副都统。

同年,时任黑龙江将军的恩泽与黑龙江副都统寿山又将程德全奏调到瑷珲,至此,程德全正式入寿山幕府供职。光绪二十六年(1900年)正月,寿山升任黑龙江将军,程德全也经奏调到齐齐哈尔,任将军文案,兼银元局总理。

(三)庚子俄难 生死相托

1900年,以"扶清灭洋"为口号的义和团运动迅速燃遍华北、东北,波及北中国。以慈禧太后为首的清政府心怀对列强干预其更换光绪皇帝意图的不满,对义和团"变剿为抚",决定采用"抚拳抗洋"的政策,妄图借义和团之力来抵制外国列强的干预。在满族亲贵端王等人的怂恿下,数十万义和团进入京城,京城秩序失控。德国公使、日本使馆秘书均被团民与清军杀死。列强以护侨为名开进大沽口。慈禧太后盛怒之下,不经审判

---

① 李兴盛等编.程德全守江奏稿(外十九种)[M].哈尔滨:黑龙江人民出版社,1999:694.
② 孙文政.寿山传[M].哈尔滨:黑龙江教育出版社,2011:23.

杀了熟悉国际法、要求与列强缓和关系的大臣许景澄、袁昶、徐用仪等人,并于光绪二十六年五月二十五日(1900年6月21日)狂妄地以一抵十一对十一国宣战。列强趁机扩大战争,八国联军由此组成。八国联军中以日本兵与俄国兵最多。两万多日本兵从大沽口登陆,直扑北京;12万俄军则从西伯利亚向东北横压过来,企图借此机会吞并中国东北,实现其黄俄罗斯计划——义和团运动给了他们一个绝好的借口与机会。为了独占东北,十几万俄军兵分七路入侵东北地区。整个东北笼罩在战争风云中,黑龙江面临俄军北、东、西三面进攻的危险。

面对俄军日益嚣张的入侵之势,寿山很清楚黑龙江兵、饷两空,如果与俄开仗,实难维持。当时,在军事上,黑龙江镇边新、陈两军30营,每营500名士兵,八成额为400人,共计14400人。在粮饷上"惟陈军之饷公存十四万两,新军之饷,除付炮价并吉林机器局外,仅存十九万两,户司大租各大项,仅存十六万两,是通计不及五十万两。若不连筹接济,万难久持。惟江省物力素称瘠苦,本地无法筹措"①。

其时,俄国大军云集黑龙江,情况叵测。寿山为了防备突然事变,一面加紧布防,补充兵力,筹集饷款,一面上奏清廷"兵事日迫亟宜拟定办法折",折中提出"三省必须互相联络,不分畛域,互相援兵支援"②。为抵御俄军入侵,寿山将军兵分三路,分别派黑龙江副都统凤翔为北路翼长(总指挥)、呼伦贝尔副都统依兴阿为西路翼长、通肯副都统庆祺为东路翼长,并委派自己最信任的知己兼幕友程德全为行营营务处总理,负责筹划防务,联络前敌各军以及与沙俄交涉事宜。

同年六月,俄军不顾寿山将军一再向俄方表示愿代双方保护中东铁路的照会,仍蛮横地以保护中东铁路为借口,出动大批船队,满载军械,行驶到瑷珲与江东六十四屯所夹航道,"屡欲由瑷珲登岸,假道进兵"。十八日,俄军先发战端,悍然攻击瑷珲,寿山将军下令迎击敌军。

六月二十一日(7月17日),沙俄蓄意制造骇人听闻的海兰泡惨案和江东六十四屯惨案,"华人被逼迫入江死者,尸蔽江下"。噩耗传到黑龙江将军驻地齐齐哈尔,将军寿山"闻号咷,千绕室夜,愤恚垂绝。犹深自咎责,对敌痛恨万分,遂令瑷珲守军严惩沙俄侵略军"③。北路翼长凤翔得到寿山的命令后,多次组织军民给来犯之敌以有力打击,但俄军疯狂反扑,炮火

---

① 辽宁省档案馆.东北义和团档案史料[M].沈阳:辽宁人民出版社,1981:464.
② 黑龙江省档案馆.黑龙江历史大事记[M].哈尔滨:黑龙江人民出版社,1984:3.
③ 于驷兴.眉峰殉难碑铭[J].齐齐哈尔文史通讯,1983(2).

猛烈,清军寡不敌众,不得不退守北大岭,瑷珲失守,凤翔阵亡殉国。

战事失利,城镇和边防要塞失守的战报和将士战死的噩耗不断传来,北大岭为齐齐哈尔门户,若失守则直接危及省城齐齐哈尔。面对此危急之况,寿山原想自己亲到前线督战,但因齐齐哈尔副都统萨保坚决不同意,"北路虽关紧要,东西两路亦羽檄飞驰,将军偏顾一隅,不惟事事请命,诸多碍难,而省城为根本所在,倘有动摇,大局更不堪设想"。程德全亦对"瑷珲、墨尔根各城相继陷没,俄军长驱直入,难民络绎枕藉于道"的艰难局势焦急万分,"余因请于公(寿山),愿躬赴前敌,规度防守事宜"①,向寿山请命愿代其赴前线。寿山与萨保"熟商至再,始改调行营营务处总理、安徽候补知县程德全持令前往督队,妥筹一切"②。

寿山将此重任委于程德全,足见寿山已将程氏视为自己最亲密的知己,对程氏的胆识才干极具信任并寄予厚望。程德全在此强敌临境、生死存亡之秋,不是畏缩不前以谋自保,而是不顾自身安危,自愿请命当此重任,甚至抱有必死之决心,"全之此行,自幸颇得死所。眷属去留存亡,早已置之度外"。正如程德全所言,"全之与我帅(寿山)由交契而堂属,谊同生死,神人共鉴"③,当此患难之时,二人生死之谊弥足珍贵,令人感叹!

七月二十一日(8月15日),程德全带领数十人从省城齐齐哈尔出发,日夜兼程急赴北大岭前线处理危局,不料他刚走过塔哈站(今讷河市拉哈镇),寿山就于七月二十二日(8月16日)晚接到北路北大岭失守、兵退博尔多的消息。七月二十三日(8月17日),寿山在写给程德全的信中说:"昨日寅刻二刻,敌已包抄过岭,势不可挡……正诧异间,今日又接墨城(墨尔根)电局来电,墨城已先自乱,纷纷抢掠,都护畏避逃走,电局退至博尔多。"

寿山让程德全火速赶往博尔多,"请吾哥(指程德全)飞速前往",并在信中嘱咐程德全"沿途何处得形势,何处应如何守法,即密记之,以备临时扼守"。寿山令其到博尔多后多准备船只,将从北大岭撤退下来的清军及难民渡过讷谟尔河,"此事关系紧要,吾哥过该处,饬令速备"。寿山认为:"我军过博多尔,尚可扼守讷谟尔河南岸",准备以讷谟尔河为屏障,阻止俄军南进。他在七月二十四日(8月18日)给程德全的信中还说:

---

① 李兴盛等编.程德全守江奏稿(外十九种).庚子交涉偶录[M].哈尔滨:黑龙江人民出版社,1999:741.
② 故宫博物院明清档案部.义和团档案史料(上册)[M].北京:中华书局,1959:544.
③ 李兴盛等编.程德全守江奏稿(外十九种).庚子交涉偶录[M].哈尔滨:黑龙江人民出版社,1999:730.

"敌既过岭,他无可守,惟查尔多河水势尚大,可以藉扼贼之来路,望麾下详审图之。"同日下午,寿山再次给程德全写信:"大岭既失,事益危急,弟一身不足惜,惟阖省商民不忍令其再罹兵革。"寿山在信中还说:"西路各队,若有不支……若东路再有紧急,将如何是好。"寿山这两封信是让程德全给想想办法,"望兄一代图维,速即告我。事急草草。"①

正当寿山将军进退维谷之际,他又接到吉林将军长顺转来清廷命李鸿章为全权议和大臣的电报。电报称,顷奉军机处咨开:七月二十五日(8月19日)奉旨:"李鸿章电悉。据杨儒(时任清廷驻俄使节)元电所称,似俄亦有停战之意。"沙俄在侵略我国的策略上始终采用两面手法,一面派军武装入侵,一面开展外交讹诈,以便用最小的代价获得最大的利益。早在七月十三日(8月7日),杨儒就给李鸿章发电报:俄"外、户部云:东三省华兵不但不合力弹压乱匪,保护铁路,仍向俄兵攻击不休。友好之邦,岂应若此?请贵国家速谕该将军等,即日停战,免损邻好"②。电报道出了沙俄妄图诬捏进兵之由来,掩盖其侵略的事实。

寿山接获清廷命李鸿章为全权议和大臣、俄外交部亦希望停战的消息后,即给程德全发电:"应请吾哥星驰前往,可先为权宜之计,由吾哥照会该国带兵官",让其在博尔多与北线俄军议和,阻止俄军进入齐齐哈尔城。

程德全赶到博尔多时,正值讷谟尔河河水暴涨,数万难民哭号争渡。俄兵已入墨尔根城,"沿途溃卒、难民逃窜纷纷,哀鸿遍地,触目惨心","难民呼天号地,惨不忍闻"!而此刻中方兵不满千,溃败之余,军械缺失,萎靡不可整顿,已无法组织抵抗。程德全亲眼目睹此种惨景,心中悲痛交加,万分焦急之余一方面紧急命令随员翻译韩广业奔赴喀米尼哈站照会俄军停止进军,另一方面则"收集余烬,赈济难民",组织难民有序渡河,并与其他将领整饬残军,"预备战壕及抚恤伤勇"。

二十六日难民渡过大半,二十七日韩广业执照会归来,二十八日(8月22日),程德全接到寿山令其与俄军议和的命令后,当即只身轻骑径入俄营,面见俄前锋领队官连年刚博夫。在俄营,程德全告知俄军,中俄两国已准备议和,要求俄军停止前进。俄军以未接到议和消息为辞拒绝停战,后程德全一再争取,"辩驳再四,俄官仍称非渡河不可,全誓死不令渡

---

① 李兴盛等编.程德全守江奏稿(外十九种).庚子交涉偶录[M].哈尔滨:黑龙江人民出版社,1999:714、716.
② 中国社会科学院近代史研究所.杨儒庚辛存稿[M].北京:中国社会科学出版社,1980:116、144.

河"。俄军见程德全态度坚决,同意仅停军三日,暂不渡河驻北岸候信,并与程约定"三十日晚再晤一商"。

程德全回营后,即刻连续两次给寿山上书,详陈与俄军交涉情况,并请寿山"迅速赐示,以便照办"①。七月二十九日(8月23日),程德全再次给寿山写信提出撤军办法:"奉谕后细商各营,总宜暂退,若径撤回省城,更恐人心惊惧……俟我退一步,敌进一步方好。万一议和不成,逼人太甚,只好死守省垣,背城一战。"寿山对程德全信中提出的撤兵办法很是认同,在七月三十日(8月24日)给程的回信中说:"顷接二十九日丑刻来书,所办一切,甚妥甚妥。"寿山对黑龙江当时的实际情况亦十分清楚,"大局如此,奈何,奈何","实在无能为役,与其强战,徒致多戕民命,无济大局"。此时,寿山为使省城齐齐哈尔人民免遭涂炭,已决心到前敌与俄军谈判,甚至愿以一己之身而保阖城百姓安危:"不如拼弟一人而保全无数人,刻准于初二日亲赴前敌,大约初三必到。到时面与俄约,如能如约不再前进固善,否则,以身殉之,绝不再活。"

寿山要到博尔多前敌与俄军谈判议和,未及动身,就再次接到清廷任命李鸿章为全权议和大臣的电报。寿山把和谈的希望寄托在李鸿章身上,考虑到"朝廷既已派全权大臣与各国议和,则俄自在其内。京师既已与俄议和,则东三省亦自在其内"。再加上当时省城齐齐哈尔人心惶惶,所以寿山决定继续请程德全代表自己"与彼婉商",此时寿山的态度是,俄军"能听固佳",否则就退回来,且当时"省城存兵无多,各路之兵疲惫万状,即使并力一战,亦不过多戮生命,仍需奉让",寿山对这场战争确实感到绝望,在给程的信中有"且谓京师既已如此,将来议和,亦必割土,东三省必割与俄无疑。此时不让,将来终须退让"等语。"再四筹酌"后,寿山对这次战争深感无力挽回,"弟此时实亦不能自主"。

程德全于七月三十日(8月24日)中午再次过讷谟尔河,赴俄营与俄官谈判,经商议提出俄军于"明日渡河住拉哈,我兵住榛子街,相距十八里……必不以炮攻城,并不伤害黎民百姓"。当天晚上,程德全再次赴俄营议停兵,俄方不允。程德全"且哭且詈,万难阻止",俄将仍执意不从,程"抵死相阻",拔刀自刺,被俄将夺下,竟不得死。俄军"始议不攻省城,不杀无辜,不掠财产,俄兵驻扎城北江岸十余里,彼此候电再议"。

---

① 李兴盛等编.程德全守江奏稿(外十九种).庚子交涉偶录[M].哈尔滨:黑龙江人民出版社,1999:731、715、720.

寿山收到程德全与俄人定议书后很是感动，"读之涕零"。八月初二（8月26日），程德全奉寿山之命再次与俄军在宁年（今富裕县）20里台地方商议俄军停兵事宜。然而俄军根本不理会程德全的谈判要求，只是在马上婉言拒绝，随后长驱直入。当晚，俄军即抵宁年站。

程德全星夜赶回省城，急欲面见寿山，密陈战和情形。程"初三抵省，始知眉帅因众人阻止不让赴敌，服毒一次"。程见到寿山时，寿山已经被萨保派人救回，但还处于半昏迷状态，众幕僚"正劝解并筹商间"，寿山见到程德全话语很少，"眉帅只言人无固志，万难一战"①，让程德全继续与俄军谈判，阻止俄军进入省城齐齐哈尔。而后，寿山特意向程嘱托后事，并再次劝诫程千万不要与他同死，要以苍生为念，留待有用之身保全生灵，"万不准拘执同死，以生灵无恃，尽被杀戮"。程德全见寿山如此行状，"心如刀割，彼此相持涕泣"，当天晚上，程留在将军府内，与寿山"侍谈竟夜"，与此同时"竭一夜之力"紧急安排撤出军队并速将军火饷银运送出城，准备和平让城。

八月初四（8月26日）清晨，程德全突然接到之前留住在塔哈尔的差弁飞步回报说，程与俄军分手后，"即有通事姜某，向俄称卑职（程德全自称）故设圈套，将俄官诱入省城，备大炮数十尊，精兵数十营，为聚而歼旃之计，俄将大骂卑职奸狯，誓必攻城，并将所留之人马枪械一概拿去，饬报卑职速来送死"。程与寿山二人接到消息后都始料未及，程唯恐与俄议和之事有变，"恐事败，亟辞公行"。他已顾不得个人安危急欲奔赴前敌阻止俄军攻城。临行前寿山对程唏嘘道："如俄不食前言，幸甚，否则，城亡与亡，今为生死别矣。但全城生灵百万，责在汝身，汝其忍耐为我保全。"

程德全听后挥泪拜辞，飞马出城，诘问俄官违约之由，与之并辔徐行，反复辩论，而俄兵已至城东南下阻拦不听。就在这时，齐齐哈尔城南营房内准备撤退的清军"高悬红旗，撤退之队又各严列队伍，大张红旗，向南开拔"，俄将连年刚博夫见此情形，误以"埋伏"为真，对程德全愤恨不已，不容分说，立即下令向清军开炮，"德全情急，挺身当炮口而立，冀以身殉，以谢阖城生灵"②。俄将见此急忙将他拉离炮口，"俄众震公忠概，惭沮而

---

① 李兴盛等编.程德全守江奏稿（外十九种）.庚子交涉偶录[M].哈尔滨：黑龙江人民出版社，1999：722-731.

② 李兴盛等编.程德全守江奏稿（外十九种）.庚子交涉偶录[M].哈尔滨：黑龙江人民出版社，1999：732、742、735.

止"①,又见清军没有还击,才停止炮击。

正是程德全的忘身舍命之举,才使齐齐哈尔城最终免于炮火,黑龙江省百姓都对程德全的大义牺牲精神感激涕零,"齐齐哈尔之幸全,德全力也"②,"时下江省之人,无不曰,生我者雪楼也。成之危而复安之局,救此垂死复生之人,实皆赖我雪翁一人之力也"③。

然而当俄军开炮之时,寿山在将军府内听到炮声,以为事已决裂,心如刀绞,以"军覆则死"之义,认为"不能战,又不能守,亦并不欲与俄人见面",担心"耻堕敌军手,重国辱",坚守不能改隶夷籍、反颜事虏的誓言,誓死不降,"遂跃身入棺"④,自杀殉国。

(四) 不负遗命　力使昭雪

清政府为了与沙俄议和,向其讨好献媚,反而把沙俄侵略东三省的责任全部推到寿山身上。

俄军占领瑷珲城后,沙俄政府采用武装入侵、间以外交欺诈的两面手法,向清政府提出和平谈判。寿山将军殉难的前两天,即八月初二(8月26日),李鸿章在给杨儒的电报中说:"东省纵兵寻衅,闻由江省之寿山、奉省之晋昌发难。鸿于二十三日电奏请派员查办。"寿山将军殉节后的八月十二日(9月5日),李鸿章给杨儒发去电报称:"东省违旨肇衅之将军寿山、副都统晋昌已奏参斥革职治罪。"⑤八月十九日(9月12日),在寿山殉国半个月后,软弱昏庸的清政府即下旨"命署黑龙江将军寿山,开缺听候查办"⑥,"责寿山不应妄开边衅……寻照部议革职"⑦。被革职查办的寿山将军,实际上成了清政府向俄国投降的牺牲品。可惜寿山对祖国一片忠诚、对朝廷一片效忠的爱国壮举,竟遭到清廷"开缺,听候查办"的处分,蒙受千古奇冤,连沙俄侵略者都承认寿山将军是"满洲将军中最刚毅的",在寿山将军自杀殉国的消息传出后,"俄人闻公死,设位于扎兰

---

① 宋小濂.清云阳程公以身御难之碑.齐齐哈尔龙沙公园.
② 于驷兴.眉峰殉难碑铭[J].齐齐哈尔文史通讯,1983(2).
③ 李兴盛等编.程德全守江奏稿(外十九种).庚子交涉偶录[M].哈尔滨:黑龙江人民出版社,1999:746.
④ 国家档案局明清档案馆.义和团档案史料(上册)[M].北京:中华书局,1959:545.
⑤ 中国社会科学院近代史研究所.杨儒庚辛存稿[M].北京:中国社会科学出版社,1980:118、119.
⑥ 清实录·德宗实录(卷469)[M].北京:中华书局,1987:155.
⑦ 王钟翰.清史列传·寿山传[M].北京:中华书局,1987:4825.

屯,吊祭纷至,至有泣下者"①。

在这一形势下,寿山当时的同僚们为了推卸责任,竟然转而竞相攻击寿山,意图指责寿山妄开边衅。十月十八日(12月9日),吉林将军长顺在向清廷奏报奉、黑两省边衅情形时说:"署黑龙江将军寿山,其初但筹防边境,尚知慎重,嗣晋昌迭次电催进攻俄之海参崴、双城子等处……岂料寿山轻信其言,因而变计,越境图功,遂饬瑷珲防营截击来往之船,而该防营居然开炮击沉俄之商轮,复枪毙江中澡浴俄人,乘势渡江烧杀……不能知己知彼,一味鲁莽图功","卒至一败涂地,不可收拾","今寿山身殉,晋昌远避,而三省旗民遭俄荼毒,未尝不叹息痛憾于肇祸之人"。盛京将军增祺为推卸自己弃城外逃的责任,更把东三省军事惨败之咎归于盛京副都统晋昌"逞一己之见"和"寿山督战无力"。十月二十九日(12月20日),他在给清廷的折片中言:"此次东三省边衅之开,自拆俄国铁路也……黑龙江将军寿山之与俄开仗,亦实因晋昌屡次函电激之而成。"②

寿山殉国后,萨保就投降了俄军。寿山幕僚于驷兴携寿山长子袁庆恩运送将军遗体出城,程德全亦随往协助料理后事。出城门时,俄军要开棺验尸,程德全通过翻译对俄军说:将军临死时有遗言,"至死不见俄国人"。在程德全的坚持下,俄军只能作罢。于是,一路护送寿山将军的灵柩至杜尔伯特安葬。

寿山将军似乎对其身后定遭毁谤的情形早有预料,他在八月初二(8月26日)给程德全的信中一再劝说程不要与自己一起以身殉职,今后的冤屈希望程德全能为其申雪:"弟之以身殉,咎由自取也,职分应尔也。兄虽曾任差事,同处患难,然无应死之责。况千秋万世后,弟须求一立脚地步……弟身后未了之事与夫生前支持危局之苦心,备尝之磨难,非兄之真知灼见,谁为泉下人表彰者?"同一日又给程去信,再次嘱托程"千万不可执定同死之见,使弟冤沉海底,无人剖白,万望格外成全。况兄又无守土之责,大可图展鸿谟于他日,并可代弟吐气于将来也。千恳万恳俯从弟请,如蒙金诺,弟当衔感于生生世世"③。

程德全确实没有辜负寿山寄予的厚望,事隔六年之后,即光绪三十二年正月二十六日(1906年2月19日),程德全任齐齐哈尔副都统、署黑龙

---

① 王钟翰.清史列传·寿山传[M].北京:中华书局,1987:4825.
② 故宫博物院明清档案部.义和团档案史料(上册)[M].北京:中华书局,1959:580、711.
③ 李兴盛等编.程德全守江奏稿(上册).庚子交涉偶录[M].哈尔滨:黑龙江人民出版社,1999:728、729.

江将军,向清廷胪陈已故黑龙江将军寿山的政绩,并吁恳免其查办,开复原官,照将军例议恤,予谥,建祠,将生前事迹宣付使馆立传。程德全在奏折中说:"兹该故将军爱民爱国,率以身殉。方之往哲,何以加兹。迄今江省父老,每谈轶事,多有泣下者,尤足以征感人之深。臣德全随同办理军务,知其死事惨状甚悉。追思哀痛,曷能自已。"①此奏折于三月初六(3月20日)到达旗务处并保留。由于当时俄军还没有完全撤出东北,程德全考虑到清廷慑于中俄关系,"声明俟俄约订后,再行奏明",等到光绪三十四年四月十二日(1908年5月11日)俄军全部撤走后,程德全再次上奏:"现在东局大定,不独该省士民称道不衰,即俄官亦无异言。"②清廷也认为给寿山平反的时候到了,于是程德全与东三省总督徐世昌再次联名上书,请旨为寿山将军开复昭雪。历史是公正的,寿山的冤屈在其死后八年终于平反昭雪。

  程德全与寿山的结识,是其一生的转折点;庚子交涉一事,亦是他政治道路的转折点。程德全本以一介青衿在京城求学,因了寿山的推介,他才来到东北投笔从戎。在京城时,程德全是一介寒儒,未有功名职位,生活窘迫、衣食难继;寿山作为官宦子弟荫生,在京当差候选,虽功名不显,但在经济上依然富足于程德全,在社交人脉上广于程德全,在社会地位上高于程德全。他对程德全各个方面的帮助和影响都是巨大的。寿山在未任职时,自己没有能力直接资助程,便动用自己的官场关系,致信家乡瑷珲城的副都统文全,介绍程德全入文全幕府为其谋生计。寿山任职瑷珲副都统后,立即向黑龙江将军恩泽举荐程德全,奏调其赴黑龙江差遣;自己担任黑龙江将军后,又延聘其入幕府供职,乃使程德全有余力将家眷从云阳接至黑龙江安家。可以说,寿山是程德全经济的资助者、政治的引路人。

  程德全与寿山二人自京城相识,义结金兰,情谊笃深。他们是志同道合的亲密知己。寿山担任黑龙江将军,力图振兴时政,即奏调程德全至黑龙江省,并委以银元局总理。庚子战事起,寿山委派其行营营务处总理要职,亲赴前敌督战,作为全权代表与俄军议和,乃至临终时将身后事宜、剖白沉冤等重大事责尽委于程德全,其信任相得可见一斑。寿山致程德全函电,一律以"雪哥"相称,每有知心之语、机密要事,亦都多与程密议。寿山在决定以身殉难之时,在给程德全的来函中情词恳切地说:"弟一生

---

① 李兴盛.黑水郭氏世系录[M].哈尔滨:黑龙江人民出版社,2003:803.
② 辽宁省档案馆等.东北义和团档案史料[M].沈阳:辽宁人民出版社,1981:672、673.

知己,今于死生之际,仅有兄一人是真朋友,是真丈夫。弟之瞎眼藉兄一人可以睁开,思之肝肠痛断,无可为词。"①在生死攸关之际,二人患难与共,生死相托。两人又都心怀家国百姓,不论是守城迎敌,还是和平让城,都是为了保阖全城百姓安危。为此,程德全不顾生死,挺身而出;寿山肝脑涂地,自杀殉国。程德全与寿山保家卫国的爱国义举、大无畏的牺牲精神,足以为后世铭记。

四、结　语

程德全在庚子之前的师友关系对他人生的发展具有重要意义。这一时期,程德全结识了叶尔恺、寿山、依克唐阿,程与他们之间的师友切磋及探讨,对他产生了重大影响。具体表现在几个方面:其一,这一时期的师友关系促进了程德全思想的发展。程与叶尔恺的交往使其重视经世致用思想,将眼光投向东北史地,知识结构发生重大变化;与寿山、依克唐阿的交往令他深受忠勇牺牲精神的激励,产生了改变黑龙江落后疲靡现状的迫切信念。这为他主政黑龙江后所进行的新政改革奠定了基础。其二,这一时期的师友关系为程德全搭建了一个更高的交往平台,丰富了人脉关系。程德全通过与他们的交往,继而结识大量文人、学者、官员,开拓了新的交往圈,从而开阔了眼界,增长了阅历。其三,这一时期的师友关系对程德全的仕途发展乃至人生境遇都带来了新的契机。程德全正是得到叶尔恺的指点而视野大开,专攻东北史地,从而对东北情形周悉之至。他也因此得到寿山的欣赏,并与之结交。寿山推荐程德全去东北投幕,使程有机会受到依克唐阿的赏识。依克唐阿与寿山多次提携程德全,将程德全带入仕途。及至程德全在庚子俄难时身负寿山生死之托,为保全齐齐哈尔城所做的英勇大义之举,成为他日后受到清廷破格提拔的政治资本,这个契机对他的政治生涯来说是可遇而不可求的,庚子交涉一事是他一生的转折点。

如果没有叶尔恺的指点,没有寿山、依克唐阿的推介赏识,程德全很可能就与同时代的众多贫寒学子一样,沿着科举之路,皓首穷经地走下去,以一介寒儒终了此生。所以,正是叶尔恺、寿山、依克唐阿这些师友的帮助改变了程德全的人生之路。

---

① 李兴盛等编.程德全守江奏稿(外十九种).庚子交涉偶录[M].哈尔滨:黑龙江人民出版社,1999:729.

主政黑龙江时期的师友关系

一、程德全与宋小濂的交往

(一) 生当乱世　共赴时艰

宋小濂(1860—1926年),字友梅,一字铁梅,晚号止园,祖居直隶宝砥(今天津宝砥),后移居奉天义州(今辽宁义县),至其父永瑞公"图为挟医术游吉林,遂占籍为吉林人"①。与徐鼐霖、成多禄并称为"吉林三杰"。一生行事耿直,以作硬诗、写硬字、行硬事被誉为"三硬先生"。

徐鼐霖、宋小濂、成多禄(从左到右)合影

宋小濂生当"时事日艰,东局危迫"的乱世,忧患艰难的时局和东北屡遭侵扰的威胁对青年宋小濂产生了深刻的影响。宋氏有诗云:"艰难时局英雄志","万里微臣思报国,白头不惜在寒边"。宋小濂自幼聪颖,少有大志,发愤读书,又深受儒学经世致用思想之影响,不拘泥于文章词句,学识十分突出。光绪九年(1883年),24岁的宋小濂"应童子试,擢冠军"②,深受时任吉林知府李金镛的赏识。本冀科举入仕,不幸严父早逝,老母在堂,妻及一女衣食难济,为谋生计,28岁的宋小濂赴奉天投军。光

---

① 王树楠.黑龙江都督兼民政长宋公墓志铭[M].卞孝萱,唐文权编.辛亥人物碑传集.南京:凤凰出版社,2011:415.

② 李澍田主编.宋小濂集[M].长春:吉林文史出版社,1989:149、2.

绪十四年（1888年），李金镛督办漠河矿务，"招小濂治文书"①，宋小濂便投其幕下办文案兼交涉外事，从此"半生心事在筹边，黑水黄沙二十年"②。

宋小濂到漠河之后，在李金镛幕协助治理漠河边务，被李金镛倚为身边得力助手。李金镛病逝后，袁大化代理局务。袁大化同李金镛一样，尤为赏识宋小濂。从光绪十四年（1888年）宋小濂追随李金镛入漠河金矿，到光绪二十二年（1896年）与袁大化"相偕辞去"，在近10年的漠矿生涯中，宋小濂协助李、袁二人"创办一切，为历任督抚所倚重，说者谓该厂成效大著，该员实始终其事，似此历试有效，实为江省不可多得之员"③。自开矿伊始，宋小濂就一直追随李、袁二人创办漠矿。漠河地处极北，气候恶劣，宋小濂与李金镛及众职工筚路蓝缕，夜以继日地筹办经营，边地苦寒，办矿的过程又是艰辛万状。所幸众人同心协力，金矿办理得法，成效显著。但因漠河侯邻俄国，当时的清政府疲弱无能，强邻压境而边务废弛，致使许多俄国人闻风而至，窃挖金沙。在这种情形下，宋小濂的重要职责之一就是要处理许多与俄国的边务交涉。在与俄国的艰难交涉中，宋小濂逐渐积累了很多外交经验，"内外兼筹，动合机宜"。随着漠河金矿的开办，商人运货前来，带动漠河也繁荣起来，宋小濂由此认识到开矿招商是巩固边防的好办法。兴办实业，兴边富国，这些理念对宋小濂都产生了重大影响。身处边疆对边务的亲身实践以及近10年的漠矿政治生涯不仅使宋小濂砥砺了情操、增加了阅历，而且使他"才猷焕发，器识宏深"④。

（二）初步结交　情谊笃深

程德全与宋小濂相识于光绪三十年（1904年），二人也是因漠河金矿而得以结识。1900年义和团运动爆发，庚子国难、中俄事起，金矿被沙俄占据，继之日俄之役又在中国土地上打响，东省益危，黑龙江的形势极为紧张。宋小濂目睹国家山河破碎，激愤难平，在此民族危急关头，他挺身而出，以《东三省善后十二策》上书北洋大臣、直隶总督袁世凯，提出全面

---

① 徐鼐霖主编.宋小濂传·永吉县志（卷39）[M].长春:吉林文史出版社,1988:725.
② 李澍田主编.宋小濂集[M].长春:吉林文史出版社,1989:159.
③ 李兴盛等编.程德全守江奏稿（外十九种）.庚子交涉偶录[M].哈尔滨:黑龙江人民出版社,1999:230.
④ 李兴盛等编.程德全守江奏稿（外十九种）.庚子交涉偶录[M].哈尔滨:黑龙江人民出版社,1999:230.

收回主权、加速东北边疆建设的主张。袁世凯采纳其言,并任命宋小濂为漠河金矿提调,会同总办刘燨前去收复金矿主权。

光绪二十九年冬(1903年),程德全被吉林将军长顺保奏、慈禧太后与光绪皇帝亲自召见,擢升署理齐齐哈尔副都统。因俄人意图阻挠其上任,程奉旨立时取道哈尔滨,转赴齐齐哈尔,至次年二月方抵达并接署副都统之职。庚子俄难后,黑龙江地区"百物凋残,元气大伤",一切吏治、营务、税课、团练、荒务等要政日趋废弛,治理内政几乎须从头做起。外事上则"东三省经庚子之变均被俄人占据,举手置足势为牵掣,以至各省将军名虽守土,实皆听命外人",尤其是日俄战争爆发后,黑龙江地区更是"道路阻绝"、"百货告罄",民生益艰。

程德全甫上任总理善后事宜,"目睹情形千疮百孔,既苦款项之难筹,复苦人才之太少"①,为求边才,程多次上奏请求具有真才实干之员留江任职。正当程德全急切求才之际,宋小濂赴漠河行抵齐齐哈尔,二人得以相见。

宋小濂在国家主权与领土遭受列强肆意侵犯之际,置生死于度外,毅然赴漠河愿与沙俄谈判,欲收复被强占之失地,正如他自己所言:"我遂不自量,振策凌冰霜。当车奋螳臂,谓可全危疆。"②这令他在东省一时颇负盛誉。程德全耳闻小濂之才已久,但苦于两地相隔不曾会面。此时小濂因漠河金厂一事来到齐齐哈尔,程德全屡与接见,多次与他相谈江省内政外事情形,更加察其"才猷焕发,器识宏深"。这次相遇使双方都产生了英雄相惜、相见恨晚的感受,并成为他们进一步交往的开端。程德全认为,宋小濂才识兼具,更难得的是在当前黑龙江省复杂交困的形势下,他能够"因时变通,力求实际","且于东省情形,外交分际,均身亲历练,不托空谈"③,以为可与共大事,遂极力延请他留在自己幕中,揽任文案处总理并佐理善后事宜。

宋小濂在《将去呼伦贝尔留别司局诸僚属》④一诗中也记述了当时与程德全初遇的情形,诗中感慨道:

---

① 李兴盛等编.程德全守江奏稿(外十九种).庚子交涉偶录[M].哈尔滨:黑龙江人民出版社,1999:774、806、230.

② 李澍田主编.宋小濂集·边声[M].长春:吉林文史出版社,1988:174.

③ 李兴盛等编.程德全守江奏稿(外十九种).庚子交涉偶录[M].哈尔滨:黑龙江人民出版社,1999:230.

④ 李澍田主编.宋小濂集·边声[M].长春:吉林文史出版社,1988:153.

> 我本无宦情，况跻崇高位。
> 我本无吏才，况膺专阃寄。
> 风尘二十年，奔走营衣食。
> 乃遇云阳公，谬说才出类。
> 幕府作元僚，庶政采刍议。
> 鱼水感恩知，遂动激昂义。
> 每有兴革端，肩任无顾忌。

诗中明显流露出宋小濂对程德全知遇之恩的感激之情，也表达了自己受到程德全的激励与信任，甘愿为江省革兴效力的心愿。

（三）和衷共济　锐意改革

程德全与宋小濂由相识而相知，由相知而相契，宾主相得益彰，程德全得宋小濂佐助，犹鱼之得水也。程德全任署齐齐哈尔副都统，是"以汉人任旗官，前所未有也"，这种破格任用，打破了清朝开国260余年来在东北专任旗官的惯例。第二年（1905年），程又被任命署理黑龙江将军，掌一省之军政，成为一名封疆大吏。这既是程的荣耀，也是十分艰巨的职责。庚子（1900年）以来，江省的道路、邮电、森林、矿产、城市、江河厄塞都已被俄人所据，程德全上任后，经过艰苦交涉，一点一滴逐步收回了一些主权，但沙俄蛮横狡诈，仍占据许多要塞资源不肯归还。黑龙江省内需变革，外有强敌，千头万绪，诸凡待举，这些都使程德全深感独力难支。他在上奏清廷的《特举贤才折》中特意提到："窃维时势日迫，政治日更，非简拔英俊不足以共济艰难，非破除成格不足以广求英俊。"

宋小濂长年生活在东北边地，又在漠河金矿历练了10年，"对国势敌情，罔不周悉"。因此他对程德全提出了打破封禁、放荒招垦、整军兴学、设置民官等许多主张，这些主张与程德全对善后事务的决策"大半不谋而合"，"更有臣所未见及者"，程德全赞其"胸有成竹，识解独超"[1]。宋小濂的这些主张均被程德全一一接受并付诸实施，而且很快取得了明显的效果。程德全在奏折《宋小濂以知府候补片》中赞道："该员自任事后，如清厘垦务，推广税厘，凡应兴应革诸大端，莫不手为厘订，条理井然。现计试行年余，得以稍有端倪者，皆该员擘画之力为最多。"[2]

---

[1] 李兴盛等编.程德全守江奏稿(外十九种)[M].哈尔滨:黑龙江人民出版社,1999:319,320.
[2] 李兴盛等编.程德全守江奏稿(外十九种)[M].哈尔滨:黑龙江人民出版社,1999:230.

在对外交涉上,程德全委派宋小濂负责与俄人交涉事宜,冀寄收复主权。当时俄国军队陈兵压境,"鹰瞵虎眈,眈眈视我为机俎上肉,主权之不失,仅一线耳"。宋小濂奉命同沙俄官员交涉,"以三寸之舌,审画吐决,不刚不柔"①,进行不屈斗争,"卒使俄兵撤退,还所侵占城镇、林矿、航务、电业"。前有宋小濂与俄官据理力争、坚持谈判,后有程德全对沙俄顶住压力、保驾护航,二人同心协力,"虎口夺食",共同为争取主权、收复失地不懈努力。程德全以宋小濂之功最为突出,先举之为海伦直隶厅同知,又上奏"俟补同知后,以知府在任候补,以示优异之处"。

三四年间,程德全在黑龙江省主持筹划的新政初具成效,他奏请放荒招垦、开埠通商、增设民制、酌改旗制,这样"先植其基",使之"行省规模渐具"。在这一过程中,程德全尤其看重宋小濂为新政做出的贡献,多次为其请奖,他在奏折中这样评价宋小濂:"(宋小濂)才智杰出,体用兼赅,上年在省,总理文案,兼办善后,凡地方应兴应革诸大端,深赖该员赞成,收效甚捷,其擘画精详,才力优裕……条陈江省利弊,深切著明,洞中肯綮","如该员之学识优长,熟悉边事,实为难得之才"。程德全对宋小濂如此评价是不为过的,宋自入程德全军幕以来,为江省新政的筹办历经艰辛、日夜操劳,每每"殚精竭虑,分任(程德全)之劳"②,可说是到了是力亲为、鞠躬尽瘁的地步。宋小濂虽名为程德全的幕僚,但二人绝不仅仅是上下属关系,他竭尽全力辅佐程德全,二人在共同事业中建立了非同一般的挚友关系。

(四)同心协力 挽回主权

宋小濂到程德全幕府的第二年,黑龙江省发生的"周冕吞欠公款案"一度造成朝野震动,甚至在当时引发了一场外交风波。1903年至1904年,黑龙江铁路交涉局总办周冕与中东铁路公司擅自订立铁路展地、伐木两合同。周冕迫于沙俄势力,毫不维护国家主权利益,甘心出卖黑龙江铁路两端的土地、林木之权,多次与沙俄签订丧权辱国的条约。同时,还屡次利用职权大肆侵吞公款,以饱私囊,将铁路两旁所收荒价据为己有,将

---

① 王树楠.黑龙江都督兼民政长宋公墓志铭[M].卞孝萱,唐文权编.辛亥人物碑传集.南京:凤凰出版社,2011.
② 李兴盛等编.程德全守江奏稿(外十九种)[M].哈尔滨:黑龙江人民出版社,1998:230、320、546.

数万之产业"报效"俄国。按合同规定,"致东省铁路沿线附近占黑龙江地二百四十余万亩,森林二万余方里,煤区尤广"①,黑龙江产木材地区大半划给了沙俄,而且沙俄在中东铁路路界地内设有民治、司法、军事等机构,沙俄又借口护路,沿线常驻数万军队及大量警察,后来发展成为所谓"自治会",实际上把中东铁路附属地视同殖民地。

程德全到任后,查实周冕卖国营私的罪证,对周冕的所作所为气愤非常,数次上奏清廷要求对周冕革职查办。鉴于该合同严重侵害江省权益,程坚决不肯向俄妥协,"适臣德全与前署将军达桂先后到任,知权利不可轻弃,照会铁路公司,合同未经将军用印,应即作废另议"。但当时正值日俄战争,"战事方殷,俄人恃强凌轹,屡议未协",中东铁路公司代办达聂尔多次要挟黑龙江将军程德全画押承认,程顶住压力,"坚拒未许"②。日俄战争结束后,程德全意识到必须趁此时机收回将要沦丧之权利,当即上奏外务部,"德全以江省关系重要,奏派熟邦交、谙边事之宋小濂赴都,备外务部议约顾问"。程德全深感废约重订之事关主权,棘手难当,他专门委派宋小濂赴北京向清廷陈述非法合同争议原委,是因为他深知宋小濂察俄情、谙边事,更重要的是信任其胸怀爱国之心、品性耿直不阿。这也是程、宋二人交谊甚深的缘由所在。当国家、百姓遭受列强蹂躏之时,二人都能挺身而出,置生死于度外,至诚、大勇,非常人所能及。

宋小濂诚然没有负其所望。光绪三十二年(1906年)七月,经外务部指派,宋小濂赴哈尔滨,"自筹局费"③,与沙俄铁路公司总办霍尔瓦特就近谈判。俄方坚持欲就原合同商改,不肯作废。"德全屡饬宋小濂据理力争,始将前合同搁置,重新提议"。宋小濂与同僚们"同仇共愤图边功",揭露敌人奸狡,指出中东铁路所占用的土地,系专指铁路线必须经过地段及筑路非动用不可的土地,并不包括在铁路沿线或车站附近开辟街区所占用的土地。俄方狡执,不肯放弃。双方各执一端,互不相让,谈判陷入僵局。霍尔瓦特只好同意将私定非法合同搁置不议,商谈改订新的合同。在磋谈改订新合同的过程中,俄方极力要占有呼兰河和诺敏河地段。宋小濂洞察其奸,清楚地知道呼兰、诺敏两河位于黑龙江省腹地,大宗物产出自其间,"若将此河拨给公司,势将据我形胜,扼我咽喉,不仅揽我利权

---

① 李澍田主编.宋小濂集[M].长春:吉林文史出版社,1988:2.
② 李兴盛等编.程德全守江奏稿(外十九种)[M].哈尔滨:黑龙江人民出版社,1999:1095.
③ 王树楠.黑龙江都督兼民政长宋公墓志铭[M].卞孝萱,唐文权编.辛亥人物碑传集.南京:凤凰出版社,2011.

已也。宋小濂心知其故,无论公司如何要挟,始终坚持未允,该公司见事难如愿,置而不议者两月"①。

光绪三十三年(1907年)七月二十二日,宋小濂以黑龙江会议专员、铁路交涉局总办的身份最终得以与俄方重新签订了《改订铁路购地合同》、《改订木植合同》。根据改订后的合同,中方"收回地亩过半、林区十分之九,增加地租和木煤税,挽回利权"②。展地由原合同允给20万垧改定126000垧,减去70000余垧,并声明嗣后永不再展。中东铁路公司只能在火燎沟、皮洛以、岔林河三处地段有伐木权,呼兰、诺敏、浓浓等河地段亦比前减缩十分之九。

合同签订后,程德全大喜过望,立即向清廷上奏《改订购地伐木合同并择尤保奖折》,称赞宋小濂在改订合同中付出的辛劳和努力,为其请奖,以示功劳。他在奏折中说道:"自是年七月,至上年七月,经岁磋商,会议至二三十次,宋小濂殚竭心力,舌蔽唇焦,一一抗争,乃将购地合同议定签押。"在这两年间,二人仅就商议此事的往来信件、函稿就多达三四十件,"事急亲驰羽檄书"。程德全每有所想所虑,必殷殷嘱托,不烦其言;宋小濂但有所请所问,亦直言请示,不曾懈怠。程德全曾在书信中鼓励宋小濂与俄人谈判"多争一尺则得一尺,多争一寸则得一寸,惟望烛其隐微,勿纵勿激"③。宋小濂深以为然,他自己也认为:"强权可以理争,理所不许,约虽成可废,地虽失可复也。"④正是秉持这一原则,宋小濂为收回中国的主权,尽了最大努力。他在《五十自寿》⑤一诗中回忆当时与程德全协力挽回主权、改订合同的经过,诗中云:

　　幸遇荆州刘刺史,长怀垅右赵将军。
　　平生感激驰驱意,肯为淹迟让古人。
　　收拾山河破碎余,两年长共虎狼居。
　　力轻难解乡邻斗,事急亲驰羽檄书。
　　一路疮痍争战后,两楹樽俎折冲处。
　　补牢自是吾曹事,敢谓亡羊计太疏。

---

① 李兴盛等编.程德全守江奏稿(外十九种)[M].哈尔滨:黑龙江人民出版社,1999:1096、648.
② 李澍田主编.宋小濂集[M].长春:吉林文史出版社,1988:2.
③ 李兴盛等编.程德全守江奏稿(外十九种)[M].哈尔滨:黑龙江人民出版社,1999:1096、855.
④ 王树楠.黑龙江都督兼民政长宋公墓志铭[M].卞孝萱,唐文权编.辛亥人物碑传集.南京:凤凰出版社,2011.
⑤ 李澍田主编.宋小濂集[M].长春:吉林文史出版社,1988:161.

从诗中我们可以看出,当时程、宋二人所付出的艰辛。在与俄人谈判时,宋小濂为挽回利权,与强俄长期周旋相持竟至两年之久,会议 140 余次,期间多次遭到沙俄威逼利诱,他都没有低头"轻弃权利"。宋小濂亦感慨自身力量微薄,无法阻止沙俄与日本对我国疆土的觊觎,"力轻难解乡邻斗",对此也是十分无奈。在诗中,宋小濂既表达了对程德全的感念之情,"平生感激驰驱意",又流露出对周冕之流卖国营私行径的愤慨,"敢谓亡羊计太疏"!

光绪三十三年(1907 年),程德全以宋小濂之功保举其为呼伦贝尔副都统,后改任呼伦贝尔盟兵备道。"汉官之任斯职,异数也。"①同程德全一样,宋小濂以汉族人而担任东北地区副都统一职,足可见其功劳之卓著。程认为此次改约,"合京外之力,经四年之久,宋小濂两次赴外务部请示机宜,卒能就我范围和平了结,其间层累曲折,几历困难,非具有定见、毅力未易臻此!"②

(五)依依惜别 余韵绵长

宣统二年(1910 年),程德全调任江苏巡抚。宋小濂因任职呼伦贝尔副都统,不能随程一同赴苏,二人不得不挥手分别。程德全临行前,宋小濂专程由呼伦贝尔坐车匆忙赶往沟帮车站,为程德全及同窗好友成多禄作别送行,正可谓"才向车前道珍重,天南地北一时分"。宋氏又作诗两首分别送给程、成二人,以慰依依惜别之情。赠给程德全的长诗《送程雪楼中丞移抚江苏五言二十四韵》③,诗文如下:

旧政满关东,经年抚镐丰。维今根本计,有古大臣风。
济变纡筹策,同寅婉协恭。雍容孚异类,笃棐契宸衷。
声溢九州隘,恩承双阙隆。奥区厪圣虑,生佛异吴中。
节钺纶音促,云霓众望同。欢迎辽沈路,游记馆娃宫。
道是人才薮,由来财赋充。传闻民力竭,课治簿书工。
但侈文明进,宁怜杼轴空。哀鸣鸿在野,响应雀归丛。
见说卢循辈,潜扇李特雄。萧墙忧正急,环海势尤汹。

---

① 王树楠.黑龙江都督兼民政长宋公墓志铭[M].卞孝萱,唐文权编.辛亥人物碑传集.南京:凤凰出版社,2011.
② 李兴盛等编.程德全守江奏稿(外十九种)[M].哈尔滨:黑龙江人民出版社,1999:1097.
③ 李澍田主编.宋小濂集·边声[M].长春:吉林文史出版社,1988:168、169.

> 此岂朝廷意，其如鼓吹讧。滔滔谁与易，默然讵云忠。
> 卓识排群议，封章达帝聪。艰难回世运，消弭仗吾公。
> 定纾苍生困，羞趋晚近功。江山完半壁，册府载新庸。
> 远道欣驰送，危言幸俯从。关山情脉脉，不惜别匆匆。
> 漠北龙沙隔，天南雁帛通。边荒多故吏，延颈祝无穷。

诗中尽显宋小濂对程德全的钦佩与感念之情，但也流露出对时局的无奈和忧虑。"关山情脉脉，不惜别匆匆。漠北龙沙隔，天南雁帛通"四句，更表达了二人将要天南地北分隔一方的惆怅和不舍，深切地体现出朋友之间深厚的交谊、至高的情怀。

二、程德全与徐鼐霖的交往

（一）边地求才　喜得挚友

徐鼐霖（1865—1940 年），原名立坤，字敬宜，一字镜芹，晚号退思，别号憩园，吉林省永吉尚礼人。自幼勤奋好学，学业优异，秉承父训："实至者名，必归格致，即治平之本。"以是志在治国平天下，务格物，穷体用，不拘于帖括之业。自谓"读书山寺，经史满前，商榷今古，志迈前贤"，可见他少年时代的鸿鹄之志。徐鼐霖应试后被取为附贡生。其后与成多禄、宋小濂同到崇文书院，受业于著名学者顾肇熙，三人遂成同窗好友，结为金兰之交。

徐鼐霖青年时虽志在读书致仕，但因生于乱世，眼见国家屡屡受侮于外夷，毅然两次投笔从戎，"一腔热血报家国"[①]。中日甲午战争时，日本陆军渡过鸭绿江，东北危急。吉林人于荫霖奉命招募团练，保家卫国，徐鼐霖毅然投笔从戎。但不久清廷下令议和，徐恨恨还乡。归家后，本意仍操学业，寻求科举功名，可是丧权辱国的《马关条约》《中俄密约》签订后，沙俄舰队入侵旅顺湾，强占大连。强权即公理，国弱受人欺。看到外夷入侵、山河破碎，34 岁的徐鼐霖为求御侮救国之道，决定第二次从戎，他与乡人魁升、成多禄一起奔赴奉天（今沈阳），投入盛京将军依克唐阿军幕。1900 年义和团运动兴起，7 月沙皇尼古拉二世亲自点兵近 18 万，分七路入侵东北。徐鼐霖随都护道寿仁山督兵义州，追随其奔赴前敌，投身守土战场。11 月初，沙俄逼迫盛京将军增祺签订《奉天交地暂且章

[①] 李澍田主编.徐鼐霖集[M].长春：吉林文史出版社，1989：2.

程》,第二年,清廷被迫签订《辛丑条约》,参加抗战者竟因此获罪,寿仁山回师奉天被虏,徐亦受人诬陷被囚禁,幸经成多禄和魁升多方营救,囚月余方得获释,并以历年功绩擢升知县。

光绪三十年(1904年)春,程德全任齐齐哈尔副都统,这时的程德全正苦于边才难求,新政之施几无人可以措手,他深知实施新政人才的重要性,多次提到"为政之道,首在得人"。为了广觅贤才、解决人才问题,程德全一开始时想就地取材、招揽黑龙江省本土人才,但是"旗署人员,风气未开,语以维新诸务,不但茫然不知,而且目以为怪,相背而驰,办理愈形棘手","始则茫然莫解,继则群以为疑,近则渐用阻力,隐相抵抗",能够从当地旗员中遴选出来的人才很少。于是,程德全奏请"稍事变通","借才异地,参用外来之人",但由于黑龙江"道途弯远,寒苦异常",所以很多人畏途浚苦,裹足不前。为此,程德全曾发出"自来求才难,求才于边地则尤难"①的感叹。

此时,"因中东铁路正建设中,檄檄哈尔滨帮办交涉"②,徐鼐霖因公事来到黑龙江,谒见程德全,二人因此有了初步接触。在与徐鼐霖的多次交往中,程德全逐渐发现他习边事、知新政,"平日与之谈论时事,颇有见解,实为江省阅历有得之才"③,遂起招揽之心。而徐鼐霖也耳闻程德全在庚子之难时的英勇事迹,对程钦佩已久,加之好友宋小濂亦在程幕效力,因而对程的邀请欣然答允。徐鼐霖素来怀有报效边庭之心,他不畏江省边远苦寒,表示愿留在程德全幕下佐理新政,这令程非常感动,当即延请徐鼐霖任文案处会办,兼垦务局会办。至此,二人开始了由宾幕到挚友的密切交往。

(二) 办理垦荒　竭尽心力

光绪三十年(1904年)十二月,徐鼐霖由程德全奏调来到黑龙江省,正式成为程的幕僚,为其掌管全省文案,批答往来文件。徐鼐霖曾回忆道:"云阳(指程德全)突起,檄调黑龙,同入幕府,交相为用。云阳爱才,待以宾友。"④一年后,程德全奏请徐鼐霖领黑龙江大赉厅通判一职(大赉

---

① 李兴盛等编.程德全守江奏稿(外十九种)[M].哈尔滨:黑龙江人民出版社,1999:60、787、304.
② 李澍田主编.徐鼐霖集[M].长春:吉林文史出版社,1989:2.
③ 李兴盛等编.程德全守江奏稿(外十九种)[M].哈尔滨:黑龙江人民出版社,1999:368.
④ 李澍田主编.徐鼐霖集[M].长春:吉林文史出版社,1989:92.

厅治于齐齐哈尔城西南札赉特旗)。此后,徐鼐霖专心致力于垦务事宜,"垦务是其专责",后来接任垦务局总理。

在所有黑龙江应办各事中,程德全强调得最多、用力也最多的一件事就是招民垦荒、移民实边。程认为,垦务一事事关筹边安境,"筹边莫善于实边,而实边莫善于屯垦"①。这是与当时黑龙江省的发展状况密切相关的,因为清末黑龙江省各方面的发展状况远远落后于其他省份,"时黑龙江名为一省,实则地旷人稀,沿袭旗制,全省只有七城,宝藏封闭,财力枯竭,庚子乱后,物凋民困"②。自担任齐齐哈尔副都统起,程德全就开始谋划如何加快黑龙江的开发。为了尽快、有效地开发黑龙江,程德全下令废除实行多年的封禁政策,改变了军政合一的管理体制,并从内地大量招募移民,改变了"旗招民佃"的僵化政策。

放荒之初,为保护旗人利益,维持其生计,实行的是"旗领民垦"政策,但效果不理想。原因有二,一是旗人不习农耕,因此对废牧围垦不积极,亦不得法;二是民人怕增加自己的负担,不愿从旗人手里领荒开垦。因此,程德全苦觅良方,意图打开垦荒局面。

之后,程德全与徐鼐霖等人经多方调查研究,开始变通原有章程,实行旗民兼招之策,这一举措很快收到了实效。在程德全的大力倡导和徐鼐霖等人的积极推动下,黑龙江省的垦荒事业一改之前呼吁多、行动少的冷清景象,很快发展起来。在各地发展垦荒的过程中,尤以札赉特蒙旗地区的荒务办理成效突出,可作为示范典型。徐鼐霖正是为办理札赉特荒务"尤为出力"之人,从这一地区之垦务情形可以窥见他竭尽心力、辛劳勤勉之状。

札赉特地区的荒务,自光绪二十六年(1900年)开办以来,"始以兵戈俶扰,领户观望不前,继以蒙旗阻挠,办理诸多棘手。又因日俄构兵,贼匪充斥,道途梗塞",自变通章程后,"各员司耳目一新,收价始有起色"。札赉特地区自然条件恶劣,夏日酷暑,冬日严寒。"(徐鼐霖)与该蒙和衷共济,苦心经营,数月以来,聿臻成效。其在事出力各员,或穷边冒暑,驰驱炎风烈日之中;或沙漠冲寒,备尝雪窖冰天之苦;又或钩稽综核,区画精详,始终罔懈"。此次札赉特蒙旗的荒务告竣后,核计前后共收荒价银等各项银两达40万两之多。该地区的垦务能取得如此成效,与徐鼐霖的付

---

① 李兴盛等编.程德全守江奏稿(外十九种)[M].哈尔滨:黑龙江人民出版社,1999:689,201.
② 李澍田主编.徐鼐霖集[M].长春:吉林文史出版社,1989:3.

出是分不开的。

程德全欣喜于札赉特地区的垦务成果,特向朝廷上《札赉特荒务保奖折》,请求保奖办理荒务出力人员,并特意请旨"所有此次尤为出力之试署大赉厅通判徐鼐霖,请俟补缺后在任以同知补用,并加四品衔"。

之后,原海伦直隶厅同知宋小濂被擢升为道员,海伦厅一职开缺,程德全考虑到海伦情况复杂,"海伦直隶厅同知兼辖青冈、拜泉二县,系旗汉错居,定为繁疲难之缺,非精明干练之员不足以资治理。臣(程德全)于通省人员中逐加遴选,查有徐鼐霖,心精力果,才识优长,于三十年十二月到省,办理文案、垦务各要差,深资得力,平日与之谈论时事,颇有见解,实为江省阅历有得之才,以之请补海伦直隶厅同知"。程德全因徐鼐霖垦务之功,兼之认为其"精明干练",才识足以胜任该职,遂再次举荐他为海伦厅同知,以示褒奖。

(三) 充实边防 以御强邻

1904 年至 1905 年间,日俄战争爆发,而主战场竟在中国本土的东北地区。东北地区还没有从庚子之乱中恢复元气,又遭受战火蹂躏。清政府软弱腐朽,无力反抗,置国家主权和人民生命财产于不顾,对外宣布"局外中立",划辽河以东地区为日俄两军"交战区",并严令地方军政长官对人民群众"加意严防","切实弹压"。

黑龙江省虽然不是日俄战争的主战场,但也未能幸免于难。日俄战争中,沙俄更是以黑龙江为后防,控制愈加严厉。程德全在上清廷奏折中无奈地说道:"黑龙江僻处边陲,自强邻驻兵而外交诸多棘手,自日俄宣战而敦槃愈益艰难……自甲辰以来,两邻(指日、俄)竞争,大队来往,征兵挽粟,络绎于途,凡关夫非理之要求,皆视为战时之权利,急之则动多龃龉,缓之又莫保国权。"

程德全对黑龙江严峻的边防形势忧心如焚,他多次直指日俄对黑龙江的野心,"日俄两强掷巨万之金钱,捐无量之生命,其视线咸注集于一隅,胥以全国之力,趋重东省,近复划分南北,各争利权。日人则派遣多数学生调查一切,欲行殖民政策;而俄人又复遣人四处绘图……局势如此,可为警心!"但是清政府已根本无力顾及黑龙江边陲,程德全痛心疾首地

---

① 李兴盛等编.程德全守江奏稿(外十九种)[M].哈尔滨:黑龙江人民出版社,1999:307、308、368、607.

发出了疾呼:"我乃仅以本省绵薄与之相搏,强弱相形,石卵之譬,岂在其他!"①

徐鼐霖对程德全忧国忧民的精神非常敬佩,他自己也对清廷内政腐败、强邻肆虐的形势深感忧虑,在其《巡边有感》一诗中这样写道:

> 大江东去水声寒,有约中分挽救难。
> 偶展舆图寻旧界,内兴安外外兴安。

大片领土丧失,令人无限悲痛,徐鼐霖不禁质问道:"当年谁把鸿沟划,半壁江山一纸休?"②对朝政不满之情溢于言表。

尽管程、徐二人都不满朝政腐败,但他们并未因此消极懈怠、置国家百姓于不顾,而且怀抱着"当此时局艰难,但可补救一分,即竭尽一分心力"的心愿,仍竭力为国家边疆筹谋效力。

光绪三十一年(1905年),为应对俄国不断蚕食我国领土之势,程德全派遣徐鼐霖秘密到满洲里查勘,察看东省铁路各站情形。满洲里为呼伦贝尔所属腹地,与俄国接壤,是中东铁路由俄进入中国的第一要冲,又是当时中日会议条约后新开的商埠。但满洲里的地理位置处于极边之地,清政府鞭长莫及,一直以来忽视满洲里的开发与管理。程德全敏锐地意识到满洲里具有日渐重要的战略地位,为切实掌握当地的实际状况,他将这项重任交予徐,"秘饬徐鼐霖等前往查勘"。

徐鼐霖带人秘密到达满洲里后,多方走访暗查,目睹沙俄往乌苏里江运送移民及其经济侵略,十分震撼。他将所见实情汇报给程德全,并建议程德全上书外务部《论速宜设官殖民抵制强邻事》。程、徐二人以为,唯有尽快在各大站设官殖民,别无抵制之法,"亦别无消患未萌之策","倘舍此不图,则荒荒大野,坐以予人,彼(指俄国)以车站为基础,渐推渐远,后患何为胜言?"③之后,程德全又上奏《满洲里请设关税片》。在他们的积极倡导下,清政府逐渐予以重视,满洲里等地的殖民开荒政策逐步兴起,这对抵制沙俄的"殖民蚕食"起了一定的作用。

(四)关心蒙藏建言献策

徐鼐霖不只关心黑龙江、关心东北,也注意蒙藏等陆地边防。日俄战

---

① 李兴盛等编.程德全守江奏稿(外十九种)[M].哈尔滨:黑龙江人民出版社,1999:862、863.
② 李澍田主编.徐鼐霖集[M].长春:吉林文史出版社,1989:151.
③ 李兴盛等编.程德全守江奏稿(外十九种)[M].哈尔滨:黑龙江人民出版社,1999:792、880.

争后,"列强各谋展其领土以集矢于中国,势甚岌岌"①。1908年至1909年间,徐鼒霖著有《筹边刍言——经营蒙藏以保存中国》一书,其目的在唤醒国人齐起救国。他从历史、地理等方面阐明蒙古和西藏是中国神圣不可侵犯的领土,同时从军事、宗教、商业诸方面揭露了俄英等列强急欲攫取蒙藏之野心。他对边防劳心焦思,确有见地,表现出爱国志士的情怀。

程德全对徐鼒霖关心蒙藏问题的想法非常肯定,并为他的著作《筹边刍言——经营蒙藏以保存中国》作序,序文如下:

光绪中叶,日俄战罢,列强各谋展其领土以集矢与中国,势甚岌岌。是编察彼以知己,鉴往以知来。不惜大声疾呼,冀以巩固边防,为振兴内政之预备。中分四章,深切著明。现在时势变迁虽或不同,然翔实可据,亦可为筹蒙藏者之一助。②

短短百十字,道出了程德全与徐鼒霖共同的心愿:巩固边防,振兴内政。为此心愿,二人殚精竭虑、鞠躬尽瘁,正如徐鼒霖自己所说:"大局关兴亡,匹夫与有责!"③

后来,程德全于宣统二年(1910年)调任江苏巡抚,徐鼒霖留在黑龙江任兴东兵备道,二人就此分别。徐鼒霖晚年还在不少文章中回忆与程德全相交的经历,并曾多次与人说起程德全的功绩与为人。可见,不管是在思想上还是为政上,程德全都对徐鼒霖产生了重大的影响。

三、程德全与成多禄的交往

(一)吉林相识 义结昆盟

成多禄(1864—1928年),原名恩龄,字竹山,号澹堪,又号澹庵居士,吉林人,隶汉军正黄旗。成多禄自幼聪颖好学,16岁应童子试,22岁遴取为光绪乙酉科拔贡,后因家境不顺,直到31岁始进京参加乡试,但因科考时突发疾病晕厥,从此绝意功名"不复作科举想"。此后五六年间,归家与挚友徐鼒霖以学业相砥砺,并留意经世致用之学。

光绪二十四年(1898年),37岁的成多禄得知清廷将要维新变法,非

---

① 李澍田主编.徐鼒霖集[M].长春:吉林文史出版社,1989:17.
② 李澍田主编.徐鼒霖集(卷一)[M].长春:吉林文史出版社,1989:17.
③ 李澍田主编.徐鼒霖集(卷一)[M].长春:吉林文史出版社,1989:156.

常高兴,感慨道:"学以致用,今其时也。"①这年,他经妻兄魁升推介,与徐鼐霖一同赴奉天,投入盛京将军依克唐阿军幕,主持文案工作。这是他首次出山,也是步入仕途之始。

一年后依克唐阿病逝,增祺继任盛京将军,成多禄与徐鼐霖仍留在幕府办理文案。翌年,适值庚子事变,身负守土之责的盛京将军增祺先是弃城而逃,继而又擅自与沙俄签订丧权辱国的《奉天交地暂且章程》,引起舆论大哗。成多禄于乱军中奉母仓皇北上避难,"冰天雪地,备尝艰苦"。目击增祺贪生怕死、昏聩误国之行径,成多禄怒不可遏。他在《庚子纪事》两诗中写道:

极北狼烟照两京,将军犹自喜谈兵。书投子玉诸君戏,将拜淮阴战士惊。
前席每多神鬼问,谰言偏笑触蛮争。可怜呜咽辽南水,已作秋风万马声。

九衢白日莽烟尘,铁牡横飞昼少人。尚说狂澜回碧海,岂知祸水兆黄巾。
能军可有宗留守,变姓何如梅子真。十万苍生同一哭,欧雨亚风虎狼邻。

诗中痛斥盛京将军增祺御敌无能,不战而逃,致使百姓流离失所,家园遭受敌寇铁蹄的蹂躏。成多禄对庚子败局无限哀痛,也对当权者的昏聩极为愤懑。昔日家园惨遭兵燹离乱,成氏悲愤难当,不禁发出呐喊,"十万苍生同一哭,欧雨亚风虎狼邻"!

光绪二十八年(1902年),程德全以直隶州知州用,因事至吉林,吉林将军长顺奏请将他截留,派往三姓办理善后交涉。也是在这一年,成多禄因母丧辞掉了增祺幕府的文案之职,回老家吉林结庐三年为母守丧。当是这个时候,两人同在吉林,得以相识。

程德全在黑龙江时,"庚子之变,抱炮沉江,气慑强敌,中外啧啧,仰若神明",他的英勇事迹早已传至吉林,成多禄对他钦佩之至。而且成多禄原来在盛京将军增祺幕府,眼见增祺作为军队主帅却胆怯无能,面对强敌不战而逃,弃百姓城池于不顾,甚至与沙俄签订卖国条约,他对盛京将军增祺的所作所为极为不齿,而程德全作为一介小吏,并无守土之责,却能为保全齐齐哈尔一城百姓数次挺身而出,屡赴敌营直面强俄。两相比较,成多禄对程德全奋不顾身的大义之举尤为感动。

程德全在吉林耳闻成多禄的诗书才名,也非常渴慕能够结识成多禄。

---

① 李澍田主编.成多禄集[M].长春:吉林文史出版社,1988:25、32.

不久,程、成二人在成多禄的妻兄魁升的引介下得以相识,"程雪楼先生德全与星皆(指魁升)至好,与余亦同谱也"①。所谓"同谱",即同姓人可互认为同族,异姓人可结拜为兄弟。程德全与魁升关系"至好",平时以兄弟相称,而多禄又称魁升为妻兄,因而程、成二人也互称兄弟。

在吉林的这两年,两个人年岁相仿(程德全比成多禄年长两岁),以平辈论交,又都推崇经世致用之学,对时局状况也多有忧虑,因而产生惺惺相惜之感。随着他们往来的日益频繁,二人感情越来越深厚,遂订下昆季之盟。

(二) 相邀入幕 治理绥化

光绪二十九年(1903年),长顺以程德全"才长心细,胆识过人",办理交涉善后业绩卓著,遂为程保送引见。基于此,十一月十日,慈禧太后与光绪皇帝亲自召见,详细询问了黑龙江之事,程德全奏对称旨,当时被擢升为道员,发往吉林即补。但至次日又改赏加副都统衔,署理齐齐哈尔副都统。

程德全奉旨署理齐齐哈尔,即可开府设衙。他在返回齐齐哈尔时途经吉林,专门邀请成多禄同去黑龙江,请成氏入其幕府。成多禄在其自订年谱中记叙道:"(程德全)以保全江省功是岁蒙恩召见,新授齐齐哈尔都护。道出吉林,邀余同行。"成多禄感动于程德全的诚恳相邀,正好为母守孝已满三年;更重要的是,他相信程德全不同于那些昏聩腐败的官僚,自己的一身抱负可以得到施展,因而他同意再次出山,随程同去黑龙江。

此时的成多禄与程德全一样怀有积极进取并渴望在政治上有所作为的思想,他们都希望能在黑龙江这片土地上做出一番事业,近可安民、远可保疆,学以致用、一展抱负。成多禄在《送刘仲兰之呼兰》诗中写道:

> 男儿生长天地间,不能为将宜为使。
> 鬓发将凋可奈何,空令勋业久蹉跎。

这四句诗虽为勉人,实际亦是自勉。

光绪三十年(1904年)二月初十,程德全早一步抵达齐齐哈尔,当天接署副都统之职,并启用边防。成多禄于四月到江省,正式入程德全幕。

---

① 李澍田主编.成多禄集[M].长春:吉林文史出版社,1988:622、146、43、33.

程德全委任成多禄为文案处会办,一年后充善后局总理。至此,二人开始了长期共事。

程德全为治理黑龙江殚精竭虑、夙夜操劳,成多禄等许多幕僚为佐助他办理各项新政亦出谋划策、不遗余力。成多禄晚年回忆当时共同佐理黑龙江的情形时这样说道:"程公励精图治,百废俱兴,我辈襄赞其间,亦不遗余力。未期年,而化大成。将军达公端拱而已。"①

光绪三十一年(1905年),程德全以成多禄办理文案、善后之事功劳显著,保举他为试署绥化府知府。但成多禄生性淡泊,尽管他为黑龙江兴革之事不遗余力,但对官职仕途却不甚在意。因而,他对朝廷授予绥化知府一职并不欣喜。八月,行将赴任时,成多禄力辞,但程德全没有答应。成多禄只得去赴任,但他在临行前对程德全说:"必尔,则以三年为期,及期须容我还,不能强我牵位也。"②程德全了解他性情淡泊,知道他不热衷于功名利禄,对他的这一要求"笑允之"。

绥化府是黑龙江将军程德全在光绪三十一年六月上奏"请设添官、殖民实边"时新设的地方行政,成多禄是绥化设府后的第一任知府。成多禄到任后,发现绥化地方民俗质朴、民智未开,"历任边吏无讲文治者",便励精图治,"为之兴学、课士、息讼、锄奸,两年已来民甚乐之"。成多禄把兴办教育视为治理地方的头等大事,"集合地方人士,以群策群力排除障碍,劝募巨款,建设学校……三十四年,风气渐开,向学者日众"。《绥化县志·人物志》中也记载了成氏任知府期间,"扩充街里,修建衙署,整顿警务,提倡学务,经营不遗余力。与邑绅接,情文兼至。邑人歌颂之,久而不忘"。他为官清廉,当地乡绅联名赠地产给他,他丝毫不取,被誉为"清廉太守",受到边民的爱戴。

成多禄治理绥化两年时间就使绥化百姓晏然,而此间方法,用他的话说,是"以经术饰吏治之意"。关于"以经术饰吏治"之言,成氏对此有所解释,他认为"惟当时朝廷方讲求新政,袭宪法之皮毛,舐欧洲之余唾,余心惧焉"③。从这里可以看出,成多禄此时就已对"立宪新政"之政治变革颇有微词。从这一点上来说,程德全的思想更为开明和与时俱进。比如程曾多次上奏清廷,胪陈立宪之紧要。他认为,"惟立宪之道,全在上下同

---

① 李澍田主编.成多禄集[M].长春:吉林文史出版社,1988:33、131、33.
② 王树楠.黑龙江都督兼民政长宋公墓志铭.卞孝萱,唐文权编.辛亥人物碑传集[M].南京:凤凰出版社,2011.
③ 李澍田主编.成多禄集[M].长春:吉林文史出版社,1988:35、4、3、36.

心,内外一气,去私秉公,共图治理","是宜广选英贤,径开国会,以救时艰而支危局"。由此我们可以看出程、成两人对立宪之事分歧暗伏,乃至后来二人断交,都是因为成多禄思想上过于保守,对"立宪"乃至"共和"一直持抵触态度。

当然此时程、成二人关系一直睦洽、宾幕相携。成多禄在绥化政绩卓然,一时政声鹊起,遐迩闻名。程德全以成多禄"才识练达,学问优长,颇能讲求新政,尽心民事,任内亦无参罚处方"①,专程上折为成多禄请补授绥化府知府实缺。

但成多禄不久即辞去了绥化知府职。原因是成氏与出身纨绔的上司绥兰海道某产生龃龉,某庞然自大,妒贤嫉能,"以余为不恭,思中伤之,然无瑕可蹈,莫可如何"。与上司之间的不愉快令成氏有了辞官之念,复又因感"贿赂公行,亲贵用事"、"去末季不远"②,遂于光绪三十三年(1907年)十月毅然挂冠而去,回到齐齐哈尔去见程德全。程德全对成多禄突然挂冠而归虽然感到有些意外,但因想起之前二人的"三年之约",便没有勉强成多禄,也没有对他擅自离任多加苛责。从辞官一直到辛亥前期,成多禄不再出仕为官,甘任只起赞襄、擘画作用的幕职。

(三) 相携南下 诗歌唱和

光绪三十四年(1908年)三月,程德全因病奏请开缺,清廷同意卸任。程德全遂偕成多禄一道南下游历,"程公受代而去,余亦偕行。由京而沪,云车风舶,无不与俱"。程德全与成多禄一路相携,"由津而京而沪而杭,纵观普陀西湖诸胜,至冬始返黑龙江"。在这近一年里,二人都暂时放下了肩负的重担,无文案之劳牍,览风景之名胜,而且结识了许多名士文人,他们的心情应该是十分愉悦的。这一时期,成多禄留有多首诗歌,记叙了他们南下游历的情景。现节选两首,诗文如下:

《送云阳中丞还山兼寄张北墙司马》
将军百战意功成,囊剑相依万里行。韩魏国思终老计,杜樊川爱远游名。摇摇乡梦青山约,历历边愁白发生。更有曲江风义重,天涯无限故人情。

---

① 李兴盛等编.程德全守江奏稿(外十九种)[M].哈尔滨:黑龙江人民出版社,1999:577、582.

② 李澍田主编.成多禄集[M].长春:吉林文史出版社,1988:36.

《同云阳中丞访医青浦》

碧宇如揩绝点尘,身摇摇趁水鳞鳞。不同东海人求药,何事西湖客买邻。双屐名山秋外梦,满船明月镜中身。爱它蓑笠吴儿曲,十里青溪放鸭人。

成多禄博学多才,工诗善书。早年曾从王桐阶学诗,南下后游历大江南北,开阔了胸襟,更提高了诗的境界。从诗歌中可以看出,游历时期程德全和成多禄之间的交往更有名人雅士之间诗酒唱和的味道。

程德全与成多禄南下游历近一年,直到这年冬天二人才返回黑龙江。宣统元年(1909年),程德全复被清廷起用,调任奉天巡抚。成多禄仍留在其幕中。宣统二年(1910年),程德全又被调任江苏巡抚,成多禄依然跟随在程的身旁,二人至此离别江省,同去苏州赴任。

程德全和成多禄同时结束了在东北长达10多年的政治生涯,他们都对黑龙江怀有深厚的感情。成氏经常怀恋从政过的地方,曾有诗云:"脚跟犹绕漠河烟,徙侍龙沙又十年","江南笠屐惜前游,又向龙沙问去留"①。

(四)断交辛亥 怅然惋惜

宣统二年(1910年)五月,成多禄随程德全来到苏州,一开始二人相处得比较愉快。成氏在苏州两年有余,结交了赵尧生、夏剑丞、郑文焯、吴昌硕等名士,"一时博硕魁奇之士众多","此时得友为最盛,而得诗亦最多"。② 成多禄在江苏留下了许多诗词墨迹,使关东文化流入江南。现今在苏州沧浪亭与网师园廊壁上的6首五言律诗石刻,便是宣统年间成多禄留下的墨迹。

然而谁也未料到,不久之后,两人竟至断交。

宣统三年(1911年),武昌起义爆发后,各省纷纷宣布独立,程德全在幕府计议何去何从。众人都劝程举义反正,宣布独立,而成则"余独以君臣大义折之",并在当夜难寐之时捉笔疾书,以"七不可"力劝。翌日,又上书劝程德全隐退。最后,看到自己的意见未被采纳,程德全最终宣布江苏独立,成多禄难以接受,于是"贻书与程公诀别,并却其赐金,拂衣北

---

① 李澍田主编.成多禄集[M].长春:吉林文史出版社,1988:36,37.
② 王树楠.黑龙江都督兼民政长宋公墓志铭.卞孝萱,唐文权编.辛亥人物碑传集[M].南京:凤凰出版社,2011.

还","平生交谊,尽于此矣"。①

程、成二人最终截然不同的政治选择,与两人的性格及处世风格有一定的关系。就程德全而言,他性格刚柔相济而沉稳有余,待人接物周详细致而能屈能伸。更重要的是,程德全思想更为开明,能与时俱进,而且在骨子里有迎难而上、百折不挠的精神品质;他敢于任事,从不畏难,不为虚名所累,更不会为保全自己的名声而弃百姓、弃国家于不顾。这便是程德全在辛亥革命时期最终举义反正的思想根源。与之相对应的,革命爆发时,程德全亦审时度势,顺应潮流,毅然站到了革命党人一边。

成多禄同样具有忠君爱国的思想及忧患意识,他赞成维新改革,力促地方发展,却忌惮政治革命,不喜立宪之言,故与赞成新政、力促早日立宪的程德全实已分歧暗生。成多禄虽于国事十分关注,或因人微言轻,基本上不公开对外谈论政局时势。但他骨子里深藏着对清王室忠贞不贰的孤忠心理。这种"孤忠"或可称为愚忠。这可从他对程德全举义反正的政治抉择大为不满并极力劝阻的言行中得到验证。可以说,辛亥革命对于程、成二人,都可视为他们人生的一个转折点,但因为他们选择的是不同的政治道路,两人以后的人生风景也就迥然不同了。辛亥之初成多禄万念俱灰,不仕新朝,之后则多赋诗自娱,甘为遗老。

纵观成多禄的一生,他为人方正,为政清廉,从宦暂短,淡于荣利,尤工诗善书,冠绝东北,可谓近代中国诗坛与书法界的一位杰出人物。他勤政廉洁的为官之道,他性情和易的坦诚之风,尤其是他"不慕名利,襟怀淡泊"的君子之心,都是不可多得的高尚品质。这些高洁品质对一名封建士大夫来说是难能可贵的,但在当时的历史潮流下,又显得远远不够。另一方面,成多禄"忠君即爱国"、"忠臣不仕二朝"的思想在头脑中根深蒂固,他缺乏接受新事物的开拓精神,过分囿于所处的封建士大夫地位,自然无法认清历史发展的大势。面临同样重大的历史转折关头,程德全很快在思想上跨过了与清政府决裂这道坎,而成多禄却始终没能迈出这一关键性的步伐。

与成多禄的孤忠思想、抱残守缺不同,程德全在其政治生涯中颇能洞察时局变迁之大势,常常在事态发展的重要关头顺势而为,做出合理的选择。这种应变并非随风摇摆,而是经过深思熟虑后的一种明智选择。但

---

① 李澍田主编.成多禄集[M].长春:吉林文史出版社,1988:41、45.

成多禄对程德全投身立宪、拥护共和的政治诉求不甚理解,尤其是对程德全担任江苏都督多加指责,视其"有失臣节",乃至最终决然断交。总之,随着政见分歧的加深,程、成两人最终的分离势在必然,但他们又都是品性高洁的难得人物,他们的断交,无法不令人惋惜。

四、结　语

南宋马端临曰:"三代选举之法不行,天下人才归于幕府。"宋小濂、徐鼐霖、成多禄三人都是既有真才实学又行经世致用的人才,却屡试不第,无法施展才能。程德全以一介秀才乃至开府,其中多有奇遇,但他自己也是在幕府试练有年,深知实干精神的重要。因而他十分看重人才,平时与朋友交往也常留意罗致人才。程德全署理黑龙江之时,正是黑龙江形势岌岌可危、最为艰难的时期。庚子俄难、日俄战争,黑龙江屡遭兵燹,百姓流离,城池遭毁;外有强邻压境,内无人手实边。在这种形势下,程德全深知以自己一人之治力挽大局乏力,"江省地处边徼,草昧初开,百端待理,全资群策群力,断非一手一足所能为"①。

这一时期,程德全十分幸运地结识了宋小濂、徐鼐霖、成多禄三人。程与他们年龄相仿,经历也相似,因而更容易相交相处。更重要的是,他们都怀有爱国之心,又身具治世之才。面对国势阽危、家园残破,忧国忧民的精神驱使他们挺身而出,奋起图救,为黑龙江的建设竭尽心力。

程德全与宋、徐、成等人尽心竭虑,筹谋新政:变通旗制,改设民官;开垦荒地,实边裕饷;建城立镇,整顿练兵;收回金矿,自开商埠;联合辽吉,统一币制;铁路交涉,力争利权;筹办航业,自建铁路;请免贡貂,除民苦累;创办学校,培育人才;等等。由于程德全得他们的人力佐助,他的很多新政构想得以次第施行。三四年间,黑龙江内政改革初见成效,对俄交涉也掌握了一定的主动权,收回不少已失权利。他们通过不懈努力,使黑龙江"行省规模渐具"。

程德全在这一时期的师友关系极大地推进了黑龙江近代化的发展。程德全与宋、徐、成三人以及众多幕僚同心协力,和衷共济,锐意改革,披荆斩棘,惨淡经营。虽然他们的作为难以改变当时整个中国的黑暗政治,但他们不懈努力及所体现出来的爱国情怀、牺牲精神、实干意识、高尚人格,堪称后世楷模。

---

① 李兴盛等编.程德全守江奏稿(外十九种)[M].哈尔滨:黑龙江人民出版社,1999:319.

程德全在江苏地区交往述论

程德全作为清末民初的重要政治人物,一生经历丰富。改革开放前,学界对程德全的研究由于长期受"左"倾意识形态史学的影响,否定其历史功勋。改革开放后,程德全研究进入新阶段,主要集中在两方面:一是程德全在黑龙江的抗俄事迹和发展新政的政绩研究;二是程德全在江苏和平光复及担任苏督的政治活动研究。这些研究成果逐步扭转了前期论述的偏颇,肯定了其历史功绩。然据笔者考察,学术界对于程德全在思想转换、辛亥转折方面都产生过重大影响的交往关系的研究,尤其是他在江苏的交往关系,至今阙如。笔者拟考察相关史料,论述、梳理程德全与张謇、黄炎培、应德闳三位代表人物的社会交往,以探讨他们的密切交往对其思想发展,特别是对其在辛亥革命中创建"和平光复"的非暴力革命模式产生的影响。

一、程德全与张謇的交往

1910年四月,程德全调任江苏巡抚。程德全以一介秀才而跻身封疆大吏,这在注重功名出身的清朝是极为罕见的。程德全因未走通科举入仕的道路,因而缺少在清代官场上十分重要的"同年"之政治网络与资源,他在政界资历又浅,实力不足。在调任江苏时,缺乏根基的现状给程德全担任江苏巡抚带来了种种困难。面对这种状况,程德全并未却步,多年的宦途历练更使他政治手腕浑厚纯熟。上任之初,他便十分注意与当地士绅建立友好关系,兼之对江苏的新文化、新政绩十分推崇,与江苏士绅、知名贤达之士交往密切,关系融洽。其中,与立宪派首领、状元实业家张謇的友好关系,对程德全迅速在苏州和江苏的立足与行政起到了至关重要的作用。

张謇(1853—1926 年),字季直,号啬庵,江苏南通人。张謇是晚清状元,在南通开办实业,作为预备立宪公会的主要领军人物,在江浙士绅中有很大的影响力。张謇极为欣赏程德全的为人,他曾对清末的官吏做过这样的评价:"清末督抚大都以贿赂进身,贪污昏庸,对于国势民情,全不了解。惟程德全在黑龙江时,以个人之肉体与帝俄时代沙皇军队之枪炮相抵拒,为俄人所惊矣,极得黑省人民之爱戴。自任江苏巡抚后,鉴于国势阽危,屡进忠告于清廷而不蒙采纳,实为清末督抚中仅有之好官。"①由此可以看出,张謇对这位新调任的苏抚评价很高,对程德全在庚子俄难时表现出的英勇精神非常钦佩。程德全亦对这位状元实业家和教育家很是推崇,他到任江苏后,在致中枢人士的信中表示说:"(苏省)士绅学问向占优胜地位,近来东西文明输入,而知识亦愈日新,加以张殿撰謇诸人为之导师,力加提倡,将来吾全国之教育模范,殆将取法于兹。"②可见,程德全对张謇是非常尊重的,而张謇在江浙士绅中可说是"执牛耳者",程德全与张謇的交谊,带动了他与当地士绅的良好关系,并在之后的危机时期发挥了重要作用。

程德全甫到任江苏时,江苏地区的立宪运动开展得轰轰烈烈,张謇作为预备立宪公会的会长、江苏谘议局的议长,接连数次倡议领导了以设立责任内阁、早开国会为号召的国会请愿活动。程德全素以革新自命,对立宪思想持支持态度,早在黑龙江巡抚任上就曾多次上奏清廷请求速开国会以救时艰。在此次国会请愿活动中,程全力支持张謇召开国会、建立责任内阁的主张,他和各督抚广泛联络,并于宣统二年(1910 年)九月二十三日联名督抚电奏清廷,要求内阁、国会同时设立。迫于各方面的要求,清廷于十月三日下诏宣布在宣统五年(1913 年)开设国会。张謇在上海听到消息,对这一结果甚为欣慰,他以谘议局名义致电资政院:"请愿有效,天恩高厚,感激涕零",同时也十分感激程德全对其请愿的支持,他曾对电奏予以评价,认为程德全等督抚的支持"大为切要",又特意电谢程支援请愿。③ 较之张謇对清廷立宪诚意颇为乐观的心情,程德全此时却并未对时局表示过多的欣喜,他继续要求清廷"赶速简派内阁总理"④。他在给湖广总督瑞澂的电报中就坦率地表露出自己的担忧:"政党不立,

---

① 刘厚生.张謇传记[M].上海:上海书店,1985:184.
② 扬州师范学院历史系.辛亥革命江苏地区史料[M].南京:江苏人民出版社,1961:17.
③ 张謇.张謇全集(第六卷).日记[M].南京:江苏古籍出版社,1994:872.
④ 朱宗震.程德全——辛亥反正第一人[J].各界,2011(6):76.

徒发不行,故今日除催设内阁外,竟无第二语可说。催设内阁,非谓天下从此治也,但设一总理,以供人民推翻之资料而已。"①由此电文可以看出,程德全对时局强烈的危机意识以及对清廷腐败的忧虑和无奈。

张謇对于程德全在国会请愿过程中的鼎力支持非常感激,也愈加意识到这位新巡抚的思想开明和见识不凡。宣统三年(1911年)正月二十日,张謇专程到苏州拜会程德全,是日在其《日记》中写道:"赴苏州,诣程中丞。"②这是两人首次正式拜晤。两人政见不谋而合,又都对国家前途深感忧虑,从此建立了密切的联系。程德全对张謇十分推崇,只要是张謇提出的规划和建议,他都采纳。

1911年10月,武昌起义爆发,当时张謇恰从武汉欲乘轮船回江苏,在轮船上目睹了武昌起义的发生。东行的张謇一路上感受着革命的浪潮,他到达南京后,立即去劝说江宁将军铁良、两江总督张人骏,要求出兵援鄂,但遭到张人骏的断然拒绝,张謇不得不另谋他策。

革命形势发展之速超出想象,湘、陕、滇、赣几省纷纷响应。消息传至苏州,程德全并未惊慌失措,他态度镇静,一面联络当地绅士,一面令新军严加防备,在获悉张謇回到南京的消息后,立即电邀张謇前往苏州,共谋应对时局。八月二十五日,张謇匆忙赶赴苏州,和程德全协商关于清廷速布宪法开国会事宜。程非常赞成张謇的政治主张,嘱托张謇为自己起草奏疏。张謇与立宪派党人雷奋(字继兴)、杨廷栋(字翼之)在旅馆中连夜拟就《代鲁抚孙宝琦苏抚程德全奏请改组内阁宣布立宪疏》,疏稿中指出:"论者佥谓缓急之图,必须标本兼治。治标之法,曰剿曰抚,治本之法,不外同民好恶,实行宪政。"③当务之急是要做好三件事:一解散"皇族内阁",另行组织一个完全责任新内阁,"代君上确负责任";二对酿祸之人明降谕旨,予以处分以谢天下;三"定期告庙誓民,提前宣布宪法,与天下更始"。④ 该奏疏一改委婉之态,措辞激越,如此严词激烈的奏稿,一方面是由于各地形势发展紧迫,另一方面可以看出程、张二人对清政府沉疴顽疾之势屡屡失望,他们对腐朽顽固的清政府实在无法抱有信心。由于得不到各省督抚的响应,仅有山东巡抚孙宝琦愿具名属奏,奏疏直至九月一日才入奏内阁,但革命形势已然超出清廷预料,奏疏已经不可能发挥

---

① 朱宗震.程德全——辛亥反正第一人[J].各界,2011(6):76.
② 张謇.张謇全集(第六卷).日记[M].南京:江苏古籍出版社,1994:646.
③ 张謇.张謇全集(第一卷).政治[M].南京:江苏古籍出版社,1994:175.
④ 张謇.张謇全集(第一卷).政治[M].南京:江苏古籍出版社,1994:176.

作用。

　　此时的程德全已对清廷怀有知其不可为而为之的心情,忠君爱国的忧患思想促使他对清廷做最后的立宪挽救。这个奏折是程德全和张謇对清廷的最后忠告。在这之后,程德全开始改变施政方针,不再以从事变革挽救清王朝为目标,而是转为维持地方秩序、保护人民安定,尽力避免政局动荡对新经济的冲击,这也是程、张二人的共同愿望。

　　1911年11月4日,上海独立。苏省士绅纷纷劝程德全响应,上海教育界、商界人员几次到苏州面谒程德全,革命党人亦与程取得了联系,其中张謇的亲信黄炎培、沈恩孚等人也到苏州劝其反正。程德全此前已先后连续上四疏,言辞恳切,然均得不到清廷任何回应。同时,江苏省内人心惶惶,谣言四起,民心所向,拥护共和。程已经明白,上疏清廷请求立宪一途已然无用,他对清政府彻底丧失了信心,"知军国之事,已无可为,乃以地方民命为重"①,于是同意光复苏州,11月5日(九月十五日)拂晓即宣布苏州独立,程被推举为江苏都督。

　　张謇返回南通后,"十六日,知上海为国民军所据,苏州宣告独立,浙江同"②。苏州的"和平光复"相对武昌首义的暴力革命而言,官得以保全生命,民得以安居乐业,素以改良主义、社会秩序为重的张謇在兴奋之余大发感慨:"而各省举义尽民党,官与民龃龉多纷扰,独苏以行政长官顺民欲,仗义反正,势顺事举,庞吠不惊。"③张謇等人由是极尽其在全国的影响,而极力将这一"和平光复"的非暴力革命形式推向全国。

　　苏州"和平光复"后,程德全与张謇开始通力合作,联手应对新的革命形势。都督府成立之初,程即请张謇出任民政部部长,张謇则事先回到南通坐镇,11月8日南通和平光复。同时,二人也努力争取袁世凯反正,11月13日张謇与程德全联名起草《拟会程德全属杨廷栋进说袁世凯》,托杨廷栋北上前往说服袁世凯反正、拥护共和,文中言道:"謇持立宪之说十年,上疑而下阻;德全上改政之疏不一,一笑而百非……德全固无所施,即謇夙昔主张,亦无容喙之地。其必趋于共和者,盖势使然矣。"④并期望袁世凯成为中国的华盛顿,救民于两千年专制统治的水火。

　　此时,刚刚光复的江苏各地形势复杂,政局不稳。程德全在苏州号称

---

①　扬州师范学院历史系.辛亥革命江苏地区史料[M].南京:江苏人民出版社,1961:60.
②　张謇.张謇全集(第六卷).日记[M].南京:江苏古籍出版社,1994:660.
③　扬州师范学院历史系.辛亥革命江苏地区史料[M].南京:江苏人民出版社,1961:55.
④　杨立强等编.张謇存稿[M].上海:上海人民出版社,1987:20.

江苏都督,而上海、镇江、江北亦各有都督,常州、无锡、松江、扬州各有军政府,南京尚在张勋手中。统一全省行政成为江苏都督的当务之急,但当时的形势令程感到独力难支。为了尽快稳定苏省局面,程德全力请张謇前来苏州镇抚。1911年11月11日,程德全向张謇求援:"弟勉力支撑,现已告竭;公迟迟其行,如有破裂,不敢任咎。祈速命驾前来,即日交代,得公镇抚,不唯各方面疑团解决,且须速商各都督推举临时大总统,方于时局有裨。弟忍死以待,迟恐不及,不忍多言。"①张謇对处境困难的程德全给予大力帮助和支持,当时江苏各地宣布独立者甚多,各不相统,张謇竭力支持程德全进驻南京,取得统领全省的最高地位,他在给赵凤昌的信中说:"宜预备公推程都督移驻南京,趁此并宁苏为一"②,并计划与沈恩孚、杨廷栋、雷奋、黄炎培、史量才等人一同前往苏州,"以议会襄助"程德全。

张謇即于11月20日到达苏州,主持召开由咨议局改组的省议会。张謇被选举为议长,并通过省议会极力帮助程德全稳定政局。时逢苏浙联军会攻南京,各军政府公电程德全督师,程遂请张謇驻苏坐镇,代其在苏州主持一切,自己于11月23日亲至视师高资。可见张程交谊的深厚,也可见程对张謇的信任。翌日,江浙联军共推程德全为海陆联军总司令,"民军闻德全至,勇气百倍,士气大振"③。张謇对于此次军事行动积极予以支援和配合,十月七日,当听到联军前锋已到孝陵,他致函程德全,希望程能一鼓作气攻克南京,并告之袁世凯来电,无反对之意,不必有顾虑。④十一日夜南京城终于攻下,刚刚于十二日到上海的张謇马上又和各方人士商谈巩固程德全地位。二十五日(12月15日),程德全陪同汤寿潜、陈其美一同到南京,"调和诸军,组临时政府"⑤。两日后张謇赶到协助,程德全终在以张謇为代表的东南实力人物的拥护下以江苏都督身份移师南京。

这次南京之役,张謇不仅为程德全出谋划策,还提供了不少物质援助。南京激战前夜,镇江都督、师长林述庆请求支援,张謇即派轮船专程

---

① 朱宗震.程德全——辛亥反正第一人[J].各界,2011(6):77.
② 张謇.张謇全集(第一卷).政治[M].南京:江苏古籍出版社,1994:181.
③ 扬州师范学院历史系.辛亥革命江苏地区史料[M].南京:江苏人民出版社,1961:58.
④ 杨立强等编.张謇存稿[M].上海:上海人民出版社,1987:23.
⑤ 张謇.张謇全集(第六卷).日记[M].南京:江苏古籍出版社,1994:877.

送款六千元。① 联军攻克南京后,张謇又以江苏省议会和通海实业公司的名义送"牛五十头、酒千瓶"和"面千袋、布千匹"犒劳捷军,"藉申犒献之忱,聊佐凯旋之奏"。② 为解决城内驻军过多,侵扰居民问题,十一月一日,张謇又属各商会先筹20万元,发给军队以做北伐费用。③ 张謇如此尽心尽力资助联军,与程德全合作亲密无间,显然他们二人有一个共同的目标,即尽快稳定江苏省政局,结束各级地方政权纷繁林立的混乱局面,统一江苏行政。

当时江苏财政极为困难,程德全集众议,公推张謇为两淮盐政总理。张謇为了江苏尽快恢复安宁,勉为其难,同意担任这一要职,于是他也成了程德全的财政支柱。都督和省议会政见一致,这在当时新独立的各省中是十分难得的,而此正是赖于程德全与张謇的互相信任、密切合作。张謇之子张孝若对他们二人的关系这样说道:"(程德全)处处推重我父,有封信写着'昔子产治郑,虎帅以行。全之视公,后先同轨'的话。所以我父那时候将见得到的地方和应付措置的计划,尽量地向程公陈说,程公都容纳了立时照办。"④

1912年1月1日,南京临时政府成立,孙中山任命程德全为内务总长,庄蕴宽代理江苏都督,但程德全在沪卧病并未到任。程德全虽未出任南京临时政府职务,但并未停止政治活动。1月3日,程德全和章太炎等人积极筹组的中华民国全国联合会成立。该联合会是由程德全和章太炎在苏州发起的,程作为发起人之一,他的初衷是想针对当时各省光复后的局势,以促进全国统一建设中央政府、巩固共和政体。不久,张謇、宋教仁、汤寿潜、熊希龄等人也加入列名发起。之后,该联合会与张謇领导的"预备立宪公会"联合改组为"统一党",张謇、程德全、章太炎、熊希龄等任理事,参事有汤寿潜、唐文治、唐绍仪、赵凤昌、庄蕴宽、应德闳等,多数都是张謇和程德全的好友与亲信。这是二人的又一次合作,通过筹建"统一党"旨在恢复他们希望的统一局势和安定秩序。但其后程德全因与章太炎政见不合,遂于5月宣布脱离统一党。程德全组党复又退党这一举动表现出其宪政思想的发展,他一度认为民国既已成立,共和建国的任务已经完成,下一步便是寄希望通过政党建设来推动全国的政局统一。但

---

① 杨立强等编.张謇存稿[M].上海:上海人民出版社,1987:27.
② 杨立强等编.张謇存稿[M].上海:上海人民出版社,1987:27.
③ 张謇.张謇全集(第六卷).日记[M].南京:江苏古籍出版社,1994:877.
④ 张孝若.南通张季直先生传记[M].上海:中华书局,1930:163.

令他没有想到的是,中国仍民智未开,大多数人不具备政党素质,新成立的各党派沦为趋炎附势之人谋官谋食的门径,政党斗争甚至有愈演愈烈之势。程德全对此非常失望,在他看来,中国人的宪政知识还很幼稚,党派实在不应组织得太早。为此,程德全耗费大量心血,一再主张调和党派分歧,以"恢复秩序"为首要之方针。

南京临时政府结束后,1912年4月13日袁世凯令程德全复任江苏都督。但江苏的政局仍然十分复杂,统一江苏政局的难度极大。对于当时南京留守府的问题,程德全与张謇意见相同,都主张采取慎重的态度。张謇和程德全都是社会上很有声望的人物,为人持正廉明,他们只是在政治意识形态上与革命党人有所不同,倾向于和平的改革、建设,因而能够得到革命党人的尊重和合作。6月14日黄兴通电解职,同日,程德全前往南京接收留守府机关。不久,陈其美也于7月底交卸了沪军都督的职务。至此,江苏政局真正归于统一。

程德全施政有魄力,手腕灵敏,处事持平,无所偏袒,因此得到同盟会军界的尊重并能与之持有良好的合作关系。另一方面,袁世凯的北洋军阀一系在南方没有太深的根基,不能不通过借重张謇来制约同盟会,自然也支持程德全。江苏政局的稳定,也使张謇得以专心经营地方实业、教育。张謇则以自己的声望和盐政总理的职务尽力为程德全筹措整顿军队的经费,并一再与袁世凯直接交涉中央拨款,从而使程德全整顿军队的计划得以实施。在同中央的交涉中,张謇也处处维护苏督的利益。

程德全与张謇相交,基于他们共同的立宪思想,这是他与张謇最初相结识的本源。而辛亥革命的骤然爆发则迫使他们不得不做出历史抉择,这对于程德全和张謇来说,都是不容易的,因为他们都深受传统儒家"忠君爱国"思想的影响,这也是那个时代士人普遍面临的问题。而程、张二人皆非冥顽不化、抱残守缺之人,对清廷腐朽的失望以及对国家百姓的赤诚,最终促使他们果断与清政府决裂,转而走向共和,以保障社会安定、维持地方秩序为己任。这也是他们的共同愿望。在民初政潮中,张謇一直是程德全稳定江苏政局、统一江苏行政的有力支持者。他们的合作对和平光复苏州、保护地方经济发展、维持人民生活安定做出了贡献,这在革命动荡年代是难能可贵的。总之,强烈的爱国主义情怀以及与时俱进的民主价值诉求,既是程德全思想变化的核心,也是他与张謇交谊与合作的基础。

二、程德全与黄炎培的交往

黄炎培(1878—1965年),字任之,又作韧之,号抱一,江苏川沙县人(今上海)。早年投身民主革命,致力于教育救国运动,和程德全一样都是近代中国社会转型时期出现的开风气人物。

程德全与黄炎培的相识和张謇有关。1905年8月,江苏学务总会成立,后改为江苏省教育会,黄炎培、沈恩孚、杨廷栋、雷奋、孟昭常等人公举张謇为会长,黄炎培被推为评议员,后被选为常任调查干事,负责实地调查各地的教育现状及各县发生的矛盾冲突和各种纠纷,"江苏六十三县,足迹及四分之三"①,全省四分之三的地区黄炎培都进行过实地走访,其勤恳努力之状可见一斑。黄炎培出色的工作能力和认真负责的办事态度,得到教育会同人的认同和肯定,张謇更对这位全身心投入教育事业的年轻人欣赏有加,此后黄炎培一直是张謇最得力的助手和良友。

张謇对黄炎培十分信任,将他推荐给时任江苏巡抚的程德全。程德全始到任江苏时,便十分感叹苏省教育事业发展的优势地位,也认识到江苏省教育会是江苏教育改革的有力推进者,因而对黄炎培所做的各种教育实践活动大加支持,以使江苏省教育继续走在全国前列。当时黄炎培与好友沈恩孚和程德全往来频繁、关系密切,"沈恩孚为巡抚程德全聘为抚署议绅,每星期五由沪赴苏州一次,黄炎培当时由江苏教育总会选任为视学员,亦不时到苏州视察。沈、黄等人皆能在政治上给程很大的影响"②。

武昌起义爆发后,程德全请张謇代为草奏要求清廷速颁立宪诏书之电稿时,黄炎培亦陪同在列。这个时期,黄炎培正担任江苏省咨议局常驻议员、上海工商巡捐局议董、江苏省教育总会常任调查干事、苏州江苏地方自治筹备处参议,他主动担任了上海立宪派人士之间的联络工作,与张謇、马相伯、赵凤昌等人往来频繁,聚会分析政治形势,研讨国家大事。其实,此时的黄炎培还有另外一个重要的身份——同盟会会员。早在1905年,黄炎培即经蔡元培介绍加入同盟会,参加了革命。如果说此前的黄炎培是革命与立宪加诸一身,而在两者之间徘徊游走,那么辛亥革命的爆发

---

① 黄炎培.八十年来[M].北京:文史资料出版社,1982:49.
② 袁希洛.我在辛亥革命时的一些经历和见闻.辛亥革命回忆录(第六集)[M].北京:中华书局,1963:281.

则促使其坚定地拥护革命,走向共和。

苏州光复前夕,上海教育界、商界人员曾几次到苏州面谒程德全,劝说程当机立断,宣告独立。上海商董人士来苏,向程德全面禀呈武昌起义爆发后沪上情形之危迫。上海是全国的商业命脉所在,若上海遭受兵乱糜烂,举国经济都将受到震动,程德全深感"事机甚迫,间不容发"①,为地方经济与民生不得不慎重考虑。

这一时期,革命党人不断来到苏州,也有同盟会分子及进步人士,以教育界青年为多,黄炎培即第一批去苏人员。黄会同沈恩孚、朱叔源、毛经畴等人到苏州面谒程德全,程当时表示:"原则上赞成,但必须待时而动。"黄炎培问:"要等到怎样时机才能发动?"程答:"苏州非用兵之地,无险可守,尤其南京、镇江驻有重兵,若南京、镇江、杭州三路派兵来攻,吾苏势孤力薄,难免失败,欲速则不达,还是少待为稳妥,反倒占有举足轻重的优势。"②并且程毫不隐瞒地向黄祖露心迹,表明自己是倾向光复一面的。黄、沈等遂回上海。途中,朱叔源语诸人云:"雪楼所说,不知是否由衷之言?抑是口头敷衍?"黄炎培很有信心地说道:"十有七八可靠。当此宁、镇、杭都有旗兵驻防,若是苏州独立,怕受夹攻,不但糜烂地方,连身家性命亦恐不保。雪楼并非矢忠清廷的人,他信佛,具有遁世志愿,定有所激使然,不是纯粹的一心皈依佛教,平时,也有革命人士往来。"③黄炎培如此肯定地判断程德全必会接受劝说拥护共和,可见其对程德全的心迹品性非常了解,两人虽在不同阵营,但心意却是息息相通。

及至上海光复后,江苏苏、松、常、镇、太五属人民在江苏省教育会举行会议,公推代表去苏州劝程德全起义,黄炎培被推为代表之一。11月5日,黄炎培在五属代表中先到苏州,但他到时苏州刚刚宣布独立。原来,上海独立后,即有军民50余人由上海专车到苏,会同新军营代表见程,上海起义的消息已到,苏州人民纷纷推代表见巡抚劝响应,程德全慷慨地说:"此举我亦赞成,但务必秋毫无犯,勿扰百姓。"④

程德全就职江苏都督后,当即邀请黄炎培留在都督府办公。黄炎培

---

① 扬州师范学院历史系.辛亥革命江苏地区史料[M].南京:江苏人民出版社,1961:46.
② 政协江苏省文史资料委员会.辛亥江苏光复.江苏文史资料(第四十辑)[M].南京:江苏文史资料编辑部出版,1991:49.
③ 政协江苏省文史资料委员会.辛亥江苏光复.江苏文史资料(第四十辑)[M].南京:江苏文史资料编辑部出版,1991:49.
④ 黄炎培.八十年来[M].北京:文史资料出版社,1982:55.

在新成立的都督府首先做了两件事：一是参与起草新的官制，二是和同事向所属各衙门收取印信。① 程德全作为第一个反正的清末大吏，一开始也有一部分革命党人不信任，以致有流言传出，影响局势。程刚宣布反正时还未剪去象征忠于清廷的发辫，革命党人欲接收新军，却又被程拒绝，这引起同盟会江苏支部负责人章梓的极大不满。② 程德全得知后，当即果断地采取了两个措施：一面将发辫剪掉，表示自己革命的决心，且要求有关方面将薪饷发给在苏同盟会负责同志；一面令黄炎培收集院司各种印信，销毁于都督府大堂，表示与旧体制彻底决绝。万人共鉴，程德全与革命党人的隔阂暂时得到缓解，各种谣言得以杜绝。

11月16日，黄炎培由沪至苏，"早车至苏都督府，受委任为民政司总务科长兼学务科长"③。程德全对这位有着强烈救国抱负的年轻人很有好感，并且黄炎培为人敦厚，遇事沉着稳重，具有实干精神，这些都给程留下了深刻的印象。于是，程德全大力提携黄炎培，委任其担任都督府民政司总务科长兼教育科长。

黄炎培亦感受到苏州和平光复不烦一兵、不折一矢，城中居民生活秩序晏然如初，而且百姓得知光复后无不欢声雷动，大家精神焕发，一派新气象。程德全就职都督后，不仅不杀伤满族人，而且都督府还发出六言告示，通电全省各县不要伤害满族平民："照得民兵起义，同胞万众一心……旗满视同一体，大家共享太平。"④这使黄炎培对程德全更为钦佩，并作诗赞之曰："公功在国德在民，万家生佛拜且泣。"⑤于是，黄炎培欣然接受了新都督府的职务。这是黄炎培一生中第一次担任政府公职，因为黄炎培一直是"无意涉足政海"，希望以自己教育救国的理念在民间尽一己之力，服务于社会，谋求社会的稳定与发展。此时的黄炎培对这位比自己年长近20岁的长者敬重有加，加之革命的浪潮使他们走到了一起，两人有了更深入的交往后，更是形成了深厚的忘年之谊。

黄炎培与程德全在政治变革上的趋同及密切合作，不仅是二人交往活动的重要内容，而且也是维系其情谊的思想基础。从他们的政治追求

---

① 黄炎培.八十年来[M].北京：文史资料出版社，1982：56.
② 袁希洛.我在辛亥革命时的一些经历和见闻.辛亥革命回忆录（第六集）[M].北京：中华书局，1963：285.
③ 黄炎培.黄炎培日记（第一卷）[M].北京：华文出版社，2008：25.
④ 黄炎培.八十年来[M].北京：文史资料出版社，1982：57.
⑤ 黄炎培.辛亥革命史中之一人——程德全[J].人文月刊，1930（1）：25.

中可以寻找二人深交之缘由,因为二人所追求的是一个立宪的共和政治。由于家庭背景、所受教育、人生经历及对政治认识的差异,程德全对民主政治价值的认识要晚于黄炎培,但程德全在担任苏抚之初与立宪派和革命派人士亦保持着一定的联系,所以在新成立的江苏军政府中,程德全、黄炎培配合得非常默契,无论是提议办理各种新政事宜,还是沟通协调各方派别关系,黄炎培都与程德全步调一致,积极支持配合程开展各项工作。因黄炎培既与立宪派人士关系良好,又是同盟会的一员,他自己也曾说:"我的任务比较广泛,有奔走各方的必要。为的是处理问题,大家认为有一同盟会会员在座,较好。"①因此,程德全在光复后实施的一系列政治措施深得革命党人、立宪派及教育界进步人士的信任,并与之形成了良好的合作关系,不能不说这与黄炎培"奔走各方"的努力是分不开的。加之程德全为政胸怀开阔,处事公正持平,对革命党军界同志亦开诚布公、宽严有度,这也是他获得各方派别支持的重要原因。程德全素来是真诚地愿意同从事建设的革命党人合作,对他们要求民主的倾向表示同情,因而,自辛亥以来他与革命党人之间保持着良好的合作关系。

1912年4月22日,受袁世凯委任,程德全"扶疾受命"就任苏督。在此前数月里,程德全辞职隐居上海,但与黄炎培仍时常往来,商谈国事。程德全复任苏督,即宣布了自己的政治主张:"首宜以恢复秩序为唯一之方针,一面求教育普及,养成人民自治资格,以期臻乎共和国民之程度。"②对于发展教育启迪民智,程德全的认识是非常深刻的,他认为:"惟有全力注重教育,以迪民智而巩国基。在县与市乡尤当以全力推广初等教育,为凡办教育之初步,而开普及之先声……须知变专制为共和,岂徒形式上之改革,其根本必求国民真有完全之人格,真有共和之精神。此事舍教育无从着手。"③他在复任苏督伊始,便表示将着力争取普及教育,培养人民的自治资格,使之达到共和国国民的文明程度。

这一理念正与黄炎培教育救国的思想不谋而合。民国元年(1912年)12月,程德全升任黄炎培为教育司司长,主持全省的教育行政工作。程德全十分重视人才,高度关注教育。他认为,学校为培养人才之根源和开发智慧之基础,因此更着眼于发展学校教育,作为促使国家富强的措施。在江苏光复伊始,黄炎培便协助都督程德全制定了一系列教育改革

---

① 黄炎培.八十年来[M].北京:文史资料出版社,1982:56.
② 汪德轩编.程雪楼先生书牍[M].上海:上海广益书局,1912:2.
③ 汪德轩编.程雪楼先生书牍[M].上海:上海广益书局,1912:49.

条例,废除旧式简易学塾,颁布推广初等教育法令,积极发展新式教育培养人才。程德全之所以重用黄炎培为教育司长,正是由于他深知黄炎培一向热忱于教育事业,并深切了解江苏省的教育状况。

程德全在任江苏都督期间,不遗余力地培养提携黄炎培,为黄炎培的教育事业提供了一个广阔的发展空间。黄炎培亦不负众望,恪尽职守,通过不懈努力使江苏教育事业一时跃为全国之冠。在任职江苏教育行政近三年期间,黄炎培积极推进江苏各地的教育改革。他根据江苏省人力财力的情况和需要,于1913年领导制订了《江苏省五年教育行政计划》,曾参与主持新建和改建24所省立高等、中等学校,兴建大批小学,在全省创办师范学校9所、普通中学11所,以及众多的工校、农校、商校。① 东南大学、暨南大学、河海工程学校、江苏蚕桑学校等都是这一时期先后建立的。

民国二年(1913年)3月"宋教仁案"发生后,袁世凯蓄意武力统一中国,南北终于决裂,"二次革命"爆发。7月15日,黄兴等人胁迫程德全宣布江苏独立。翌日,程德全与民政长应德闳一起离宁赴沪,不久即辞职隐退,从此闭门诵经,不再参与政治。黄炎培亦很快辞职,从此一心在民间从事职业教育工作,直至新中国成立后也再未直接担任官职。

辛亥革命时,程德全能果断顺应潮流,从封建王朝阵营转向革命阵营,他的这一重大政治转向与黄炎培对其民主思想的影响是分不开的。苏州光复后,黄炎培愿意在程德全新成立的都督府中担任公职,他利用自己与立宪派士绅关系密切、自身又是同盟会会员的身份,帮助沟通、协调各方派别,成为程德全在民初政治舞台上的重要谋士和得力助手。程德全统一江苏行政后,尤为重视倡导教育发展,大力支持黄炎培发展教育事业,二人对民国初年江苏省教育事业的进步做出了卓有成效的贡献。

三、程德全与应德闳的交往

应德闳(1876—1919年),字季中,浙江永康人。光绪丁酉年(1897年)举人。1902年因在江苏办赈出力,被奏保江苏候补道员仍留原省补用。1908年,出任淮安知府。1910年,程德全调任江苏巡抚,延其任幕职,其后应德闳成为程最得力的部下与幕友。

应德闳出身在浙江永康的一个书香之家,其父应宝时曾任江苏按察

---

① 中华职业教育社.黄炎培教育文选[M].上海:上海教育出版社,1985:2.

使兼布政使,为官清廉,颇有政绩。因应父常年在苏任职,对江苏民政风貌知之甚详,应德闳耳濡目染将此熟记于心,而他本人也在江苏为官多年,这都使他能熟掌江苏一省之民政状况。

"程素以革新自命,与江督张人骏背道而驰,江苏之明达士绅,皆附于程……程好联络苏之知名士,应德闳在苏久,于士绅素有往来,故得左右此议。"①应德闳曾多年随苏藩办理财政,对江苏省的财政情况十分熟悉,刚到苏省履新的程德全急需这样的人才协助,加之应德闳德识兼备、日倡新说,更为程德全所看重。不久应德闳即成为程德全的左膀右臂,"政事悉委决于左右,左右亦能善相之"②,而且二人之间虽分僚属,但谊若昆弟,私交甚笃。

但之后发生的一件事情却令二人始料未及。宣统三年(1911年)夏,原江苏布政使陆钟琦擢升山西巡抚,藩司一职出缺,程德全即奏请委应德闳署理。然此举却不符合清代的官场礼制,因应德闳虽已捐得补用知府,但尚未正式担任过这一实职。御史陈善同以清制擢升官吏有一定程序,不应违反旧制而信用私人为由,严词弹劾程德全,致使程被清廷斥责,且受降3级留任处分,应德闳亦被参奏去任。③ 这件事对二人都是一个沉重的打击,程德全赏识应德闳的才干,故而向清廷举荐重用,结果竟是如此,程深为不满,"时出怨言"④。程德全对此案耿耿于怀,恐怕并非全因个人受辱,而更是对清政府的冥顽不化、抱残守缺深感绝望,当此国势危亡时刻,清廷不是不拘一格重用人才,反而处处以僵化的"旧制"为由阻碍革新,这一切不能不令程德全痛心疾首。

不久武昌起义爆发,各地纷纷响应,消息传至苏州,程德全态度镇静,一面通过应德闳联络当地士绅并令新军严加防备,一面向清廷连上四道奏疏"请速立宪",其中最后一份奏稿就是由应德闳起草的。此时的清王朝已处于风雨飘摇之中,已然全无应对,苦心劝谏的奏稿得不到任何回应,二人深知清廷人心尽失,大势已去。危难之时,应德闳与程德全肝胆相照,共度时艰。"九月,德闳自浙归,遂与德全定议独立。德全集幕友觇

---

① 张国淦.辛亥革命史料[M].上海:龙门联合书局,1958:229.
② 扬州师范学院历史系.辛亥革命江苏地区史料[M].南京:江苏人民出版社,1961:395.
③ 政协江苏省文史资料委员会.辛亥江苏光复.江苏文史资料(第四十辑)[M].南京:江苏文史资料编辑部出版,1991:29.
④ 政协江苏省文史资料委员会.辛亥江苏光复.江苏文史资料(第四十辑)[M].南京:江苏文史资料编辑部出版,1991:29.

相背,人皆劝进"①,11月5日程德全果断宣布苏州独立。都督府成立后,程德全任命应德闳为都督府财政部部长和机要员。在程、应两人的共同努力下,苏州和平光复,城中秩序安宁,平稳过渡。

辛亥革命后,各省的军政、行政大权都集中在都督手中。1913年1月初,袁世凯政府颁布条令,明确实行各省军政、行政分离,规定省最高行政长官统称"民政长",即省长,总理全省行政事务。而江苏省在1912年已实行了军政、行政分离。1912年11月19日,应德闳被北京政府正式任命为江苏省首任民政长,以管理全省的行政事务。至此,程德全作为江苏都督,应德闳作为江苏民政长,两人同心同德、相知相契,共甘苦、同进退,一起经历了民初江苏最繁杂与艰难的岁月。

应德闳甫一上任,即着手将省政府由苏州迁至南京。清代,江苏巡抚衙门的所在地一直设在苏州,苏州也是江苏省的行政中心。而革命后的江苏,政治局面四分五裂,纷乱异常。1912年4月,北京临时政府正式任命程德全担任江苏都督,不久,黄兴因袁世凯的挟制而辞职,南京留守府的军政事宜为程德全接收,于是江苏的行政中心开始有了向南京移驻的趋势。七八月间,程德全将都督府迁至南京,实现了江苏南北政局实质上的统一。是时,应德闳敏锐地察觉到,他的首要任务是建立江苏新的行政秩序,协助都督程德全控制并稳定全省的政治局面。应氏出任民政长后,经过与各方商议,决定驻署南京,"苏都督府只留军政司为都督行署,其余各司均须移驻宁垣",并拟定"以旧藩署为公署"。② 在应、程二人的努力下,最终民政府从苏州迁往南京,从而使南京成为整个江苏的行政中心。

应德闳在做好民政府进驻南京这项工作的同时,又着手建立民政府的行政秩序。首先,颁布了《江苏省民政府组织条例》,规定民政府暂设内务、财政、教育、实业"四司"。其次,根据各司长暂由都督会同民政长委任的基本精神,会同都督程德全一起任命马士杰为内务司长、龚杰为财政司长、黄炎培为教育司长、黄以霖为实业司长。这些都是当时江苏的有识之士,这项委任做到了人尽其才。再次,制定了《江苏民政府办事规则》③,规定了民政府人员办公的一些细则。随着民政府组织条例的公布,重要的人事任命工作完成,工作规章制度又得到了完善,民政府的行政秩序基本建立起来。

---

① 扬州师范学院历史系.辛亥革命江苏地区史料[M].南京:江苏人民出版社,1961:54.
② 陈可畏.民初江苏首任民政长应德闳[J].历史教学问题,2007(5):68.
③ 江苏民政府办事规则[N].申报,1912-12-24.

应德闳恪尽职守,以出色的才干和魄力,不负程德全的信任和重托,表现出杰出的管理才能。与其他省份都督和民政长多有不洽的情况相比,江苏省在民国初期能顺利完成军民分治,不能不说是赖于都督程德全与民政长应德闳同心同德为稳定全省政局所做的共同努力。

就在江苏民政府刚刚进入正轨之际,1913年3月20日上海发生了震惊全国的宋教仁遇刺一案,再一次掀起了轩然大波。因"宋案"发生在江苏辖区的上海,程德全和应德闳无可避免地被卷入其中。案发第二天,袁世凯发布了缉凶命令:"应责成江苏都督、民政长迅缉凶犯,穷究主名,务得确情,按法严办,以维国纪而慰英魂。"①程、应既奉袁严令,遂于3月22日致电上海县知县、英法公廨委员会、南北市警局长,要求一体严督,探警侦缉,务期必获,无稍延纵。同时还发出布告,颁布悬赏令。3月25日,程、应二人先后亲自前往上海处理这个关系全国政局安危的大案。他们面临的问题非常棘手,随后的一段时间里,两人奔走宁沪之间,将大量的时间和精力放在处理"宋案"上面。

案情很快有了眉目,指使行凶的应桂馨、凶手武士英先后在英、法租界相继落网。审讯结果竟出人意料,程德全更是"弥觉心危",因为二人发现,"宋案"不仅涉及时任国务总理赵秉钧的秘书洪述祖,甚至涉及赵秉钧本人,并可能牵涉袁世凯。伴随着南方革命党人与北方政府猜忌的日益激化,案情也越来越复杂。程到上海后,倾全力处理"宋案",力图安抚国民党人的激愤情绪,调和国民党人与袁世凯政府之间的矛盾,消弭可能再次爆发的革命。程、应寄希望于在法律范围内解决"宋案",同意在上海组织特别法庭。4月21日,程德全会同应德闳连发两电致袁世凯,详陈组织特别法庭的理由:公开审判,以息揣测,而免延缓。但南北双方的矛盾日益加剧,特别法庭的组织一时无望。在各方的强烈催促下,1913年4月25日,即案发后的一个月零五天,程德全和应德闳将"宋案"证据全部公布于众,全国舆论一片哗然,各界纷纷谴责袁世凯,要求严惩真凶。

因"宋案"引发的南北之间的矛盾激化,1913年7月12日"二次革命"爆发,和平局面终被打破。7月14日,黄兴前往南京部署江苏独立与武力讨袁事宜,恰在这一天,应德闳从北京回到南京。15日,革命士兵开入都督府,黄兴等迫使程德全同意讨袁独立。程德全、应德闳迫于无奈,与黄兴共同宣布独立。16日夜,程即托病与应德闳一同离宁赴沪。至沪

---

① 临时大总统令[N].政府公报,1913-03-23.

后程德全发表通电:"本月15日,驻宁第八师等各军官要求宣布独立,德全苦支两日,旧病复发,刻难支持,今日来沪调治。"①战争的爆发使程、应二人认识到江苏已不复从前的平稳局面,他们也无力掌控时局走向,心灰意冷之下两人分别向袁世凯请求辞职。9月1日张勋部攻破南京,袁世凯遂于9月3日、9月6日先后准许程德全、应德闳辞职。就这样,两人同时结束了政治生涯,从此息隐沪上,不再涉足政事。

在程德全与应德闳的交往过程中,应德闳一直是程德全的亲密战友与得力助手。程德全出任江苏巡抚,得应德闳大力佐助。应德闳祖籍浙江,又在江苏多年,他与江浙士绅多有联系,程德全又十分注重与当地贤达知名之士建立良好关系,因而应德闳能帮助程联络士绅、沟通交往。这在苏州和平光复时期发挥了重要作用。民国成立后,程德全与应德闳分别担任江苏都督、民政长,二人精诚团结、同心同德,共同为稳定全省政局做了努力,使江苏省在民国之初获得了短暂的平稳安定局面。

四、结　语

程德全在江苏地区的交往关系对他自己的人生道路和政治抉择都产生了重大影响。这一时期,程德全与张謇、黄炎培、应德闳的交往,促使他紧跟时代潮流,坚持民本之心,维护地方安定。在时代变迁与社会动荡时期,程德全与张謇、黄炎培、应德闳等人的共同努力,对稳定江苏省的地方经济与政局发挥了重要作用。

程德全之所以能与张謇、黄炎培、应德闳结成盟友,主要是源于彼此共同的宪政思想。程德全与张謇一直是清末立宪运动的同路人,然而清政府的腐朽一再令他们失望。而以黄炎培为代表的一批教育界、革命界进步青年对其民主思想的影响又在不断加深。同时,应德闳本身也与江浙立宪派有着千丝万缕的联系,他作为程德全最为信任的幕友,在政治上能给程很大的影响,并且宣统三年夏发生的程、应二人遭清廷弹劾贬斥一案,更激化了程、应对清廷的不满情绪。加之革命形势发展迅猛,促使他们最终转而走向共和。这也是因为程德全与张、黄、应等认为,共和政体能够实现宪政思想。由此,程德全在这些友人的帮助下果断与清政府决裂,和平光复苏州,创造了"和平光复"的非暴力革命模式。另一方面,也

---

① 程都督莅沪情形[N].时报,1913-07-18.

正是因为他们有着共同的宪政思想,故而在"二次革命"时,他们对孙中山的武力讨袁之策不以为然,结果不幸为他们所言中,革命党人在短期内惨败,处于被动境地,对江苏省乃至全国的经济与社会发展十分不利。对此,程德全、张謇、黄炎培、应德闳都认为中国民智未开,国事不可为,因而同时退出中国政坛,这是他们这一群体的悲哀,也是中国历史的悲哀。

第三编

雪消楼在　浓荫远映

敬人及物
——略记曾祖父程德全之雪泥鸿爪[①]

一、引言

我是程德全的曾孙,爷爷程世抚(1907—1988年)是程德全的继配刘氏夫人(1879—1930年)的长子,我是他的长孙,从小跟爷爷奶奶长大。小时候爷爷很少说起曾祖父的事情,偶尔提起也是淡淡带过。虽然有机会让我从不同角度了解了曾祖父的点点滴滴,但是得到的信息不连贯、不完整。偶读中国社会科学院近代史研

程德全之女程世娴(右,1910—2014年)和曾孙程可行(2012年摄)

究所研究员朱宗震先生的文章《程德全:辛亥反正第一人》,得益匪浅,也引起了我研读历史、系统了解先人的强烈愿望。

研究历史事件、评价历史人物是学者们的事情,不同学说见仁见智。我作为程德全百名直系血亲中的一员,虽不是学者,但希望从家人的视角了解他在云阳、黑龙江、江苏以及皈依佛门之后的四个人生主要阶段里与他有关的物和事。这对于我们来说至关重要,或许对于学者们了解程德

[①] 本文作者系程可行,程德全嫡曾孙。曾供职于中国科学院半导体研究所和软件工程研制中心,任高级工程师,退休后到重庆云阳、黑龙江、苏州追寻曾祖父的历史足迹而成此文。

全这一历史人物也会有所帮助。

二、云阳老家

最能体现家族传承的莫过于老家、家谱、祖屋和祖坟了。但在现代，经过几代人的迁徙，很难再说清楚哪里算是自己的老家；有家谱、祖屋和祖坟的家族更是极少。

我和爸爸都出生在上海，而爷爷是出生在黑龙江的齐齐哈尔，但是爷爷、爸爸、我乃至我女儿在户籍登记上都有共同的籍贯——四川省云阳县（今重庆云阳），那里就是我的老家。

据家谱《云阳程氏家乘》记载，云阳程氏始于明朝洪武二年（1369年），先祖程应良由湖北麻邑入川，到曾祖父程德全这代，已经在云阳居住了整整20代、500余年了。曾祖父于光绪十五年（1889年，农历己丑年）年近30时出川，他记道："全自己丑赴东"、"游京师越二年如黑龙江"、"岁丙申吾妻携儿女从之皖，逾年之辽沈，再赴黑龙江"，自此"驰驱塞外，簿书填委，迫转三吴"，把云阳程氏的血脉带出了四川的崇山峻岭。

爷爷以及我们这一支的后人以前从来没有回过云阳，直到2011年10月，我首次返乡。

家谱

现存世的我家家谱是民国八年（1919年）出版的《云阳程氏家乘》，由大爷爷（曾祖父的长子）程世模纂修。我知道我家有"家谱"完全是偶然。小时候某日我出于好奇，问爷爷奶奶：我知道程家有"排行"，曾祖父是"德"字辈，爷爷是"世"、爸爸是"绪"、我是"可"，我要是有了孩子，排行该是什么啊？爷爷奶奶一时语塞。爷爷说，到二姑奶奶（爷爷的二姐程世宪）那里查家谱就知道了。当时我对家谱的理解就是家族排行的规定。

爷爷故世多年之后，我在整理爷爷遗物时发现他在"文化大革命"中写的"交代材料"里涉及了家谱："程氏家谱共四册，我记不清是我二哥给我从上海带来的还是我二姐在京给我的，随手丢在书箱里。我只认为是封建家庭的东西，从未拿出来毒害子孙。在'破四旧'才拿出销毁。家谱的内容主要是牵强附会地把本族和历史有名人物挂钩以为荣耀，并编订名字排行辈分，里面附有长三房次三房分析财产情况。"爷爷留下的这一段话虽然带有当年浓厚的政治色彩，但从未把家谱拿出来给我看却是事实。爷爷的话让我知道了家谱的大致内容。

看到爷爷的研究生王绍增先生在发表于2004年纪念爷爷的一篇文

章中提到我的老家及家谱的情况。"1984年,我作为长江三峡(四川段)旅游和文物保护总体规划纲要负责人,为云阳张飞庙搬迁选址时,选中了现被采用的地点,所幸离程先生家乡不远。在县委书记陪同下,我拜访了程先生的家乡,收集到一些有关程德全的文物和故事,并见到了程氏族谱,族谱中记载了不少程德全抗俄的事迹。"

2006年3月,云阳县九龙乡的牟方清乡长在北京找到了我。他告诉我,在云阳不仅保存着我家家谱,甚至祖屋也还在。牟乡长送给我的云阳县电视台2005年采编的《云阳风情》系列片中出现了家谱的影像。

在2011年10月我回到故里时,同宗程绪章先生展示了家藏的《云阳程氏家乘》原件,我终于看到了家谱的实物,确实是四册,虽然纸质发黄但是保存完好。亲手触摸藏于民间、印刷于90多年前的家谱,特别是看到上面清楚地记载着曾祖父、爷爷和我所知道的他兄弟们的名字时,深感家族薪火相传、弦歌不辍的巨大力量。

祖屋

从长辈那里我曾听说我家祖屋是"沙门寺"。回乡之后又查阅了民国版的县志,知道了沙门寺原是曾祖父为官之后在家乡建造的旧宅。据民国版《云阳县志》记载,"沙门寺,程德全舍宅为寺,并捐田租四十余石为寺产"。还有曾祖父写给沙门寺德高老和尚的开山赋:"遥礼沙门兴若何,高僧从此伴岩阿。一声清馨闻遐迩,半偈真言蜕网罗。树老参天含旧泽,菩提助我长新柯。众擎不畏邱山重,普愿香华赞合和。"沙门寺是我家的家庙、我家的祖屋。

沙门寺位于长江南岸的九龙乡红龙村,曾生活在附近的云阳县文联的张爱民先生描写道:"'沙门寺'地势突兀,气象恢弘,坐南朝北,色彩神秘也不乏威严之气,近观双江丘陵平川美景,下俯奔腾的川江,上下往来客货轮的汽笛和马达声不绝于耳,远视四十八槽群山连绵,云雾缭绕,视野极为开阔。岁月沧桑,昔日的'沙门寺'经过时代的变迁,早已面目全非,成为一个农家院子,'沙门寺'这个地名在70年代(20世纪)人们还常常听人叫起,那时这里有一个公社卫生院设置的医疗点,方便附近方圆几里地的人们。"现在农家住房的基础和周围的石桌石凳还是百年前沙门寺的遗物。

程氏宗祠是一个白色建筑,在离沙门寺不远的坡下。据民国版《云阳县志》载,程氏宗祠建于光绪年间,"光绪中,程德全捐建,并设祭田"。

现在的宗祠一片破败。砖石主结构还基本完好,但木结构已经朽烂。木制楼板塌陷,门窗大多不见了踪影;由于檩条、椽子断裂,房顶露了天,瓦落了一地。宗祠的正面"程氏宗祠"四个大字明显是被抠掉了，但原先的字仍依稀可辨，残迹下清楚写着"红龙小学"。这里在新中国成立后长期作为小学，一度还有初中班。包括程氏族人在内的附近村民，都是在此受的教育，2000年新小学校落成后被废弃。《云阳程氏家乘》中附有图纸，原来"程氏宗祠"四个字之上还有曾祖父书写的"诰命亭"，正堂上还挂有"宗族为光"的匾额，据说在"文化大革命"中这些匾额都被劈了当柴烧了。宗祠的建筑本身能够保留至今，与其作为学校的用途不无关系。

宗祠本是同族人祭祀祖先的地方，可是宗亲向我介绍的时候更喜欢说"你家的祠堂"。《云阳风情》的解说词中又称宗祠为"程家大院"、"程德全故居"或者说程德全"出生在这里"。在当地人的心目中，这里是曾祖父的家。

查《云阳程氏家乘》，得知了更为确切的信息。到了曾祖父这代，我家最早的祖屋既不是沙门寺，更不是程氏宗祠，而是另有他处。曾祖父曾撰文《西岩茆屋记》，详细描述了他出川之前的居所。文中云："余家自曾王父以下，皆同产居"，直至"光绪初元，岁大饥，谋柝爨以自存"。因家贫，"时时苦不给，无何所居复为主者索去，一家愕然"，可见那房子也仅是借住，故无祖屋可言。文中又云："西岩茆屋者，吾家旧居之西，吾妻即岩为屋，奉吾母以居者也。"在程氏宗祠西面的一处岩石下，由曾祖父的原配、能干的前曾祖母秦氏夫人（1860—1903年）"树柱而苦盖之"，秦氏夫人建成的岩居茅屋才真正是我家最早的祖屋！曾祖父记道：夫人"昼则扫叶担薪，夜则篝灯纺绩，星见而起，鸡号而未息，如是十余年"。读《西岩茆屋记》，可以感受到这个地方在曾祖父心中的极高地位，尽管曾祖父撰文时已经是清朝的封疆大吏，但他仍念念不忘岩居茅屋和原配秦氏夫人，家庭之贫穷、生活之艰辛、环境之恶劣、与秦氏夫人之深情跃然纸上。

2013年3月，在宗亲带领下我们找到了西岩茆屋的遗址。这里北向长江，背靠四五米高的悬崖，岩下的一小块平地就是秦氏夫人建茅屋的地方。现在已长满荆棘，看不到丝毫痕迹了。意外的是我们在遗址发现了一个用过的石臼，也许就是秦氏夫人"执炊澣愉缝纫"时舂米用过的。传说曾祖父受到朝廷重用后官府送来喜报，家里竟没有可以贴喜报的地方，最后只得贴在了高粱秸做的门上。遗憾的是没能找到曾祖父在《西岩茆屋记》中提到的"剧之岩间"的"西岩茆屋图"，但愿从遗址带回的一捧土也能够让曾祖父所叮嘱的"吾家世世万子孙"永远记住这里，记住昔日之危苦。

曾祖父当初舍宅为寺，本欲传承佛教、"普愿香华"，但留下的建筑却为当地提供了医疗服务；他捐建宗祠本欲"宗族为光"，却为当地的教育做了贡献。曾祖父一生提倡教育、振衰图强，在晚清民初"以维持地方秩序、保护地方经济和人民安定的生活"为施政目标，在家乡兴办义学、义渡，留下的建筑能够造福于老家的乡亲，他的在天之灵会感到欣慰吧。

祖坟

祖坟承载着后代对先人的缅怀之情。

曾祖父任江苏巡抚时，在苏州枫桥购置了家族的墓地。1930年曾祖母（继配刘氏夫人）和曾祖父先后去世之后就安葬在这里。据爷爷在"文化大革命"中写的"交代材料"，坟地有3间房和约10亩田产，由看坟人居住耕种，自给自足。新中国成立后，人民公社化时，房屋和田产都归了公社。

我小时候多次听到二姑奶奶和爷爷奶奶谈起人民公社要求迁坟的事情。爷爷记道："约1964年我的二姐独自去苏州坟地，和公社接洽开坟拾取父母尸骨火化，将骨灰送至灵岩山，让出坟地。"大姑姑程绪珂多方打听，费了不少周折，终于查到了曾祖父、曾祖母骨灰存放地并曾亲往祭扫。

2012年10月12日，我拜谒了曾祖父、曾祖母的陵墓。在地下骨灰堂里相邻的两个穴位里各有一个完全相同的棕色大理石制的骨灰盒，上面没有任何文字标记。曾祖父和曾祖母就安息在这里。

从苏州的木渎古镇到灵岩山，一路都是上坡，石板铺就的路多有坑洼。可以想见已是年过七旬而且缠过足的二姑奶奶走这段五六里的山路该有多么艰难。曾祖父晚年皈依佛门，身为居士的二姑奶奶不得已把曾祖父、曾祖母的遗骨从祖坟迁到灵岩山，是最大程度上尊重他们的意愿了。而骨灰盒上竟未书一字，显示的是她的睿智和对世事的无奈。深谙家族历史的二姑奶奶一定知道曾祖父在《西岩茆屋记》中的一段箴言，"时事艰危，未来之境，百变不可测度"。

《云阳程氏家乘》中有坟图20余幅，记录着从曾祖父（二十世）上溯至九世（生于1521年）的墓地的确切位置和朝向。百年前的人搜集、整理和确认这些信息的困难可以想见，但是他们懂得敬畏先人，懂得应该慎终追远。

2013年3月我再回故里，和宗亲们一起按坟图找到了从曾祖父上溯三代的先祖的墓地，据说修得最好的是曾祖父的父亲程大观的墓。但是这些墓或毁于1958年的"大跃进"，或毁于1966年的"文化大革命"，或毁于造田修路。现在仅有"秦夫人"和"张老夫人"的墓碑尚存，其他的只剩下散落的残石了。

曾祖父原配、前曾祖母秦氏夫人18岁嫁到程家，经历了西岩茆屋之艰苦、携儿女至皖之颠沛、再赴辽沈黑龙江,又遇庚子之乱,一直与曾祖父患难与共,在曾祖父被任命为黑龙江将军前两年逝于吉林三姓。现在的墓是从吉林移葬而来的。墓碑成于民国十八年(1929年),即《云阳程氏家乘》出版10年之后,与《云阳程氏家乘》中的记载略有出入。

在程氏宗祠不远处有"皇清诰封一品夫人程母张老太君寝茔"(即曾祖父之母,程大观之妻,1836—1887年),墓碑和上面的碑文完好。爷爷的名字排在孙辈的最后一个,碑立于宣统二年(1910年),那时爷爷年仅3岁。

三、戍边黑龙江

曾祖父程德全在黑龙江生活了10多年,在东北边陲,在满人的发祥地,从黑龙江将军府的幕僚一直做到第一位汉族人黑龙江将军。

龙沙公园

齐齐哈尔的龙沙公园(原名仓西公园)是时任黑龙江巡抚的曾祖父提议建造的,是我国地方政府建设的最早的公园。2007年是龙沙公园建园100周年。齐齐哈尔市建设局领导找到曾任上海园林局局长的大姑姑,邀请她出席建园百年庆典。当时她已是85岁高龄,不便亲自出席,委托我和表姐陈青二人代表她赴齐齐哈尔。

关于龙沙公园,我还是在2004年年初《中国园林》杂志社的副主编何济钦先生向我索要爷爷照片时听说的。何先生要写一篇关于爷爷的文章,说你们"一家三代为祖国的园林事业做出了众多贡献"。我一时没明白,我只知道爷爷和大姑姑的工作与园林有关,还有一代指的是谁却不太清楚。何先生说是我的曾祖父,因为他在齐齐哈尔建了龙沙公园。后来有幸读到何先生的大作《报学垦荒终不悔——记城市园林规划专家程世抚》,方知其详。文中除了讲述爷爷和大姑姑在园林方面的贡献之外,还

报学垦荒终不悔
——记城市园林规划专家程世抚及作品

何济钦 A Lifetime of Great Learning and Practice in Landscape Architecture
HE Ji-qin — Note on the Expert of Landscape Architect, Mr. Cheng Shi-fu's Life
and His Works

专设一节"程德全与仓西公园(龙沙公园前身)",使我有机会了解到曾祖父在百年前主政黑龙江时除了边务、军务、政务等公务之外,还建了龙沙公园并一直保留到今天。

2007年8月18日,我和表姐陈青应邀到达齐齐哈尔。我们两人对黑龙江省都很熟悉,因为我们下乡就在黑龙江。陈青下乡的地方在莫力达瓦旗("文化大革命"时属黑龙江省),来去都要经过齐齐哈尔市。在齐齐哈尔,处处感受到曾祖父昔日的影响,各方热情扑面而来。在龙沙公园建园百年庆典上,我作为代表接受了市长授予大姑姑的荣誉市民的证书,宴会上作为主宾受到了最高规格的接待。

为了纪念龙沙公园建园百年,纪念曾祖父的功绩,园内树立了他的铜像,揭幕仪式上,我和陈青代表家人向铜像敬献花篮。据我所知,这是最早建立的他的铜像。

"清云阳程公以身御难碑"

龙沙公园的遗爱亭里有"清云阳程公以身御难碑"。因为是"吉林三杰"的宋小濂撰文、徐鼐霖篆盖、成多禄书丹,所以人称"三杰碑"。碑文记录了曾祖父抵抗俄军、保卫齐齐哈尔城的事迹。

宋小濂所撰碑文记述了庚子之变时在俄军大兵压境的紧急情况下,曾祖父程德全受黑龙江将军寿山之托,位卑却不辱使命,身微却不惧强敌,拼已之一死奋力保城护民的英雄行为:

(1)以知县身份奉寿山将军之命赴前敌督战,后又奉命与俄军交涉"请停战";

(2)在俄军即将向齐齐哈尔城进兵时,"拔剑自刎"阻俄军;

(3)在俄军扬言"以巨炮轰城"的危急关头,为保护齐齐哈尔城中百姓,"以身遮巨炮之口";

（4）在城外得知寿山将军已殉节后，为了表示抗议，"坚卧俄帐中"；

（5）在俄将的威逼利诱下"跃身入江"明志，拒绝俄军任命；

（6）在被俄军押赴彼得堡途中仍义正词严为民请愿，向俄大臣详述俄军残杀瑷珲及剽掠会城惨状，"乞俄皇顾念邦交勿肆残齕"。

曾祖父仅以候补知县的头衔，欲战，然无险可守无兵可用；欲和，然朝廷意向不明，直接上司自戕殉节。为了保卫疆土让人民免遭涂炭，为了挚友寿山的嘱托，所为已经极其所能了。

"修建云阳程将军纪念碑公启"中这样叙述曾祖父在庚子之变中的职与责："雪楼程公，建节兹土，善政孔多。庚子一役，厥功尤伟。当夫强邻压境，长城已倾，巨炮逼陈，守阵皆哭。公本戎幕之宾，无官守之责。而乃舍生取义，誓志成仁，以一身犯弹雨之冲，全孤城于板荡之际，气凌风云，诚动天地。"启事的发起人、赞成人中有满族旗人贵族、汉族军官士绅，还有蒙古族亲王和郡王、回族学董和绅董，反映了多民族的认同。

立"三杰碑"时为民国九年（1920年），此时曾祖父早已退出政界潜心事佛了。故吏宋小濂会同其他人的立碑举动，是发自内心的纪念，而非趋炎附势、阿谀谄媚的歌功颂德。宋小濂曾任清朝黑龙江巡抚，后又任民国黑龙江省都督。发起"修建云阳程将军纪念碑"，撰写碑文的时候，也正是他被北洋政府任命为中东铁路督办、将要离开齐齐哈尔的时候。借立碑而言己志，其心可鉴。

"眉峰殉难碑"

遗爱亭不远处是寿公祠，内有"眉峰（寿山的字）殉难碑"。碑文由寿山将军的故吏于驷兴撰文书丹并篆额。碑文生动地描写了寿山将军殉节的惨烈，也在多处述及曾祖父："云阳怀刃判死，掉舌锋兵"，"云阳身遮炮正危蹙"，"云阳亢论得直俄凶炯服"，"云阳之程入出壁垒折冲觥觥"。寿山和曾祖父携手誓死抗俄的壮举令人动容。

曾祖父在《六十自述》中记载了和寿山的初次交往："欧力东渐寇已深，边陲往迹费搜寻，逢人为访金源事，一语才交契两心。"有注解曰："住京三载，时与仁和叶君伯高等纵谈，谓有清发祥地东省，今边事亟亦莫若东省，因与搜罗记载，凡刊行者购阅刊本，难得者重价购之，钞本如黑鞑事略、高丽秘

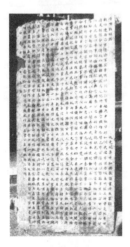

眉峰殉难碑

史、耶律文正西游录等则手抄之。旋晤黑龙江旗人寿部郎山眉峰咨访东事，寿公讶曰，君到过几次何熟习乃尔？与订交，此为出关张本。"两位日后成为生死之交的挚友在偶然中结识，后来曾祖父得以走上仕途，在黑龙江一展宏图。这既有机缘上的巧合，更是他刻苦学习、潜心研究的必然结果。

《程德全守江奏稿》"庚子交涉偶录"中收入了在庚子之乱俄军大兵压境时寿山与曾祖父之间的书信，仅从七月二十二日到寿山将军壮烈殉国的八月初四，两人的往来书信就有15通之多，每一通都有相当篇幅。曾祖父尊称寿山为"眉帅"或"将军"，而寿山则称曾祖父为"雪哥"。寿山在决定以身殉国后给曾祖父的信中写道："弟一生知己，今于生死之际，仅有兄一人是真朋友，是真丈夫。弟之瞎眼藉兄一人可以睁开，思之肝肠痛断，无可为词。事已至此，惟赖吾兄指教，使弟稍得免万一之罪，虽死犹生。"正如"庚子交涉偶录"的编纂者、曾祖父的二女婿李逊所述，这些书信是在"兵事倥偬、生死呼吸之际，仓促涉笔而成"，但是"备尝险阻，出死入生，汲汲为民之意，莫不灿然具详。情真事核，字字血泪，不忍卒读"。在朝廷昏庸、国力不济的清朝末年，面对强大的俄国侵略者，在清军伤亡众多、数万难民呼天号地的紧急关头，寿山将军与曾祖父为保一方平安，尽量减少损失，不惜牺牲性命，奋力拼搏的精神令人万分感慨。

黑龙江将军府

黑龙江将军府从清康熙开始历经了八个皇帝，有包括曾祖父在内的71位将军曾在此办公。

20世纪70年代中期，在齐齐哈尔附近下乡的表姐陆雯回来探亲，爷爷向她问起黑龙江将军府，说自己就是出生在那里，后来从未回去过。陆雯告诉爷爷，将军府现在已经成为黑龙江建设兵团的招待所了。2007年8月，我们在陪同人员带领下参观了黑龙江将军府。到了位于嫩江的一个岛上时才知道，将军府已经不是原来的了。2000年，齐齐哈尔市政府"鉴于将军府占据道路，加之破损严重……依照原貌移建到风景旅游胜地明月岛……"就是把觉得碍事的老建筑拆除，异地再重建一个。知道黑龙江将军府的原址已经不存在，我们看到的只是个复制品，心中不胜惆怅。近闻，齐齐哈尔市政府

"为了争创历史文化名城",拟将10年前迁出市区的省级文物保护单位黑龙江将军府再迁回来,也就是在原址上再建一个,真不知道是该喜还是该悲。

火犁

火犁,即农用拖拉机,是曾祖父最早引进黑龙江的。

曾祖父在黑龙江主政期间积极推行放荒措施,认为必须殖民实边。他向朝廷进言,描绘了发展黑龙江的蓝图:"江省地旷人稀,俄人蓄志南侵,非有人民,难资抵制。目今办法,急须殖民实边。而殖民又以招户垦荒为起点,所谓有人此有土,有土此有财。江省虽云荒凉设法经营,人民日聚,土地日辟,征收日多,即以财赋计,沃野千里,当亦不亚于江浙。"在给朝廷的奏章中报告说:"臣德全前饬本省瑞丰农务公司定购火犁两具……现已由沪购运到江,总计价银二万二千二百五十两……当就省城郊外按照合同试验,尚属合用,自应由官认发价银,即将火犁转发该商等,令其招集股本,在讷谟尔河南段自行收价代垦,一俟著有成效,再将官本分年拨还,并续行购置,以期推广办理。"曾祖父的设想是,向人烟稀少的边远地区移民,政府投资引进现代化农业机械,划出荒地让公司耕种经营,逐年收回投资,形成良性循环,创官办垦殖的先河。黑龙江的"大计百年在垦荒"是曾祖父给后人留下的忠告。

在20世纪60年代后期的"知识青年上山下乡"运动中,曾祖父的直系血亲里有6人赴黑龙江务农,时间最长的达10余年。我们不知道官办垦殖的概念,更不知道这是先人在半个多世纪前就做出的规划,无意之中在完全不同的时代背景下继承了曾祖父的未竟事业。

四、抚吴苏州

曾祖父程德全抚苏一年后,发生了辛亥革命。曾祖父作为重要参与者之一,引起了近代史研究者们的关注,相关著作多多。对曾祖父在此变革时期的表现,不同观点林林总总,本文无意参与对他的评价,只叙述后人眼里看到的曾祖父在世间留下的痕迹。

一张曾祖父着清朝官服的老照片

20世纪80年代中期,大姑姑的海外友人在台湾地区的"国立"国父纪念馆拍摄了展出的曾祖父的照片后交给了我们,这就是后来流传很广的曾祖父的清朝官服照,这是我第一次看到他身着官服的照片。通过同时期所摄的"中华民国临时政府组织成员"照片,我知道了曾祖父在辛亥革命中不仅仅是"投机革命",还曾是孙中山领导的"中华民国临时政府"

的内阁成员,是内务总长。

2006年12月,我造访南京时在总统府买到了南京出版社2001年8月出版的《孙中山与南京临时政府》一书,在国内的正式出版物上看到了曾祖父的清朝官服照片。

2007年5月,我出差去了台湾地区,在台北的"国立"国父纪念馆终于亲眼看到了展示于国父史迹展览东室里曾祖父的这张照片。多年后在北京中山公园的中山堂,我也看到"南京临时政府组织系统简表"中列出了曾祖父的职务和名字。

"光复纪念"牌

我家有一个"光复纪念"的金牌。在牌的上部左右分别是铁血十八星旗和五色旗,这是辛亥革命年代的象征,而竖书于中间的"江苏都督程奖"六个大字则表明了曾祖父在苏州光复中的角色。

铁血十八星旗是辛亥革命武昌起义的旗帜,代表关内汉族人民所在的18个行省,黄色代表炎黄子孙,武昌起义的政治纲领是"驱除鞑虏,恢复中华",也是同盟会的纲领,这意味着辛亥革命的第一意义是汉民族主义革命。五色旗

的旗面按顺序是红、黄、蓝、白、黑五色横长方条,为曾祖父和陈其美创制,代表的意思是汉、满、蒙、回、藏五族共和。这一概念曾被认为是清廷宣传的"五族大同"的翻版,以往从未被同盟会使用过。辛亥革命爆发后,他省以"兴汉灭满"为口号大杀满族人民,而曾祖父在苏州宣布脱离清政府独立时提出的是"兴汉安民"。在1911年12月4日上海举行的中华民国联合会会议上,根据黄炎培的见证,正是在这个场合"黄兴等建议规定国旗式样","经过反复讨论取五族共和的意义,决以五色为国旗",曾祖父等人施加了决定性的影响,避免了同盟会推行的民族主义及其准备建立的种族国家可能给中国领土的完整和统一造成的内忧外患。

曾祖父作为清朝的汉族官吏,长年任职于多民族聚集的黑龙江,深知民族团结的意义。他说服清廷对汉人放荒,督办蒙旗垦务,建立回族学校,多民族共存共荣一直是他的愿望。曾祖父晚年曾召黄炎培先生于病榻前嘱道:"中国是五族一家。中间藏族人民受英国人压迫,极度痛苦。

我病自知不起,你年青,必须努力解决这一问题。"黄先生把此事一直"穿越"到新中国:"解放以来,藏族人民和他族同样产生全国人民代表大会代表,如德全今尚生存,老怀定当大慰。"

1912年1月1日,孙中山发表《中华民国大总统孙文宣言书》,提出了"国家之本在于人民。合汉、满、蒙、回、藏诸地为一国,即合汉、满、蒙、回、藏诸族为一人"。

江苏巡抚衙门旧址

曾祖父是清朝最后一位江苏巡抚,当年的巡抚衙门现已成为苏州卫生职业技术学院,正是在这里发生了所谓"挑瓦革命"。

2012年10月,我前往参观。门外标明是江苏省文物保护单位,我看到过不少文物保护单位是异地重建的,对此旧址生出几分疑惑。读校门口的"苏州巡抚衙门重修记",碑文曰:"……苏州卫生职业技术学院执钥旧衙备加珍护,自2001年始筹资对巡抚衙门全面修缮,历时五年耗资四百二十余万元……珍贵遗构修就如旧衙署原貌以再现此举可铭此功可嘉"。我常听爷爷说保护古建筑应该"修旧如旧"留下岁月的痕迹,不赞成将古建筑再修得金碧辉煌。想到江苏巡抚衙门旧址修葺后"如旧衙署原貌以再现",不禁肃然起敬。最近看到辛亥革命时江苏巡抚衙门的照片,比较之下差别不小。碑文中"增建"、"重辟"、"凿"等动词的使用也还是让人联想到在修缮旧址时一定改造了不少。看样子就是有"修旧如旧"的愿望,想真正做到也并不容易。

寒山寺

曾祖父任江苏巡抚时期,在前任陈夔龙的基础上重修了寒山寺。在为修寒山寺捐俸集资的同时,还重刊了《寒山子诗集》,又请江南名士叶昌炽撰写《寒山寺志》。1987年6月,《寒山寺志》的校补者张维明评价

道,书的"体例精当,史料翔实,文字典雅,被推为苏州寺园小志中的上乘之作",这显然与修志者的选任有直接关系。辛亥年间,寒山寺的修缮工程与《寒山寺志》的初稿相继完成。终于,寒山寺这个有1000多年历史的寺院得以庙宇建筑与文字记载并存至今。

《寒山寺志》中载入了曾祖父的多篇文章。他在《重修寒山寺碑记》中写道:"今世政治家訾宗教,宗教家亦訾政治。不知废政治,则宗教为无用矣!离宗教,则政治为无本矣!寒山子云:'报汝诸人,各各努力。'夫政治、宗教,虽各有异,而要其终始,总不出'各各努力'一言。"当年,作为政治家的曾祖父,对于政治和宗教的关系这个很难说清楚的问题,引寒山子的"各各努力"述之,既简单明了又非常有远见,时至今日,似乎仍能见到这一论断的影子。

除了山门上的"古寒山寺"的匾额是曾祖父程德全所题之外,他还勒石雍正御制《寒山子诗序》碑、乾隆御制《寒山晓钟》碑,书历代题咏刻石,留下了很多墨迹。

受寒山寺文化研究会之邀,2013年元旦我们一家参加了第34届"听寒山钟声,祈和合人生"活动。12月31日,寒山寺方丈秋爽大和尚会见了我们。秋爽大和尚一再强调寒山寺会永远记住曾祖父程德全恢复、修缮寒山寺的功德:"程德全是虔诚的佛教徒","寒山寺能有今天,要感谢程德全,不能忘记程德全"。此言出自寒山寺方丈之口,而且还是当着我这个后人的面说的,分量非凡,可以藉此告慰先人了。秋爽大和尚还给我们介绍了当年曾祖父在寒山寺接待客人的地方、御碑等遗迹。他热情地邀请说:"今天,我们的缘分就接上了,希望你们常来常往,走动走动。"和寒山寺秋爽大和尚、监院法荣法师以及寒山寺文化研究会姚会长的合影成为程氏家人与寒山寺重续前缘的象征。

黄炎培：《辛亥革命史中之一人——程德全》

关于在辛亥革命前后曾祖父和黄炎培（1878—1965年）先生之间的交往，文献中多有述及。

我小时候曾经听爷爷说起，黄炎培来找爷爷搜集与辛亥革命有关的文物材料。最近又得知，1952年应我的堂叔程绪谋书请，时任政务院副总理的黄炎培在北京接见了我的堂姑程绪贤，亲口讲述了曾祖父一生对于中国近现代历史的贡献。

我的堂姑程绪川给了我一份文稿，是黄炎培在1930年9月出版的《人文月刊》上发表的纪念文章《辛亥革命史之一人——程德全》，而且是原件。

文章有"庚子年之程德全"、"辛亥年之程德全"、"癸丑年以后之程德全"三个部分，涵盖了曾祖父为官之后的三个主要阶段。让我称绝的是黄炎培本人书写的论述只占了文章不足十分之一的篇幅，其余绝大部分都是原封不动地引用史料，注明出处，间以自己的题诗和见证，与经常看到的历史研究文章大相径庭。文章发表时间距曾祖父辞世仅数月，应该是反映了当时的实际情况的。

五、皈依佛门

我最早看到的曾祖父程德全的照片是他老年时的一张特写照。后来我才知道，该照片其实源于曾祖父60岁时着僧衣的一张全身照。此照片在家谱以及前文提到的《人文月刊》上都有刊用。原照左侧有白龙山人王震题的诗："秋枰一局已摧残，入世何如遁世安。离乱眼前谁管得，一牟尼外一蒲团。依稀绿绮下峨眉，古貌浑如绘启期。五叶一花看结果，偈持应拜达摩师。己未春雪祝雪楼老人六十大寿"。曾祖父已经皈依佛门了。

《为诸子析产记》

丁巳（1917年）闰月，曾祖父写下《为诸子析产记》。其目的如其长子程世模所述："堂上之意，近年来潜心佛课，对于世事，早断葛藤。独家事尚未处置。时萦方寸，颇碍前修。因欲将家产与模等兄弟六人均分，拟定办法，永共遵守。"

曾祖父知"政网虽脱，儿女债终不可逃"，遂做出具体安排：

秦氏夫人所生子女在刘氏夫人"加意抚育"之下"各自成立"，可以告慰秦氏夫人了；刘氏夫人所生子女五人的婚嫁入学未办，留出房产专供此用途;刘氏夫人从曾祖父癸丑隐退后"从事田产,今则食其赐",治家有道,意将家事委托;明确老家提留作公田产;等等。

大爷爷在承受书中写道:"老人宦海数十年,鞅掌国事,不置私产,俸给所入,除公用外,幸得母亲撙节储蓄,始有今日,故模等得受",后有诸子画押。

《为诸子析产记》的后面有宋小濂作的跋:"有我即有人,无人亦无我,携手彼岸登,是为大解脱。"宋小濂最能理解曾祖父析产就是为了"大解脱"。

木渎法云寺

曾祖父隐退后,"闭门诵佛,葺苏州木渎法云寺而居之。旋受戒于常州天宁寺,法名寂照"。

《木渎法云寺记》是曾祖父晚年对自己一生的总结。文的最后有一段追加的内容是"寂照又记,在室四女世娴书",这是四姑奶奶书写的。《木渎法云寺记》作于"丙寅十二月",这时曾祖父66岁,四姑奶奶16岁。我多次听四姑奶奶说起曾祖父很喜欢她,曾祖父写东西时她在一旁铺纸研墨,还让她要好好写字云云,没想到在1930年出版的《人文月刊》以及存世的碑拓上得到了印证。曾祖父在写下阐述自己生死观、总结人生的重要著述时,最后一段话竟是让自己的爱女代书的,那该是何等动人的一幕啊!

2012年10月,我在木渎多方寻访,一位当地的老住户告诉我,法云寺早已不在,原址已经成了大马路,看不到任何痕迹了。

重庆图书馆藏《永乐北藏》

1924年春,曾祖父在上海请了一套《频伽藏经》给云阳沙门寺,1925年又施资购《永乐北藏》于北京,入藏万县弥陀禅院。2013年7月,在重庆图书馆有关人士的热情协助之下,我前往拜观了《永乐北藏》,几千册经藏在现代化书库中得到了精心保护。估计全藏重达数百公斤,90年前的先人将《永乐北藏》完好地从北京运到上海,再从上海运到万县,其艰难可以想见。在《永乐北藏》的目录页后接了很长的书页,除了名人、居士的题识外,还有爷爷及其弟妹们的题识。

爷爷(当时18岁)的题识是:"家父知财施之不可持久也,甲子秋日

与德高老和尚共谋藏经,毕获此宝。而本年乃大干旱,睐者不察,遂有归咎弘扬佛法者,呜呼,愚也。然而财施无此力量,嗷嗷者众,其能皈命三宝以消浩劫已乎。三德上入护运藏经书。此以壮其行。程世抚偕弟世宁世熊薰沐敬题。"爷爷提到的大干旱,在1999年版《云阳县志》上有记录:民国14年(1925年)春旱。全省80余县被灾,云阳属重灾县,小春作物大多无收,饥民遍野。

弥陀院原位于万县,又名钟鼓楼弥陀禅院,始建于明朝,是三峡乃至西南地区久负盛名的佛教寺庙。曾祖父在此书联一对:"莫嫌淡薄来相处,如厌清贫去不留。"三峡工程兴建后,禅院处于淹没线以下,对联也不知所踪。2013年7月,我拜访了重建于原万州北山观的弥陀禅院,与住持克果师父畅叙弥陀禅院的历史沿革。

六爷爷程世宁在《永乐北藏》中题道:"世宁方四五岁时,因先祖父之丧,时效僧徒焰口为乐。今则天真日漓,辄学梨园之戏。窃见明藏,随父检察。愿他日归扫庐墓,亲诣弥陀院,重观全藏,其境界不知又当如何也。悬记鸿爪以验将来。程世宁识时年十四。"他在90年前"悬记"的事情我做了,可惜云阳的"庐墓"(即曾祖父的父亲程大观之墓)已经毁于"大跃进";幸好原弥陀禅院虽被淹没,但是还有一处新建的,在住持克果师父的领导下香火旺盛;更值得庆幸的是浸透着曾祖父心血的《永乐北藏》"全藏"在重庆图书馆保存完好,希望《永乐北藏》能够继续对弘扬佛法贡献力量。

逝世

1930年5月29日曾祖父在上海逝世,"至是,无甚疾痛,安坐诵佛声中怛化。遗言不得做水陆道场,不得分讣,不得开吊"。

曾祖父晚年在《木渎法云寺记》中云:"德全少时……知大块载我以形,终将息我以死,大伤人之不可免于死,辄思不鹿鹿死。"在黑龙江抗俄中被俄军掳走,"雨雪载途,毡车毳幕中,寒威中肌骨如划刀,自分必死,故仍不死","辛亥、癸丑诸变"中,"时时思当以死,而卒不得可死之缘。匪死之艰,盖以死而无利于国,无利于民,吾虽贸大名以去,其实固无殊夫鹿鹿以死也"。人皆不愿碌碌而死,为国为民不惧死是崇高的境界,而不求于国于民无利的贸名之死,将大名置于身外,绝境中忍艰受辱,全力救国救民于水火才是最高境界。

当时黄炎培曾作"挽程雪庵居士联"悼念曾祖父:

此生了了,总为大事而来。庚子何心?辛亥何心?即癸丑亦何心?慈悲两字外,更无他念。

一切尘尘,尽逐流光以去。永康安在?南通安在?今云阳又安在?沧桑百变后,遂少人知。

爷爷1929年赴美留学。曾祖父病逝时爷爷正在美国哈佛大学学习,由于曾祖母、曾祖父相继逝世(仅隔10日),家里付给的学费削减,经济拮据,爷爷不得不转入学费相对便宜的康奈尔大学,于1932年获得风景建筑及观赏园艺硕士学位。

六、结语:"浓荫远映"

在云阳程氏宗祠的不远处,有个被称为"七棵黄桷树"的地方。北向长江的一处石崖上镌刻有曾祖父手书"浓荫远映"四个大字,每个字大约一米见方。岁月流逝,背阴石崖上的字已经布满绿色的苔藓,有的笔画处还崩裂了。在《云阳程氏家乘》中有王鉴芳对程氏宗祠"浓荫远映"的美溢之辞:"祠前正中岩仑边通衢也,有树数株,为中丞雪楼公之祖操之公手植,今已盈抱,拔地参天,固华严世界之幢幡宝盖也。中丞于己酉归省,将入都,曾题'浓荫远映'四字,愚以程氏宗祠实为毓秀钟灵之所。此四字,不可无传,特撰数语,并志于后,

兆公此日大吉祥之征云。"

文中所说的树是黄桷树,推算下来树龄应该近200年了。目前尚存四棵,其树形奇特,悬根露爪,古态盎然。最粗的一棵胸径已达90厘米,要两人才能合抱。

站在崖边,黄桷树下,凝望面向浩瀚长江的"浓荫远映",揣想曾祖父用这四个字要表达的含义。斗转星移,"浓荫远映"在此已目睹长江东去100多年。今天,与其妄猜先人,不如就按自己对"浓荫远映"的字面理解去遐想吧!

曾祖父解释自己的号"雪楼"的含义时曾说:"雪欲其洁也。雪集于楼,遇曦即化,幻躯不实,雪消而楼自存也。"

如今"雪消楼在"。曾祖父逝世80余年,雪已消;而还在的楼不仅仅是尚存的祖屋、祖坟和各个"文物保护单位",更有我们心中曾祖父不灭的丰碑以及绵延不断的血脉。

参考文献

王绍增. 忆先师程世抚[J]. 中国园林,2004(6).

程世模主修. 云阳程氏家乘. 重庆云阳档案馆藏.

云阳县地方志编纂委员会. 云阳县志,民国二十四年编纂.

朱宗震. 程德全·辛亥反正第一人. 南方周末[N]. 2011-2-25.

何济钦. 报学垦荒终不悔——记城市园林规划专家程世抚[J]. 中国园林,2004(6).

李兴盛等. 程德全守江奏稿[M]. 哈尔滨:黑龙江人民出版社,1999.

刘小宁. 民国肇基——辛亥革命在江苏[M]. 南京:江苏人民出版社,2001.

朱宗震. 大视野下清末民初变革[M]. 北京:新华出版社,2009.

黄炎培. 八十年来[M]. 北京:文史资料出版社,1982.

中国人民政治协商会议江苏省委员会办公厅. 孙中山与南京临时政府[M]. 南京:南京出版社,2001.

黄炎培. 辛亥革命史中之一人——程德全[J]. 人文月刊,1930(9).

王玉贵. 挑瓦革命的末代江苏巡抚程德全[M]. 苏州:苏州大学出版社,2011.

叶昌炽. 寒山寺志[M]. 南京:江苏古籍出版社,1999.

黄炎培. 黄炎培日记[M]. 北京:华文出版社,2008.

雪楼冰洁　德润后人
——缅怀德全公[①]

20世纪30年代，一位法名为寂照的僧人在上海圆寂。寂照僧人，就是我们云阳程氏族人——程德全。程德全，字本良，别字纯如，号雪楼。按程氏家谱记载，他系程氏迁蜀20世，属我祖父辈分，我们尊称他：德全公。

德全公生活的年代，正是中华大地最为动荡不安、民族危机最为严重的年代，他一生既充满传奇色彩，又颇受争议。德全公风雨一生，波澜起伏，经历了诸多周折与坎坷，之后退隐江湖，在常州天宁寺出家，皈依佛门，一心向佛。

德全公一生有四个重要时期：青年时期，作为书生，他是寒微的；中年时期，作为军人，他是刚毅的；壮年时期，作为政客，他是明智的；晚年时期，作为僧人，他是寂静的。在一般人眼里，德全公什么也没留下，一无所有。可在我们云阳程氏子孙们的心里，他留下的是精神财富，是我们的榜样。2011年4月，我们在云阳程氏祠堂举行了清明祭祖仪式，以表我们后人对德全公的敬仰之情、崇拜之意。

德全公一生大起大落、大开大合，由奇会建奇功，由奇功而蒙奇赏。由一介寒儒而建牙东北，成为第一个汉族黑龙江将军；又在辛亥革命这一历史大转折之际，以清王朝巡抚之尊，而首举义旗，策动了江苏省的和平光复，带动了东南六省光复，并组建江浙联军攻克南京，为中华民国奠定了首都所在，成为民国元勋；最后，又勘破红尘，遁入空门。为什么德全公能从一介书生走上政坛，叱咤风云、执政一方？为什么德全公能急流勇

[①] 作者程立全，为程德全族孙，现为中华程氏宗亲会理事.

退,散尽钱财,皈依佛门,寻求寂静?这样的人生大转折,我们后人如果不了解历史及政治背景,不深入研究其思想境界,就难以理解德全公的德行。

2011年我到上海学习,借此机会,我走访了德全公曾经战斗、生活以及出家的地方,拜访了德全公103岁的女儿程娴云和83岁的孙女程绪可老人,查阅了诸多历史文献资料。我意在追溯德全公的人生轨迹,探索其心路历程,以便学习、理解、接受、传承其品德与精神。

一、家道贫寒　外出发展

德全公,1860年生于云阳县长江南岸盘石镇九龙乡。九龙乡是因其山脉酷似九条龙而得名,这里山高水长,四季常青,土地肥沃,物产丰富,人丁兴旺,与著名的川东第一军事要塞磐石寨(现在是云阳县新县城所在地)隔江相望,是长江三峡水陆交通要道。九龙乡现在还有保存完好的"程氏祠堂"与"沙门寺遗址"。

德全公之父程大观,为一代乡儒,以教书为生。因家贫,德全公青少年时期就随父教读,长年在外。程氏原是个四世同堂的大族,1875年,川东发生百年不遇的旱灾,田地颗粒无收,人畜饮水断流,一片荒凉凄惨景象,在饥饿无法共求生存的情况下,程家四代同居的大家族只得析产分居,各自谋生。那时,德全公去夔州应郡试回来,全家分得茅草屋,家徒四壁,除了瓦盆竹筷,粮食所剩无几。母亲多病,弟妹年幼,父子俩在外教书,收入微薄,有时还不能按时收到学费,而家里几口人等米下锅,生活非常窘迫。德全公于1878年完婚,新媳妇秦氏贤惠、勤劳,操持家务。不久,茅草房破烂,无法居住,只有借山崖下的石壁为墙而筑棚,遮蔽风雨,以此为家。某年,山洪暴发,冲毁窝棚,山石滚下,幸亏其妻机警招呼,家人得以逃脱性命。1889年,德全公母亲去世后,弟妹也已长大成人,能担当部分家庭负担了,28岁的德全公出川游历,寻找新的生活出路。他以廪生资格至京师欲入国子监学习,但到北京后又被说成资格不够,只得花28两银子捐得监生资格方才入学,而此时德全公只剩下了一两银子,无奈之下只得住进四川会馆,并兼任塾师,开始了其艰苦的勤工俭学之生涯。

德全公那个年代,清政府极为腐败,鸦片战争后列强欲瓜分中国,而民不聊生,哀鸿遍野,水灾、旱灾、瘟疫等天灾人祸频发,这些深深地触动了德全公年轻的心灵。生活给了他沉重的压力,民族危机感激励着他的斗志。在他北京学习期间，恰好其总角之交的挚友叶伯高也在北京准备会试，叶点拨他不要穷老书斋，而应当学经世致用之学，关心国家民族的边疆地理，特别是东北三省的边疆地理。德全公豁然开朗，开始收集、钻研东北历史地理沿革文献，成为当时京城中少有的"东北通"，并由此结识了明末名将袁崇焕之后裔——旗人将军寿山，二人结成莫逆之交。在寿山等旗籍将领的推荐下，甲午年间，德全公进入黑龙江将军依克唐阿幕府，在凤凰城等地的抗日战争中立下了军功。战争结束之后，由依克唐阿向清王朝保举，德全公因功而以候补县令的资质赴安徽等候任用。由此，德全公终于摆脱了贫穷的困境，成为清王朝的一个基层候补官吏。

二、民族危机　戍守边关

　　清末太平天国之后，清王朝为解决财政危机，大开捐纳之门，卖官鬻爵，候补官员多如牛毛，很多候补官员终其一生也得不到实任的机会。德全公在安徽亦是数年得不到补缺实任的机会，其积累的东北边地知识在安徽也难以发挥作用。恰在此时，其好友寿山出任齐齐哈尔都统，升为黑龙江将军后寿山即向清王朝要求将德全公调往东北军中效力。德全公由此进入寿山将军幕府，先后任其银元局总办、营务处总办等要职。

　　光绪二十六年（1900年）7月，沙俄借义和团之役，以保护东清铁路为名出兵入侵东北。德全公支持寿山抗敌，分北、西、东三路抵抗，他任营务处总理，往来联络。7月25日，瑷珲失守，俄军长驱直入，直扑省城，军情十分危急。8月15日，德全公受寿山命赴前敌督队，于"眷属去留存亡早已置之度外"。18日，抵博尔多，值河水陡涨，10余万难民、溃卒阻于北岸，逃生无路，"呼天号地，惨不忍闻"。他一面收编溃卒，预备战壕，检查枪械，积极筹战；一面遵寿山指示，自办照会，阻俄进兵，同时连夜组织难民过河，并于21日将难民渡完。次日，俄军至博尔多河岸，德全公从俄军口中得知清廷已派李鸿章为和议大臣，与八国联军和谈，德全公随即带翻译过河与俄军前锋领队连年刚博夫面议停战候旨。敌初不应，他据理力争，表示"即贵国兵强器利，我兵尚有一人一枪，亦当攻击，绝不准任意过河"。经过反复辩论，俄将始同意暂住河北，候待两日。24日，程德全再次过河与敌面议，阻止俄军前进，俄军再三不允，他"抵死相阻"，"且哭且詈"，"拔刀自刺"。这样，双方才达成不伤性命，不夺财帛，不攻省城，俄军在城北10余里江滨扎营，彼此听候朝廷的议约。后接报告说俄将听信谗言，誓要攻城，程德全大惊失色，急忙挥泪拜辞寿山飞马出城，他"挺身当炮口而言,翼以身殉职",俄军遂停止对齐齐哈尔城的炮击。9月3日,连年刚博夫提出多项无理要求,程德全一语回绝:"即未奉我大皇帝谕旨,万万不能代办",并投江自杀以明志。尔后,俄人又欲将他押赴赤塔,行至海拉尔,风雪交加,其寒难当,程德全忧劳成疾,僵卧蒙古包中20余日,幸遇俄国红十字会予以援救,方得以回到齐齐哈尔。原德全公拟回云阳养病,但齐齐哈尔军民一致联名上书挽留,德全公即应民之所请,留齐齐哈尔,组织军民进行战后自救与重建。

光绪二十七年(1901年),德全公擢升直隶州知州,赏戴花翎加三品衔。黑龙江经过战乱,百业凋敝,他筹款银10万两,设立便民会,派人到上海购买货物,使江省百货流通,赢银2万余两,作为安置难民之资。光绪二十八年(1902年),德全公筹资道经吉林,被吉林将军长顺派往"三姓"(今依兰县)办理善后交涉,兼办筹饷缉捕事务。德全公的作为深受士民爱戴,黑龙江将军、吉林将军也多次上书清廷,请求破格升用之。光绪二十九年(1903年)冬,德全公送父南归至上海,适俄将已撤军队复据奉天,日俄矛盾加剧,东北形势又趋紧张,朝廷电召程赴京引见。12月28日,慈禧太后、光绪皇帝在京召见德全公,他被擢升道员,翌日又赏加副都统衔,署理齐齐哈尔副都统。

光绪三十一年(1905年),德全公擢升黑龙江将军。他对外争国家利权,对内"施兴革",志在"振衰图强"。在其上任之前,黑龙江铁路交涉局总办周冕与东清铁路公司擅立合同,允给铁路展地20垧,并将黑龙江产木之区大半划给俄人。德全公上任后力主作废另议,历时4年,几经周折,最后将铁路展地减去7万余垧,并把伐木地段缩减十分之九。他派人与俄交涉,把已被俄人占去的瑷珲、江东六十四屯、都鲁河金矿等力争收回。对于勾结俄人、祸国殃民的通事,则坚决镇压。在内政方面,他奏改旗制,增设垦务局、善后局,裁汰旗制冗员,增设地方官,实行招垦放荒,开放矿山,修筑铁路,引进先进的生产设备——火牛,使中国有了第一台拖拉机。他还先后在省城创办了各级各类学校,并考选学生出国学习。他于1907年主持修建的齐齐哈尔龙沙公园是我国现存最早的公园,现在仍是东北最大的城市公园。龙沙公园也因此在中国园林史上有着重要的位置。由于他的许多革新措施遭到清廷冷遇,光绪三十三年(1907),职权被削弱,德全公被迫以病辞职。

三、辛亥风云　反正第一人

甲午战争之后,清廷权贵不知觉醒,慈禧太后反而在戊戌变法之际,以宫廷政变的方式囚禁光绪皇帝,不经审判杀了谭嗣同等六君子。其废黜光绪皇帝的阴谋不仅遭到东南文化精英群体以及东南督抚的反对,而且也遭到列强各国的干预。慈禧太后不知悔悟,反而听信满族亲贵端王等的怂恿,以"义和团"之拳民为可用,而于1900年对列强十一国宣战,中华民族陷入前所未有之危机。慈禧太后在以"量中华之物力,结与国之欢心"逃脱列强对之的"祸首"追究之后,不得已宣布实行新政,并于1905年派五大臣出国,在他们回国后即宣布宪政改革。但这种改革并不是出自慈禧集团内心的意识转换,而是迫于形势,所以,在1908年10月慈禧太后、光绪皇帝先后于两天内去世后,清末新政改革就陷于停顿。而改革是不能停顿的,被前一段改革所唤起的新的社会力量要继续他们的改革,势必与现行的政府和政策发生冲突。自甲午以来,革命党人孙中山、黄兴、章太炎、秋瑾等领导的革命就从未停止过,而清末新政的停滞就将大批曾经对清廷抱有幻想的立宪派逼到了革命派的阵营之中,两相结合,辛亥革命因之而发。德全公在这个历史的重大转折点上,因应形势,与时俱进地从"君主立宪"而转到"共和立宪",策动了苏州的和平光复,为中华民国的建立立下了不世之功。

宣统元年(1909年),清廷启用德全公任奉天巡抚,次年调任江苏巡抚。他继任后,力主革新,与立宪派领袖张謇等人过从甚密。他支持立宪派主张,要求从速召开国会,实行宪政。武昌起义爆发后,德全公先后四次疏请清廷"宣誓立宪,罪己大赦"。清廷留中不发,德全公"知军国之事,已无可为",夏历9月初即召集幕府亲信商议与清廷分道扬镳,准备光复,并对负责新军的总参议吴茂节等授以机略。9月14日,上海独立,当晚,上海革命党人由沪赴苏,邀请当地士绅谒见德全公,他立刻召见,谓"诸君来意,本抚院早已知悉,极愿共表同情"。当日,江苏宣布独立,成立军政府,德全公被推为苏军都督。随后,他通电欢迎孙中山回国组织临时政府。同月19日,他以江苏藩库存银为支持,组建苏浙联军,会攻南京,并于23日扶病亲到高资视师,并给镇江新军革命党人林述庆所部发军饷两万余元。同日,山东巡抚孙宝琦通电:"拟请由程都督联名电致清廷,如承认不私君位,宣布共和,仍当承认北京为中央政府,各派员赴京会议。"他当即回电驳斥:"惟国体既变,形势亦迁,何以仍当承认北京为中央政府？雪楼既经江苏公举为民国都督,已与清廷断绝关系,何独请其联合？"表明了他对清廷的绝望和拥护辛亥革命的鲜明立场。12月2日,南京克复。次日,德全公被推为江苏都督。民国元年(1912年)1月,南京临时政府成立,孙中山任命德全公为内务总长。

南京临时政府结束后,袁世凯任总统,德全公力主恢复秩序。袁世凯也在政治上、财政上予德全公以照顾,利用德全公在江苏士绅中的威信以维持对江苏的控制。但江苏又是革命党人力量较强的地区,德全公乃依违于袁世凯和革命党人之间。民国元年4月,袁世凯复任德全公为江苏都督。苏州部分同盟会会员、北伐先锋团团员秘密组织"洗程会",商讨驱逐德全公,但事遭泄露,反受其害。6月14日,德全公把江苏都督府迁往南京。民国二年3月20日,宋教仁在上海火车站被袁世凯派人刺杀。德全公于25日亲赴上海处理"宋案",与孙中山、黄兴会议,要求袁世凯组织特别法庭审理宋案,在未获允准后,他敢于公布案情真相。7月,"二次革命"爆发。15日,黄兴请德全公宣布江苏独立。"二次革命"失利,德全公遂于7月29日宣布取消江苏独立。在袁世凯与革命党人斗争的夹缝中,德全公一次次力主调和,但总是事与愿违,遂心灰意冷,决意退出政界。

四、雪消楼在　德全不朽

德全公,字雪楼,取人生如幻、雪消楼在之意,即人生肉体的生命虽然很短暂,但只要为人民、为国家做了好事,这些好事与精神就会如楼一样,屹立人间,永远不朽。德全公"雪楼"之字,内含了儒家立德、立功、立言三不朽之精神。德全公辞世已80余年,各地的学者以及我们程氏后人还在追思他的功德,不正是雪消楼在、德全不朽么？

程颢说："德者本也,一德立,百善从之。"程氏文化(二程理学)广为传承,意义深远。身为程氏后人,德全公自然也深受其影响。"德"乃做人之根本,又不仅仅是思想品德,更囊括了知、仁、勇三方面的优秀品质。正所谓要立功,先立德,纵观德全公一生,他几乎穷尽毕生的精力而致力于此。

说到"知",并非单纯地理解为"知识",而是等于佛教中智慧的"智",即遇到任何事情,都能洞彻原由、不迷不惑。德全公的智,在于明敏于时世之变,审时度势而应之。如他在黑龙江庚子之变时,开始是与寿山一道准备拼死一战,而在前敌从俄军口中得知两国中央层面正在议和时,马上随机应变,当即以此为理由,要求俄军议和;而在江苏巡抚任上,在向清廷上四疏而不见答之际,马上以民命为重,转向共和;最后,在看到国势不可为时,即毅然遁入空门。这都是大智慧之所为。

德全公是勇者。与敌军斡旋,他不惜自为人质,甚至投江明志,以死相搏;他"单骑赴营"、"痛陈时事,愿效驰驱"、"于炮弹风雪中,指画山川,尽力筹战"。辛亥革命之际,德全公上四疏而不见答,无力回天之际,他不为伦理纲常、流言蜚语束缚,率先反正,割长辫、毁印信以示决心;宋教仁惨案发生后,他顶着权贵、上级的压力,坚持秉公处理将真相昭告天下。这就是德全公真正的大勇、无畏无惧之所在。

至于"仁",二程文化认为有仁爱之心的人,对仁爱对象一触即感。见到他人疾苦,自会生出同情之爱,是所谓"仁者以天地万物为一体,莫非己也"。德全公自然也是仁者。无论是针对俄军进攻东北烧杀掳掠、残害百姓的行为而冒死致电俄国统治者,为东北数以万计的生民请命,还是去官回乡省亲之时,同父亲一起仗义疏财周济鳏寡废疾等穷苦之人,这些豪举都是德全公的"仁爱"之心,也正是"德全"之名的外在体现。

二程理学之说,普天之下最高尚的道德便是有智慧,有仁爱之心,此心所在,坚毅与勇敢即或相随。这也就是程颐所说的"知、仁、勇三者天下之达德,学之要也"。道德崇高的人,能不被外物扰乱其心,面临生死考验、病痛折磨而心不为所动。德全公即是如此。他以其智慧明辨是非,以其勇敢攻克艰难,以其仁爱心系百姓,无论是在黑龙江,还是在江苏,他都秉着"以保全生灵为主"的悲天悯人之心作为施政之原则,所以,在庚子之役中,他能以身屏俄军之炮口,全活齐齐哈尔数十万军民之性命;辛亥之役中,他毅然宣布和平光复,以"五族共和"之口号取代"驱逐鞑虏"的口号,使革命的暴力不致失控,满汉不致仇杀,江苏境内社会秩序、经济发展均得有序发展,江苏人民尊之为"生佛";最后,他在无力调和南北政争、无力抵挡北军南下之际,辞官不做,遁入空门。其仁、智、勇三者兼而有之,天下之达德,由此而全。

德全公除了兼具知、仁、勇之达德外,幼受廷训的他还秉持着"和而不同"的包容理念。"和"在中国传统文化中,内涵非常丰富,也是中国人古往今来一直都在提倡的处世之道。不过世人多以"随俗为和",这种用随波逐流的方式来对待生活的态度与君子之和不可同日而语。孔子说:"君子和而不同,小人同而不和。"君子有悲天悯人之心、包容宽厚之念,所以,能容纳不同意见,达到和衷共济、和谐共事、和而不同。小人则表面上维持着同的一致性,但内心却是钩心斗角、尔虞我诈,"同"的表面下是不和的实质。德全公一生驰骋官场,以民族权利、民生发展为念,所以,无论是在黑龙江还是在江苏,他都能团结与吸纳各方面的僚佐,与之和而不同地执政为民。黑龙江时期,他没有民族界限,与满族、蒙古族的将领、士卒、喇嘛等都能融为一体,在吸纳吉林三杰——宋小濂、徐鼐霖、成多禄为其所用之时,对政敌周冕,他也是网开一面,经济上不追究,争取到周冕的配合而索虎口已投之食,将周冕原与俄军谈判中丧失的土地与森林权利争取回来。同样,在辛亥革命中,他秉持着"君子和而不同"的理念,与革命派黄兴、宋教仁、陈其美结成统一战线,即使对于革命派中的骄兵悍将如林述庆之流,他也能宽容待之,予以充裕的军饷接济,使林部听命,成为攻克南京的生力军。最后,在黄兴、宋教仁、陈其美的支持下,林部开出南京,渡江北伐;同样,也是在德全公和而不同宽容理念的感召下,镇江、扬州、松江三处都督府先后取消,江苏省省政得以统一。

这样的德行,没有高远的思想境界,没有纯正的道德素质,是很难做到的。这样的德行,后辈我自惭形秽,望尘莫及。于是乎,我必须认真拜读德全公的遗著,潜心研究,传承精髓。当道德束缚的存在感被金钱权势消磨的时候,当道德修养意识逐渐演变为一种奢侈摆设的时候,当传承了千百年的中华美德受到冲击而无力前行的时候,我们缅怀德全公便有了一层特殊的意义——20世纪的那些屈辱岁月中,中华民族在磨难与困苦的夹缝中艰难存活,却依然出现了德全公这样一拨人物,着实难能可贵。纵然德全公已故去80多载,但他和而不同的精神、德润其身的品行却并未离开。他的那些"德"会在每一次对他的缅怀中令我后辈受用无穷。

五、续 缘

文已至此,再续佛缘。

追根寻源,中华程姓的始祖,从伯符一世至伊川明道二程79世,再到云阳德全公110世,已有3000多年历史,我云阳程氏1369年从湖北麻城移民至云阳县,距今已有640余年移民史。云阳程氏来自佛教五祖之邻地,与佛学有不解之缘。《云阳程氏家乘》记载:元末之乱,居民迁移,大明洪武二年己酉正月十八日,我迁蜀始祖应良、应海二公为求发展,与段、李三姓同盟由楚入川,凡经两代(约1420年,云阳程氏三世),复思梁武十里一庵五里一寺之风,此地庵寺俱无,三姓同修庙宇,捐田亩,以充寺业,以奉香火,更名兴佛寺。此后,程氏后人礼佛修禅,世代不绝,德全公之父

母,均为礼佛修禅之人。德全公更是佛缘深厚,自幼每入梦乡,即入佛寺之中,是故家乡有其为老佛转世之说,可见其佛缘之深厚。

德全公佛缘深重,是因为他广修福祉。发达后的德全公,不忘家乡父老乡亲,景慕范仲淹族田义庄、收族瞻亲的社会救助功能,1909年年初回乡探亲时,准备将在上海治病剩余的一万两白银为族人置办田庄,但由于清廷予他以奉天巡抚之任命,催促其上任,同时,他也考虑到如果族人有了族田义庄的保障之后,可能会丧失奋斗上进之心,于是决定将万两银子分赠给族里贫困的家庭,让他们拿了钱自己去力图生计。1913年,德全公退出政界遁入佛门之后,更是积极地参加上海佛学界举行的各类赈灾活动,同时还利用他在政界的影响,积极参与到保护佛教权益、保护寺庙资产的活动之中,为近代佛教的转型与发展起到了很好的作用。

正由于德全公与佛教的深厚宿缘,所以,民间有很多传说,有的说他是东北老佛到峨眉山朝拜时,病倒在云阳,得到德全公母亲的医助,病得以愈,完成了到峨眉山的宿愿,而在峨眉山圆寂之后,投胎转世为德全公;亦有传说德全公原为沙门寺老僧,感念多年来受德全公父母奉养,而转世为德全公的。这些传说不是空穴来风,主要是有感于德全公一生对佛教始终信仰如一。1896年,德全公回乡,重修关张庙;1909年,德全公扩修沙门寺,捐田40余亩,并舍宅为寺;1909年,重修三姓祠堂与云阳程氏祠堂;1910年,重修寒山寺;1920年,个人捐修报国寺并捐资南京栖霞寺及江南诸多寺庙。德全公佛缘之深厚,在其一生中随处可见,历久不衰。

德全公与江苏省苏州寒山寺、报国寺更是佛缘深厚。太平天国之役中,千年名寺——寒山寺被烧成灰烬。宣统元年(1909年),江苏巡抚陈夔龙对之进行了初步的修复,但仅完成塔楼、部分殿堂即解任而去。后任瑞澂未能继续此工程。宣统二年(1910年),程德全巡抚江苏,到任不久,听说日本僧人准备集资重修寒山寺,即在给盛宣怀、张之洞、张謇等人的信中写道:"潘昌煦自东国来书,诏有日僧假募捐重建之名,意在越俎而谋。"德全公决定为维国权,重修寒山寺,"以复旧观,杜异族之觊觎",此项工程为中国"和合"文化的家园寒山寺今日的辉煌奠定了基础。寒山寺修复后,程德全亲题"古寒山寺"匾额,并重印寒山诗300余首,又请名家郑文焯绘寒山、拾得和合二圣之像于大殿之后,同时还专门写了《重修寒山寺碑记》,并楷书恭书了雍正皇帝的《寒山诗序》,建御碑亭。德全公在《重修寒山寺碑记》中说:"今世政治家皆訾宗教,宗教家亦訾政治。不知废政治,则宗教为无用矣,离宗教,则政治为无本矣。寒山子云:'报汝诸人,各各努力。'夫政治、宗教,虽各有异,而要其终始,总不出'各各努力'之一言。呜呼,时至今日,岂非臣下努力之时哉。德全于政治、宗教之相维系愧未能达其蕴,而备员斯土,不敢不以起衰振废为心。是役也,继前贤之绪业,感东邻之向风,而尤惊心运魄于'各各努力'之言。盖努力以从吴中士大夫之后,则吴中之衰废或可振也;努力以从天下士大夫之后,则天下之衰废或皆可振也。事各努力,事皆可成;人各努力,人皆可用。"德全公这段话将政治与宗教的辩证关系讲得十分透彻,这也是他作为一个政治家而始终未能忘怀于佛教的原因所在,因为他深知宗教是政治之本,在中国佛教即为中国政治之本,而政治则为佛教之用。德全公终身以佛教之悲天悯人之心、大慈大悲之心而从事于政治,以图救民于水火。而在以政治救民不能行之后,德全公转入佛门,实是从政治之本做起,意图以佛教来觉民、救民。所以,佛学与德全公之宿缘深厚,贯穿于德全公之终生。

德全公离我们云阳程氏族人已 81 年,同根同宗的我们在云阳九龙能看见的是云阳"程氏祠堂"、"沙门寺"遗址和风雨中残破的墙壁,这是他留给我们再续佛缘的物质与精神财富,将永存于我们这些后人心中。我们将以德全先人为楷模,传承程氏优良传统,弘扬德全公美德,继续德全公的佛缘,广行善事,广种福田,祈福天下太平。

编后语

民国元勋程德全辞世已85年。与其一生大起大落、波澜壮阔相较，其在逝世后80多年间实在是非常之沉寂。在其去世之初，除了挚友黄炎培写了"辛亥革命之一人——程德全"一文在《人文月刊》上发表，以表悼念之外，国内政、学二界几乎没有反应。其原因就在于当时的南京政府是以孙中山、陈其美、蒋介石为国民党之中华民国之正统相续的。对于国民党内与孙中山在"二次革命"后政见不合的黄兴、宋教仁等人极力淡忘之，而对于立宪派的程德全则更视为异端之旧官僚而忽视，对其创建民国的功绩不予纪念与宣传自是必然。

1949年后，"革命是暴动"的暴力革命理论成为主流话语，农民战争成为史学研究的主流。辛亥革命的研究中，武昌首义的暴力革命模式亦因之成为主流。程德全所策动的苏州和平光复模式，自然不为"左"倾意识形态史学所认同。是故，程德全再次被认为是投机革命的旧官僚而被摒弃于辛亥革命研究的边缘。这种情况直到20世纪90年代末才有所转变。朱宗震先生以其严谨的学风与深厚的学养，对程德全在民初政潮与收抚会党方面的探索做了实事求是的分析，对程德全苦心孤诣地调和南北，意图抓住民国建立这个中国近代史上最好的由弱转强的时机，而理性地进行革命后的建设的行为与动机做了令人信服的阐述。

21世纪以来，程德全研究有了新的发展。但与其历史贡献相比，还远远不足。为了进一步推动程德全以及其辛亥革命苏州和平光复模式的研究，我们编著了此书。目的在于对程德全民国元勋之历史地位予以彰扬，对其理性的、和平非暴力的革命形式予以彰显，从而让人们认识到革命不仅局限于暴动这一种形式，其实还有和平非暴力的形式。而这种和平的、非暴力的革命形式在解放生产力上能做得更好。因为它对社会与经济秩序未造成破坏，生产力在没有受到破坏的震荡之中和平地得以解放,革命就是解放生产力的根本初衷就能得到更好的体现。这也就是孙中山先生临终呼唤"和平、奋斗、救中国",邓小平同志说"改革就是中国的第二次革命"的原因所在。

　　本书分为三编。第一编为八篇有关程德全民国元勋方面的研究论文,除了本书作者自撰的外,其中第四篇为黄炎培先生旧作;第六篇为作者指导研究生张海豹所作;第七、第八两篇为朱宗震先生旧作。第二编三篇论文全为作者指导研究生杜欣欣所作。第三编两篇文章为程德全的曾孙程可行、族孙程立全所作。

　　在对程德全与其辛亥革命苏州和平光复的研究中,我们得到了江苏省社会科学基金的资助,本书的出版得到了程立全先生的资助,在研究过程中程可行先生无私地提供了相关资料和照片;本书的编写得到了寒山寺文化研究院姚炎祥院长等居士的帮助,在此一并致谢。